好妈妈，懂比爱更重要

徐承芸 著

長江出版傳媒 | 湖北教育出版社

(鄂)新登字 02 号

图书在版编目(CIP)数据

好妈妈,懂比爱更重要/徐承芸著.
—武汉:湖北教育出版社,2017.1

ISBN 978-7-5351-9240-0

Ⅰ.好…
Ⅱ.徐…
Ⅲ.儿童教育-家庭教育
Ⅳ.G78

中国版本图书馆 CIP 数据核字(2013)第 219736 号

出版发行 湖北教育出版社
邮政编码 430070 电 话 027-83619605
地 址 武汉市雄楚大道 268 号
网 址 http://www.hbedup.com
经 销 新 华 书 店
印 刷 湖北恒泰印务有限公司
地 址 武汉市江夏庙山开发区汤逊湖工业园
开 本 710mm×1000mm 1/16
印 张 16.5
字 数 200 千字
版 次 2013 年 10 月第 1 版
印 次 2017 年 1 月第 4 次印刷
书 号 ISBN 978-7-5351-9240-0
定 价 29.80 元

写给年轻妈妈们的话

我是一位教师，从教22年。

我是一个妈妈，孩子13岁。

一次，孩子的爸爸和孩子开玩笑："你要感谢我，因为有了我，才有了你！"孩子俏皮地回答："你也要感谢我，因为有了我，你才有了儿子！"

我，坐在一边，看着我家的大男人和小男孩，心中幸福满满。

说得一点不错。感谢有他！与孩子相伴，见证他成长中的欢愉、烦恼、进步、缺憾，实在是我一生最快乐的事情。

说起来，我与教育有着奇妙的渊源。5岁的我便因为崇拜多才多艺的幼儿园教师立下要当老师的志向。19岁时，我如愿以偿，成为一名小学语文教师，还戴上红领巾，做起了大队总辅导员。那时，学生就是我的孩子。他们是我的笑，是我的泪，是我歌唱的音符。

老教师说我的教学奇招怪招不少；孩子们夸我上课很有意思，作业也不多；学生家长告诉我，他们的孩子因为我而爱上了语文。

五年后，我成为这所省级名校的教导主任；又过了三年，我成为分管教学的副校长。教学实践让我明白，教学贵在得法，懂得教材的特色、懂得教育的规律、懂得学生的年龄特点，是做好一个好教师的前提。

可爱的儿子，在我28岁那年悄然而至。初为人母，我也像无数妈妈们一样，床头放着好几本《育儿大全》，但每每甜蜜地看着这张充满朝气、充满个性的小脸，我的内心会有声音在说："他是独一无二的，在他成年之前，我对于他来说，很重要。"

育儿果真如教学生，像画一幅画作——爱是基础色，恰如其分的关心、理解是绚丽多姿的彩色。每一个孩子的心灵都是一张白纸，一张等待父母着色的白纸。人生是多彩的，每一种颜色分别代表着诚实、谦虚、孝顺、宽容、自信……它们将在每一天的平凡生活中悄悄印染在孩子们心灵上。作为妈妈的我们，应该为孩子添上哪些色彩呢？

构图方法多样，画笔颜料多种，要想画出一幅佳作，最重要是"懂得"。

妈妈爱孩子，这是天性，也是人伦。但许多妈妈对孩子盲目溺爱，既没有达到良好的教育效果，还伤了和孩子之间的感情，实在让人遗憾。

所以说，"懂"比"爱"更重要。妈妈是孩子的第一任老师，我们对孩子产生的影响是无法估量的。这种影响可以成就孩子的一生，也可能毁掉孩子的一生，关键就在于我们能否秉持正确的家庭教育观念。真正懂得教育的根本，懂得教育的方法，懂得孩子的心理，因材施教，才能实现最有效的家庭教育。

十一年前，机缘巧合，我携着十余年的一线教学和教育管理的经验开始了教学研究工作。经过长长的积累与静静的思考，我以书信的形式与广大读者朋友交流、分享我的教育心得。

希望这本书对家长们有用，尤其是对年轻的妈妈们。

读着书，陪伴孩子长大，这应该是人生一种特别的幸福！

目录

Contents

第一章　道德教育影响孩子的一生

第二章　培养孩子良好的性格

目录 Contents

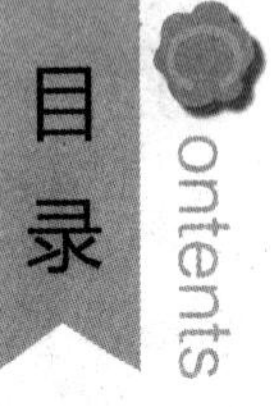
目录
ontents

第一章
道德教育影响孩子的一生

每个人都是一首悠扬婉转的歌，而美德就是歌的旋律，我们的一生都被写进了歌词。最好的父母应该首先把美德的哆来咪教给孩子，之后孩子自然就知道怎么为自己的人生填词了。

第1封信 孝顺是培养出来的

徐老师：

我家儿子东东昨天做了件令我们伤心的事。东东外公特疼这个小外孙，开车半个多小时去给他买煎饺，回来时，东东赶忙下楼迎接，外公高兴地以为小外孙体谅到了他的辛苦，可谁知东东竟然提出要在车上把煎饺吃完，免得妈妈抢着吃。老人很失望，我听了更是痛心。我怎么养出这么个自私的孩子呢？

东东妈妈：

您好！

俗话说，千万经典，孝义为先。今天我们来聊聊“孝”的问题，这是教育里的首席问题。

孟子曾说过：“老吾老以及人之老，幼吾幼以及人之幼。”意思是：“尊敬自家的长辈，推广开去也尊敬别人家的长辈；爱抚自家的孩子，推广开去也爱抚别人家的孩子。”从中我们不难看出“孝道”这一优秀品质的延展性。孝敬父母，延伸开来便是尊重长辈，听得进长辈的意见，知恩图报。如今有不少私营企业招聘员工时，会以是否守孝道来衡量一个人的基本道德素质，因为大家认为，孝敬父母的人

更讲诚信，更有责任感。

至于您在来信中所提的事，不能全怪孩子。孝顺也是需要从小培养的。你们可能平日里比较娇惯孩子，对他百依百顺，对孩子在孝道方面的培养有所忽视。我家禹成这方面就让我挺欣慰的。平日里有什么好吃的，他总会塞给我和他爸爸吃，小些的时候，我们若是不吃，他还会照着《弟子规》中所说的“父母若不接受我们的意见，我们应反复说服；说服不了，可以跪求”，“扑通”跪下求我们吃，让我们哭笑不得。尽管事后我告诉孩子，别人不接受的东西强行让别人接受也是不尊重人的表现，但内心还是为孩子的一片孝心而感动。禹成现在有十二岁了，我每次出差前都会叮嘱他记得睡前检查爸爸洗澡后有没有关煤气闸阀，我们的小男子汉俨然是一个当家人，关窗、关煤气，上学前还会买好早点放在餐桌上，常常让他爸感动。一个月前，儿子拿到我颁发给他的进步奖金，头件大事便是拉着我去商场为他爸选双暖脚的皮鞋，原因是前些时候，他爸在家不经意地说了句“鞋底有些硬，不暖脚了”，这孩子便记在心里了。尽管如今养儿未必是为了防老，但孩子的心里有着父母、长辈，我们的内心才能踏踏实实的，知道孩子懂事，再顽皮也不会太离谱。

至于我是怎么教会孩子“孝顺”的，其实也没有什么高深的教育理论，只是做了两件事，但很是奏效。

第一件事，在孩子四岁的时候，我买来《弟子规》小人书，一边教他读三字一句的话，一边讲每句话的意思，还把附带的古人小故事讲给他听。他多读几遍后，便会背了。我出差去旅游景点为他带回个小快板，教他边打节奏边背。一时间，打着快板背《弟子规》便成了小禹成的拿手节目。《弟子规》教孩子做人的方法大多数是积极的，在如今仍有借鉴价值。平日里孩子有违规的情况，我们不批评他，只需用《弟子规》中的句子提醒他，他便一边答应着一边改正了。让我们感到意外的是，他背会《弟子规》之后的每个冬天，竟然学习黄香温席，帮我们暖好被窝后再自己去睡。

第二件事，从孩子三四岁开始，我有什么困难时，只要他能帮到忙，我总是大大方方地麻烦他，并说“谢谢”。那个时候，孩子爸爸常上晚班，我有时身体不舒服了，便请小禹成帮我倒水、递毛巾、拿体温计，告诉他“妈妈生病就靠宝宝照顾了”。他欢蹦乱跳地忙碌着，从试着倒半杯水给我，到用湿毛巾为我敷头降温，现在甚至可以安排我吃药了。平日，我有什么烦恼的事情也会告诉他，让孩子从小知道，大人们不是只有伺候照顾他这一件事，而是还有许多的麻烦事要去应对，他作为我们的儿子有责任帮助我们处理好各种问题，就像我们帮助他一样。

东东妈妈，孩子的可塑性是很大的，孩子今天不好的行为正反映了我们平日里教育的失误。表面看，东东吃煎饺只是个关乎孝道的小事，可长远看，就可能会发展成为人处世的问题，不能小觑。我建议您跟他好好谈谈，讲些名人尽孝的小故事给他听；在今后的生活中不要怕麻烦他，经常让他帮助你做些力所能及的小事，让他感受到自己作为家庭一分子的快乐与责任。

禹成妈妈

1月5日

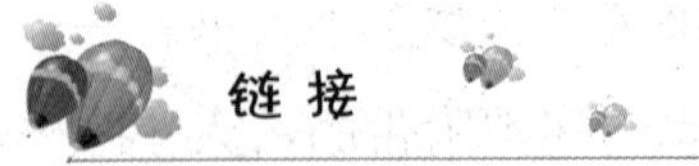

链接

《弟子规》文意节选

《弟子规》原名《训蒙文》，为清朝康熙年间一个名叫李毓秀的秀才所作。其内容采用《论语·学而篇》第六条“弟子入则孝，出则弟，谨而信，泛爱众，而亲仁，行有余力，则以学文”的文意，以三字一句、两句一韵编撰而成，分为五个部分加以演述；具体列举出为

人子弟在家、出外、待人接物以及求学时应有的礼仪与规范，特别讲求家庭教育与生活教育。后经清朝贾存仁修订改编，并改名为《弟子规》，是启蒙养正的最佳读物。

父母呼　应勿缓　父母命　行勿懒

父母教　须敬听　父母责　须顺承

冬则温　夏则清　晨则省　昏则定

出必告　反必面　居有常　业无变

事虽小　勿擅为　苟擅为　子道亏

物虽小　勿私藏　苟私藏　亲心伤

亲所好　力为具　亲所恶　谨为去

身有伤　贻亲忧　德有伤　贻亲羞

亲爱我　孝何难　亲憎我　孝方贤

亲有过　谏使更　怡吾色　柔吾声

谏不入　悦复谏　号泣随　挞无怨

译解：父母呼唤，应及时回答，不要慢吞吞的；父母交代你去办事，要立刻动身去做，不可拖延或推辞偷懒。父母教导我们做人处事的道理，是为了我们好，应该恭敬地聆听。做错了事，父母责备教诫时，应当虚心接受，不可强词夺理，使父母亲生气、伤心。侍奉父母要用心体贴，黄香为了让父亲安心睡眠，夏天睡前会帮父亲把床铺扇凉，冬天寒冷时会为父亲暖被窝，实在值得我们学习。早晨起床之后，应该先向父母请安问好。下午回家之后，要将今天在外的情形告诉父母。外出离家时，须告诉父母要到哪里去，回家后还要当面禀报父母，让父母安心。平时起居作息要保持正常有规律，做事要有常规，不要任意改变，以免父母忧虑。纵然是小事，也不要任性，擅自做主，而不向父母禀告。如果任性而为，就有损为人子女的本分。再小的东西也不可以私自收藏占为己有；如果私藏，父母亲知道了一定很伤心。父母亲所喜好的东西，应该尽力去帮他们得到；父母所厌恶的事物，要小心谨慎地去除。要爱护自己的身体，不要使身体轻易受到伤害而让父母亲忧虑。要注重自己的品德修养，不可以做出伤风败德的事而使父母亲蒙受耻辱。当父母亲喜爱我们的时候，孝顺是很容易的事；当父母亲不喜欢我们，或者管教过于严厉的时候，我们一样应孝顺，还应反省自己，体会父母的心意，努力改过并且做得更好，这种孝顺的行为最是难能可贵。父母亲有过错的时候，应小心劝导他们改过向善。劝导时态度要诚恳，声音必须柔和。如果父母不听规劝，要耐心等待，一有适当时机，再继续劝导。如果父母仍然不接受，甚至生气地责打我们，也要满含热泪恳求父母改过，以免陷父母于不义，铸成大错。

第2封信 让我们的孩子不说谎

徐老师：

我家孩子童童在幼儿园、学校一直都受到老师的喜欢，但我发现孩子从三四岁就开始常常说谎，现在都十岁了，还谎话不断。为了让她改掉这个坏毛病，我们想了不少办法，比如讲“狼来了”的故事，或狠狠打一顿，但效果都不好。请问，怎么才能让孩子不说谎呢？

童童妈妈：

您好！

孩子说谎是个问题，但分析原因，我们一起努力也是有办法的。

在日常生活中，小儿说谎的情况并不少见。导致小儿说谎的原因也挺多。年龄不同，说谎的动机、表现也各有不同。

说谎在3岁以下的幼儿中是一种极为常见的现象。这时的孩子基本上不可能分辨出自己是在说谎还是在说实话。孩子的那些无伤大雅的谎言可能源于活跃的想象力、健忘等，父母不用在意，更不能给孩子扣上“说谎”的帽子。

3—4岁幼儿的认知能力还未发展成熟，孩子年龄小、个子小，他所观察、体会到的事情，和成人自然不一样。因此，他说的话有时就会显得很夸张，而成人常认为他们在说谎。比如，有的孩子说："爸爸给我买了个房子那么大的玩具。"其实，这种情况不能认定孩子在说谎，从教育学的角度分析，这样的孩子想象力特别丰富，他能幻想出许多其他孩子不曾想到的事物、事件。当然，如果孩子是有意说谎话以逃避责罚，应跟他讲清道理，经教育后一般就不会再说谎了；但如果处理不当，比如谩骂、责打，则会导致孩子继续说谎话。

4—6岁幼儿的说谎特点就不同了，这个时期的孩子因害怕受罚而试图欺骗大人的较多，此时谎话成了他们的保护伞。父母与其发怒，还不如利用这个机会跟孩子一起讨论撒谎行为及其会引起的后果。这个阶段是帮助孩子养成诚实品格的最佳时期，并将影响他的一生。

6—12岁是个"理智的年龄段"，儿童在智力方面取得了突飞猛进的发展。这时的孩子说谎往往是为了逃避责罚、掩盖真相，也有的是因为好玩、吹牛等。其实，这时候的孩子说谎已是一种痛苦，不再有童言无忌的快乐。他们往往为了达到父母的要求，为了哄父母开心，为了使自己在父母、老师面前的形象与被期待的形象相符，想尽办法说谎，并且为了一个谎言要说无数个谎言。这个阶段我们就要特别关注孩子的成长变化，一旦发现孩子说谎，就应该先分析原因，再找合适的机会，选择恰当的场合劝说他们，切忌在大庭广众下揭穿孩子的谎言。

这时的孩子说谎大抵有以下两个原因：

1. 父母言传身教不够，教育不当。孩子的模仿性很强，父母曾经有过的不诚实行为，在孩子身上潜移默化。有的父母教孩子说谎："不要告诉奶奶，我们家好吃的藏哪儿。""告诉老师，你不能去参加运动会是因为你生病了。""别告诉你舅舅，家里又新买一套房了。"他们只认为偶尔说些谎话是权宜之计，却没想到这些谎言在孩子的心灵里播下了自私自利、损人利己的种子。

2. 害怕父母训斥、打骂。有些做父母的，每逢孩子做错一件事，

便要打骂孩子。孩子由于本能地自我保护，常用说谎来掩饰自己的过错。这种掩饰一旦得到父母的宽恕，在以后的第二次、第三次做错事时，他们便会轻车熟路地再次以说谎来求得宽恕。

我们怎样才能既不伤害孩子的自尊与自信，又不纵容孩子说谎呢？我想可以从以下几个方面努力：

1. 以身作则

研究证明：说谎话的孩子大多出自父母常常说谎或不遵守诺言的家庭。因此，如果您希望在孩子幼小的心灵上奠定诚实的基础，首先要以身作则，为他树立一个好榜样，尽量避免不必要的谎话和借口。

2. 尊重孩子的秘密

孩子与父母之间最大的矛盾之一，就是孩子日益增强的独立意识与父母过多的保护。不幸的是，大多数父母几乎很少考虑他们对孩子的生活应该了解些什么。父母应该想到孩子也有自己的小秘密，而且应该知道根据孩子的不同年龄，向他了解不同的内容。

3. 相信自己的孩子

也许父母培养一个实事求是的孩子，最重要的是在彼此之间建立一种以相互信任为基础的关系。父母与孩子间的相互信任和理解是孩子诚实的前提条件，如果父母常常表现出信任感，任何年龄的孩子都会为此而自豪，从而养成诚实的习惯。即使发现孩子说谎，父母也不应为此而结束对他的信任。我们要让孩子知道，即使他说了谎，我们还是爱他的，我们能理解他的心情，并该告诉他，一句谎言是可以被宽恕的，但如果继续这样发展下去，他就会失去父母的信任。

4. 掌握好处理谎话的分寸

一旦孩子说了谎，要与孩子一起商量，下一次遇到类似情况有没有更好的办法来解决。不要用严厉的惩罚来威胁孩子，这个行为往往会让孩子说更多的谎。诱骗孩子说出真相或强迫孩子坦白都是糟糕的方法。如果您发现孩子说了谎，不要立即在其他人面前指责或教训

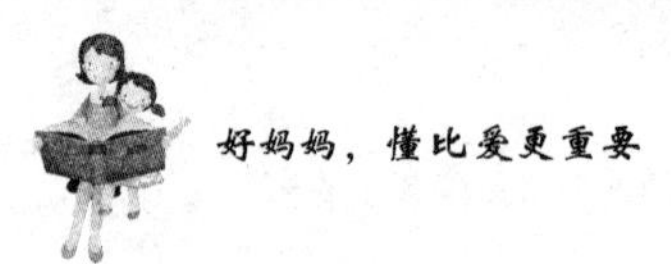

他，最好是另找一个合适的时间单独与孩子谈。如果孩子勇于承认自己做错了事，我们应立即用比较积极的语言表扬他，让他了解不说谎是父母最赞赏的品质。

5. 平时多关心孩子的生活

父母对孩子平日要多关心，了解他有哪些好朋友、喜欢在什么地方玩、什么时候放学、什么时候到家，鼓励孩子将他的好朋友带到家里来做客。如果发现孩子好朋友的一些问题，应及时跟孩子交谈，以免他因跟坏伙伴而犯错，甚至说谎话。孩子做错事时，家长应认真询问并作调查，对孩子进行正面的引导。

希望这些办法能帮助您解决问题。最后还是那句话：淡定，不要着急，会有办法的。

禹成妈妈

1月15日

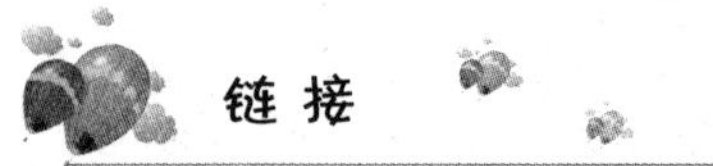
链接

孩子说谎时的几种常见信号

孩子的心计毕竟不如成人复杂，他们在说谎时会暴露出更多的信号来表明他们紧张的心理，家长需要仔细观察。

1. 尽量不涉及“我”这个字

比如父母问孩子为什么那么晚才回家，如果孩子在说谎，那么他说的是“补课去了”，而不是“我补课去了”。如果父母就这个话题继续问孩子有关情况，他们总是反复地省略“我”，他们就有被怀疑的理由了。而且，孩子说谎时往往故意忽略具体名字，如父母问是和谁一起补课的，孩子会说“和别人补的”，而不说具体姓名。

2. 经不起反复被询问

父母问孩子一个问题，然后等孩子回答。如果这时父母感觉孩子可能在说谎，那么可以再问一次。如果答案相同，那么询问第三次的时间要和第二次之间留一段空隙。在这期间，孩子的身体会平静下来，他们会想：“我已经蒙混过关了。”在所有的生理反应消退后，孩子的身体放松成为正常状态。这时父母趁他们不注意时，再次问这个问题，他们可能已经不在说谎的状态中了，于是，不是恼羞成怒，就是倾向于坦白。

3. 说谎时眼睛会向右上方看

对于大部分孩子来说，当大脑正在“建筑”一个声音或图像时，换句话说，当他们在说谎时，他们的眼睛会看右上方。如果孩子在试图记起确实发生的事情，他们会向左上方看。这是一种反射动作，除非受过严格训练，否则是假装不来的。

4. 笑容不自然

美国匹兹堡大学的心理学教授杰夫里·考恩为了研究人的表情真伪，特意去监狱研究嫌疑犯接受审问时面部肌肉的变化情况。他在研究报告的后半部分，特别提到了众多美国家长关心的孩子说谎问题，他写道：“孩子说谎时，有时会因为故作放松而露出笑容，家长们需要仔细观察，这和平时孩子的笑容有很大区别，这种微笑在几秒钟就能戳穿他们的谎言。真正的微笑是均匀的，在面部的两边是对称的，来得快，但消失得慢，扯动从鼻子到嘴角的皱纹，以及眼睛周围的笑纹。而孩子伪装的笑容来得比较慢，而且有些轻微地不均衡，当一侧不是太真实时，另一侧便想做出积极的反应。这就是为什么孩子说谎时，笑容总感觉不那么自然。”

5. 说谎时鼻子会变大

这是最为有趣的一个信号。孩子在说谎时身体里过多的血液会充到面部，导致整个面部都变红了，还会使鼻子膨胀几毫米。当然，鼻子的变大通过肉眼是观察不到的，但是说谎的孩子会觉得鼻子不舒服，不经意地触摸它，这个动作家长是观察得到的。

6. 说谎的孩子老爱触摸自己

说谎的孩子老爱触摸自己，家长们通过观察就会发现这一点。人在说谎的时候越是想掩饰自己的内心，越是会因为多种身体动作而暴露无遗。而孩子触摸自己的频率比成年人高2倍。

第3封信
顽皮的孩子要知道“度”

徐老师：

优优8岁了，俗话说“7岁8岁狗都嫌”，这孩子吃饭时满桌子都是漏下的饭菜，洗脸时满地都是水，杯子被他打碎一个又一个，隔壁邻居家小猫的尾巴也被他用透明胶缠了，我整天气得想打他。可是，孩子不听话可以用体罚的手段教训吗？

优优妈妈：

您好！

对于孩子的顽皮，我们需要有个客观的判断。有些孩子顽皮是因为思想活跃，总有些稀奇古怪的点子。对这类孩子，父母不要过多限制他们、斥责他们。不少名人小时候都是顽皮的孩子，比如小爱迪生孵过鸡蛋，小李四光爱玩捉迷藏，小法布尔爱玩昆虫，而他们也都算“玩”出了名堂。

我们家禹成小时候也很顽皮。我印象很深的一次，是他3岁的时候，一天我下班回来，进门大叫“宝宝”，他没应声，我走进卧室一看，头都气晕了。只见床单上一大片墨迹，旁边倒着一个空墨水瓶，而他正抓着我刚买几天的“羽西”爽肤水往一辆小玩具车上倒。我赶紧冲上去，抓住他的小手叫停，但已经晚了，一百多元一瓶的爽肤水已所剩无几。我忍着性子，把他抱到卫生间边给他洗手边问缘由。他沮丧地告诉我，因为想把那辆红色的奥迪车变成黑色的，所以把车放床上，倒了瓶墨汁上去，然后发现小汽车不上色，黑色的墨汁全流在床单上，而且车也不漂亮了，红一块黑一块，于是就抓来梳妆台上的"一瓶水"洗车。

晕！我越听越来气，但又强迫自己迅速地调整心态，不断在心里告诉自己：不可以骂他，不可以打他，不可以遏杀他创新思维的火花。于是我开始笑着表扬他："宝宝真聪明！都能想到给自己的小车换颜色了。但你没想明白吧，车上色可没这么简单，不是你倒什么颜色就染上什么颜色的，需要很多工艺呢，下回让爸爸带你去修车厂看看。宝贝过来，看看你把妈妈的床弄成什么样儿了。"我带着他回到卧室，将床单掀起来，床垫上也是一片墨迹。这时我不笑了，边收拾残局，边告诉他："禹成，床上不能倒墨汁，妈妈的化妆品也不能倒掉，记住了，以后不能这么做。"我带着他一道忙碌了半天，将空瓶子丢了，将床单洗了。看着我用力地搓洗床单，他歪着脑袋没说话，但我想他明白了。

孩子顽皮如果是涉及行为规范的问题，就需要认真对待并加以引导了。比如有些男孩子喜欢恶作剧，像你们家优优用透明胶缠隔壁邻居家小猫的尾巴，这时你就要告诉他：这样做很不对，小动物也是有生命的，是我们人类的好朋友，小猫的尾巴粘坏了会影响它的生活。我们需要告诉男孩子：生活中有些事情是有危险的，是不可以尝试的；有些事情是会给别人带来痛苦的，不能将自己的快乐建立在别人的痛苦之上。

为杜绝孩子顽皮过度，和孩子约法三章在先也很有必要。在我们家，我给孩子讲过两件事情是绝对不可以做的，否则就会挨揍。第一件是危险的事情，比如把手指塞进插座、没有父母的监护时游泳、爬

窗户、在家里玩火等；第二件是不尊重长辈，如顶撞爷爷、奶奶、外公、外婆以及邻居老人，都是要受到责罚的。

优优妈妈，淘气、调皮是男孩子的天性。我想父母应给予他的更多是宽容。有一种说法很有意思，说世上每个人都是被上帝咬过一口的苹果，都是有缺陷的人。有的人缺陷比较大，是因为上帝特别喜爱他的芬芳，所以特意咬了一大口，但上帝会在另一个地方补偿他的。如果我们都能把有缺点的孩子看成上帝咬过一大口的苹果，心态是不是会好些呢？

禹成妈妈

2月1日

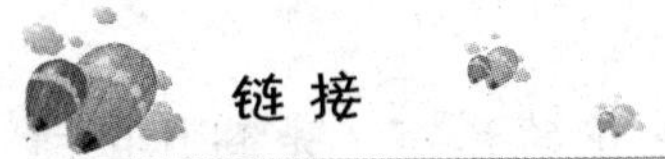

链接

泰戈尔儿童诗二首

责　备

为什么你眼里有了眼泪，我的孩子？

他们真是可怕，常常无谓地责备你！

你写字时墨水玷污了你的手和脸——这就是他们所以骂你龌龊的缘故么？

呵，呸！他们也敢因为圆圆的月儿用墨水涂了脸，便骂它龌龊么？

他们总要为了每一件小事去责备你，我的孩子。他们总是无谓地寻人错处。

你游戏时扯破了你的衣服——这就是他们说你不整洁的缘故么？

呵，呸！秋之晨从它的破碎的云衣中露出微笑。那末，他们要叫它什么呢？

他们对你说什么话，尽管可以不去理睬他，我的孩子。

他们把你做错的事长长地记了一笔账。

谁都知道你是十分喜欢糖果的——这就是他们所以称你做贪婪的缘故么？

呵，呸！我们是喜欢你的，那末，他们要叫我们什么呢？

金色花

假如我变了一朵金色花，只是为了好玩，长在那棵树的高枝上，笑哈哈地在风中摇摆，又在新生的树叶上跳舞。妈妈，你会认识我么？

你要是叫道："孩子，你在哪里呀？"我暗暗地在那里匿笑，却一声儿不响。

我要悄悄地开放花瓣儿，看着你工作。

当你沐浴后，湿发披在两肩，穿过金色花的林荫，走到你做祷告的小庭院时，你会嗅到这花的香气，却不知道这香气是从我身上来的。

当你吃过中饭，坐在窗前读《罗摩衍那》，那棵树的阴影落在你的头发与膝上时，我便要投我的小小的影子在你的书页上，正投在你所读的地方。

但是你会猜得出这就是你的小孩子的小影子么？

当你黄昏时拿了灯到牛棚里去，我便要突然地再落到地上来，又成了你的孩子，求你讲个故事给我听。

"你到哪里去了，你这坏孩子？"

"我不告诉你，妈妈。"这就是你同我那时所要说的话了。

第4封信

培养孩子的包容心

徐老师：

我家孩子阳阳渐渐长大了，可性格也越来越尖刻。在一件事上如果出了错，他就认为那只是别人的错。比如，自己起晚了，是因为我没有叫他；没按时完成作业，那是老师布置的作业太多了……唉，总之就是责备别人多，自我反省少。我该怎么教导他呢？

阳阳妈妈：

您好！来信收悉。

其实，想想我们身边的不少孩子，都存在这个问题，也许是独生子女的缘故吧。他们凡事从自己的利益出发，“严于律人，宽以待己”，看不惯身边的人和事，抱怨特别多。

孩子出现这些状况，我想有以下一些因素：

1. 从小在家长身边耳濡目染，家长也是责备别人多、反思自己少。

法国思想家卢梭在他的教育论著《爱弥儿》中谈到“人的道德面貌形成”时认为，人在开头的一刹那间，也就是尚处于天真纯洁时期所接受的感知，将对他的一生产生不可磨灭的影响。在孩子幼小时，每个生活细节都可能给孩子留下深刻印象，从而影响孩子的心理与行为。最典型的事例便是孩子小时候摔倒了或被桌角磕到了，很多妈妈、奶奶或保姆总是一边抱起孩子，一边打着地板或桌角说：“坏地板（桌子），磕到我宝贝，该打该打！”这样一来，在孩子幼小的心灵中留下了几点错误的行为表现：（1）报仇心理——地板滑倒了我，桌角碰疼了我，我也要把它们打疼；（2）责备行为——摔倒、磕疼都是别人的问题，宝宝是没有错的。这样的小事儿还很多，家长一般都是护着自己的孩子，从外部环境找原因，久而久之，孩子就对别人满是责备了。

2. 家长不能让孩子吃亏的意识导向，使得孩子唯恐自己吃亏，个个好似好斗的公鸡。

从幼儿园开始，孩子开始了他们的集体生活。孩子初进班级，要与其他伙伴相处。一些妈妈怕自己的孩子吃亏，常常教他们：“如果有人欺负你，就告老师；如果老师不管，你就狠狠打他，打坏了妈妈赔。”在这种教育之下，孩子对外界产生了恐惧感，似乎离开了爸爸妈妈就要像刺猬一样保护好自己，但凡遇到什么麻烦，立刻拳头伸前，所谓的“正当防卫”找错了对象。

3. 维权意识的增强使得孩子总要为自己的偶尔失利讨个“公道”，不会主动谦让。

现在的孩子了解社会的程度远深于当初的我们。孩子从小有维权意识是好的，但维权不等于斤斤计较。许多孩子生活中的所谓“维权行为”就是与同学斤斤计较，遇到矛盾，谁都不主动谦让，还口口声声说是讨个公平。

“泰山不让土壤，故能成其大；河海不择细流，故能成其深。”能包容他人的人有着善良的秉性，而善良的人会得到更多朋友的帮助。从小培养孩子的包容心，孩子长大以后才能诚挚地宽恕别人的错误，坦然地面对无端的猜忌，轻松地应对生命中的挫折，从而拥有更

多的朋友，获得幸福的生活。

禹成有时也会对我讲讲身边发生的不平事。我总是告诉他，不同的人站的角度不同，思考问题的方式也是不同的。与别人产生矛盾时，要分清楚需要不需要计较。有的事情只是个人考虑不同，无关对错；有的事情别人占了我们的便宜，我们吃的亏不大，也可以接受，就宽容别人，让别人慢慢去体味自己的错处；还有的事情关乎自己的人格、品质，就不能盲目包容，需要把该讲的话讲清楚，把误会的事弄明白。

阳阳妈妈，包容是一种心态，是一种美德和境界，更是一种生存的智慧。为了您的孩子快乐幸福，请教他学会包容。我想，教孩子学会包容，可以从以下几个方面努力：

1. 从小在生活中多指导孩子，培养孩子的同情心

家长要培养孩子的包容心，自己首先就要做榜样，平日里自己做个豁达、大度的人。孩子年龄小，认识水平比较低，家长应适时指导。比如，有一次一个特别肥胖的朋友要来家里做客，我提前告诉孩子，要来做客的阿姨有个毛病，长得超胖，很多人说她，她很难过，待会儿见到她不可以笑话她，和阿姨说些别的，不要伤害阿姨的自尊心。禹成果然做得很好，逗得阿姨很高兴。平日里，当孩子说别的小朋友的问题时，我们要告诉孩子：每个人都有长处，也有短处；我们不能用别人的短处比自己的长处，要想想人家的长处；对于先天有缺陷的人，我们要保护他们、爱护他们、安慰他们，让他们感受到温暖，因为他们已经替我们健全人承受了人世间的很多不幸，我们不可以再欺负他们。

2. 教会孩子有好东西时与别的孩子分享

培养孩子的包容心，很重要的一点是要让孩子得到好处时总能想到别人，而不是自己独占。我们可以在孩子和伙伴们玩耍、相处过程中培养这种习惯。有好吃的，鼓励孩子与大家分享，不吃独食。有的家长从不吃孩子给的食物，这是不对的。孩子给我们吃，我们应该大大方方地吃，这样既领了孩子的情，也让孩子知道，好吃的东西应该跟爸爸妈妈分享。每当别人送礼物给禹成，我总是提醒他："看看你送什么给别人。"在我的教育下，禹成明白，没有谁是应该送礼物给你的，接受别人的礼物时应该表示感谢，并送上自己的祝福。

3. 教孩子换位思考，与别人发生不愉快时多检讨自己的不对

当孩子与其他小朋友闹意见时，我们不可以火上浇油，纵容自己的孩子批评别人的不是。我们可以等孩子抱怨完以后，请孩子想一想自己有什么不对。若孩子想不到，可以提醒他，假如你是他，你会怎么做。孩子如果经常能做到换位思考，宽容别人也就不是难事了。

阳阳妈妈，培养孩子的包容心需要慢慢来。只要我们用心去做，就会有变化的。播种包容，收获感动，推荐您看一篇文章——《当人们播种时》。

禹成妈妈

2月23日

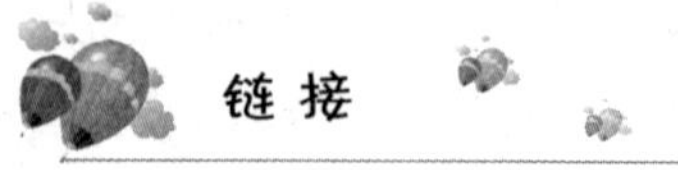

当人们播种时

（美国）麦可·布戴尔

当我就读初中高年级时，有个八年级的小流氓一拳打在我胃上。他不只伤害了我，也使我感觉到难以忍耐的困窘与屈辱。我想奋不顾身地以牙还牙！我打算第二天让他尝尝自行车铁链的滋味。

为了某些理由，我把我的计划告诉娜娜——我的祖母。这真是一个大错误。她对我演讲了一个钟头（女人还真能说）。她的演讲真是良药苦口，但我只模糊地记得她告诉我，我不需要让那个人烦扰我。

她说："善有善报，恶有恶报。"我有礼貌地告诉她，我想对她说这样做没错。我也告诉它，我一直在做好事，但我得到的回报却很"荒谬"（当时我没有用这个字眼）。然而她还是坚持她的立场。她说："善报终有一天会来临，而你做的恶事有一天也会有恶报。"

过了30年，我才了解她话中的智慧。娜娜住在加州拉甘娜山庄的疗养院。每个星期二，我都会去看她，带她出去吃晚餐。我总会看到她穿戴整齐地坐在靠前门的椅子上。我清楚地记得她进疗养院前的上一次聚餐。我们开车到附近的一家家庭式小餐馆。我为娜娜点了一道蒸肉，并为自己点了汉堡。食物送来后我就开始动口，而娜娜却没吃。她只是盯着她盘子中的食物。我把盘子挪开，将她的盘子放在我面前，并把肉切成一小块一小块，又把盘子放回她面前。当她很虚弱也很艰难地叉了一块肉放进嘴里时，我忽然想起了一件事，泪水很快地模糊了我的眼睛。40年前，当我是一个小男孩时，娜娜总是把我盘子里的肉切成碎块，好让我吃下它。

40年过去了，善有善报。娜娜是对的，我们收获的就是我们播种的东西。

"善行终会有所回馈。"

那个八年级的小流氓呢，他到九年级还是小流氓。

第5封信 教孩子学会认错

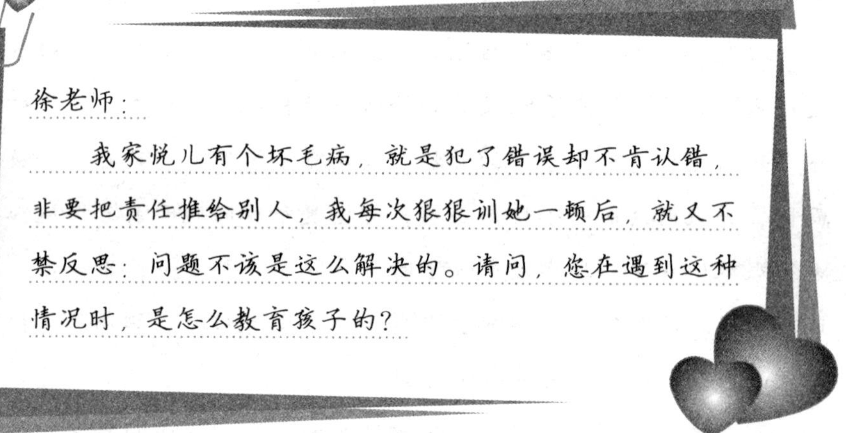
徐老师：

我家悦儿有个坏毛病，就是犯了错误却不肯认错，非要把责任推给别人，我每次狠狠训她一顿后，就又不禁反思：问题不该是这么解决的。请问，您在遇到这种情况时，是怎么教育孩子的？

悦儿妈妈：

您好！

我在当小学教师时也经常遇到这样的孩子，不管犯什么错，他们都要推脱，总要解释。这是很不好的习惯，也是一种没有责任心的行为。我很愿意和您交流一下对这个问题的想法。

孩子从小犯错不认错的习惯一定要纠正。既然要纠正，就得找准孩子不承认错误的原因，再有的放矢地解决问题。我分析了一下，孩子不肯承认错误大概有以下两点原因：

1. 孩子缺乏是非观念

孩子因为年龄小，缺乏是非观念。有些事情他站在自己的角度去想，并不知道自己做错了。比如前面我提到过的禹成将我的爽肤水当普通水洗他的小车模型，又如我小时候将胡椒粉倒进大米缸里玩，这

些错误属于儿童特有的行为。家长切不可对孩子动辄责备，应耐心地告诉孩子错在哪里、为什么错了。孩子只有知道了什么是错的、为什么是错的，才能承认错误，改正错误。

2. 孩子害怕承担错误带来的严重后果

认错需要一定的勇气。孩子不敢认错，往往是因为害怕承担严重的后果。有些家长大事小情都会所谓的严格要求孩子，一旦孩子犯了错，动辄骂，甚至打。孩子出于自我保护的需要，不敢承认错误。父母应给他们一种安全感，告诉孩子，每个人都有犯错误的时候，只要改了就是好孩子，从而避免他们产生畏惧。

悦儿妈妈，后面这个原因，我们家长应该尤为重视。因为有不少孩子撒谎、推卸责任的习惯就源于此。遇到孩子做错事情的时候，我们一定要冷静处理，不要一味苛责，否则会助长孩子报喜不报忧、有错往别人身上推的坏习惯。

让孩子勇敢认错，还有一个重要方法，便是我们做父母的要学会向孩子认错。

传统的家庭观念认为，父母向孩子道歉，会丧失自己的威严，所以不少父母为了维护作为大人的面子，总是坚持做错了也不向孩子认错。其实，父母向孩子认错，不仅可以融洽家庭关系，并且可以让孩子明白每个人都会有错的时候，认错不是一件丢脸的事情。向孩子认错，不仅不会因为丧失尊严，反而会让孩子更加尊敬我们。

禹成小时候是个倔强的孩子，每当他做错事情时，虽然我清楚地告诉他错在哪里、应该怎么改正，但他总是不吭声，不解释，也不认错。我急坏了。一次，禹成将没吃完的肉包塞进垃圾桶里，我耐心地跟他讲浪费粮食的错处。当我要求他口头道歉时，他却不说话。我接着苦口婆心地告诉他，需要对奶奶说抱歉，因为肉包是奶奶蒸热的，奶奶辛苦的劳动没有得到尊重，他应该道歉。可他仍是不说话，只是在我的手心上画叉叉。我知道孩子腼腆，没有太勉强他，说：“你在我手上画叉，我明白你已经认错了，但认错要勇敢说出来，这样才是好孩子。”我转念有了主意，拉着他的手，向他道歉：“今天，妈妈也有对不起宝宝的地方，妈妈向你道歉。”听到这话，他的小眼睛亮了起来，估计他在想：“欸，妈妈有什么错呢？”我接着说：“宝宝，你今天一早起来已经吃了两块萨其马，吃一个包子应该就饱了，而我却要求你吃两个，宝宝吃不完又怕妈妈不高兴，所以就只有丢了。妈妈以后要注意，不逼着宝宝吃过量的食物。好，现在妈妈向你认错了，你也去向奶奶认个错吧，告诉奶奶以后不再丢掉干净食物了。”只见他噔噔噔跑向厨房给奶奶道歉去了。

由此可见，家长主动承认错误是给孩子树立榜样，孩子见爸爸妈妈以身作则承认错误，自然会主动效仿了。

当然，承认错误不是仅仅一句“对不起”，我们还应该教会孩子真正向别人表示歉意，并立即用行动纠正自己的错误。

悦儿妈妈，您仔细分析一下孩子不肯认错是什么原因。我想若您积极地采取一些办法，那么孩子会知错认错并改正错误的。

禹成妈妈

3月2日

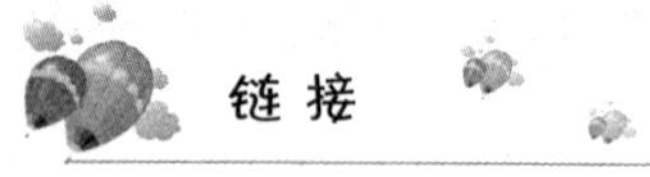

链接

培养孩子做事的习惯

孙云晓

做事的核心是要遵守规则，培养责任心与抗挫能力。大家一定有感受，没有责任心、没有抗挫能力的孩子长不大。今天最让我们担心的也是孩子责任心不强的问题，这都源于我们成年人从小剥夺了孩子的责任。有不少成绩上百里挑一甚至千里、万里挑一的孩子，人格

上却有问题。就这个角度来看，中国教育走进了一个新的误区：在反思教育的时候，都认为对孩子太严厉、批评太多了，从而提倡一种激励教育，即对孩子多加赏识和表扬，而忽略或放弃了批评和惩罚的教育。我一向认为：对孩子以表扬为主永远是对的，但是对孩子不能没有批评也永远是对的。没有批评的教育是不负责任的教育，是"缺钙"的教育，是危险的教育。曾经有一所私立学校规定不许批评孩子。我说无批评教育是伪教育，父母的一个神圣的职责就是对孩子说"不"，并且坚持到底。

您再爱您的孩子，也不能指望全天下的人像您一样爱您的孩子。您的孩子很难避免不受到委屈、麻烦、挫折、打击。孩子就是在犯错误中长大的，犯错误是不可避免的，问题在于有没有让他看到自己的责任，并承担起自己的责任。中国的父母似乎是爱孩子的世界冠军，什么事都替孩子扛着，但您替孩子扛得越多，孩子就越没有责任心，父母操透了心，孩子却跟个没事人似的。因此我建议：明智的父母应该藏起一半的爱心，让孩子勇于承担自己的责任，经受一点挫折。

第6封信
教孩子学会担当

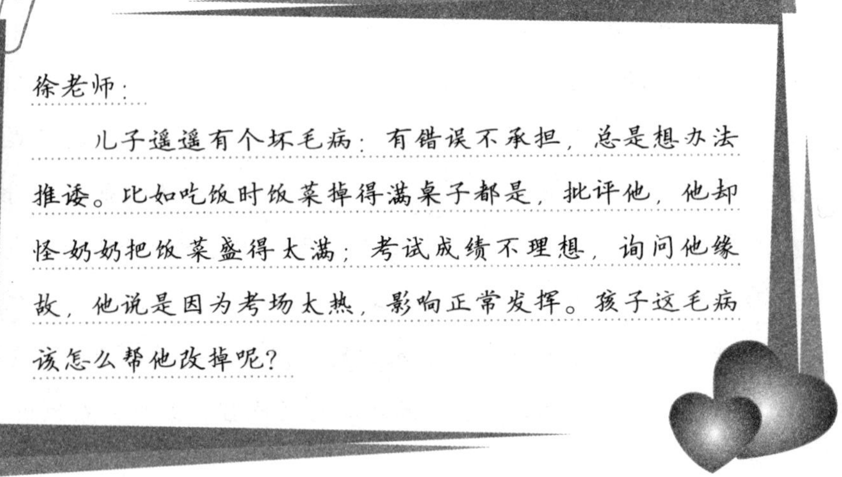
徐老师：

儿子遥遥有个坏毛病：有错误不承担，总是想办法推诿。比如吃饭时饭菜掉得满桌子都是，批评他，他却怪奶奶把饭菜盛得太满；考试成绩不理想，询问他缘故，他说是因为考场太热，影响正常发挥。孩子这毛病该怎么帮他改掉呢？

遥遥妈妈：

您好！

我首先要肯定您的判断，孩子这些行为的确属于没有担当的表现，需要引起家长重视。日常生活中这样的孩子很多，但有不少家长并没有意识到这是个问题，甚至还有的家长会觉得自己的孩子脑瓜灵活，会辩解，是聪明的表现。您能及时发现这个问题，那么我们一起来探讨它，肯定能找到帮助遥遥的办法。

没有担当，在孩子小的时候似乎没有什么危害，只是让我们觉得这孩子有些圆滑，但等他们长大步入社会后，就可能让人生厌。没有担当的人在没有完成工作任务时，会向领导抱怨任务太重，而自己已经尽力，这样的表态会失去很多工作机会；没有担当的人上班迟到

时，会解释说是因为交通太拥挤，路上堵车，这样只会给别人留下做事虚浮的印象。没有担当，会失去领导的器重，失去朋友的信任，甚至辜负家人的期望。学会担当、勇于担当、能够担当，最终才能真正走向成熟、走向成功。培养孩子的责任意识，让他们从小学会担当，是重要的一课，不可忽略。

如何让孩子学会担当呢？我想可以关注这几个方面：

1. 对主动认错的孩子不进行严厉批评

有很多孩子遇到麻烦事时总喜欢找借口，把责任推到别人身上，主要原因在于家长过于严格要求孩子，每当孩子犯错，家长不依不饶，劈头盖脸的责骂和严厉可怕的体罚让孩子不敢担当责任，让他们认为只有推脱才是保全自己的唯一方法。其实家长对孩子应有宽容之心，对待主动认错的孩子不应严厉批评，教育指导、循循善诱才是良方。当了解到家长的宽容政策，特别是主动认错可以免责，孩子们自然不会一犯错误就急于推脱了。

2. 学会先说自己错在哪里

孩子们年纪小，经验少，思维发育不成熟，自然会出现一些判断上或行为上的失误，有些错误也只是童年的小误会，家长根本不需要兴师动众地责罚。万一孩子真的犯了错，比如和邻居小朋友争抢玩具，与同学闹纠纷，和家里的小表弟打架，我们询问情况时就要提醒孩子先说自己错在哪里，不要让孩子先讲一大通别人的不是。如果孩子委屈，你可以告诉他：与人闹意见是两个人的事，必须先检讨自己，才能去批评别人；别人的行为我们有时无法控制，但我们要做自己的主人，努力管理好自己。这样的教育，能够让孩子凡事先检讨自己，而不是只知道找周围环境与他人的问题。

3. 让孩子学会说“对不起”

孩子学会说“对不起”很重要。有些家长见犯错的孩子接受批评后哭了，就认为：他已经知道错了，说不说“对不起”只是形式问题，没有关系。其实，我认为犯错不可怕，而认错的态度与认错的表现很重要。有些孩子不说“对不起”，不承认自己的错处，就说明没有真正认识到自己错在何处，往往是家长批评的话语左耳进右耳出，下次还会犯同样的错误。禹成小时候也不习惯说“对不起”，有时哪怕在我的手心画叉叉，他也不说。我会很认真地告诉他：“把‘对不起’说出来，一则是为你所做的错事向人道歉，体现出你的真诚，二则是提醒自己这样的错误不可以再犯，表现出你的态度。这世界上只有父母会无条件地原谅孩子的过失，但你长大后要接触的大多数人都不是你的父母，做错事需要得到别人的谅解，需要主动承认，真诚悔改，因此，‘对不起’需要自己大声地说出来。”

4. 要求孩子不给他人添麻烦

每个人在社会中都扮演不同的角色，不同的角色都有该说的台词。我告诉禹成：“没有谁是理所当然地帮助你，替你解决困难的。我们每个人都要做好自己，不给别人添麻烦，社会才能正常运转。”家长在孩子小的时候就应该让他们做一些力所能及的事情，比如自己刷牙、自己穿衣、自己吃饭。家长代劳只会延缓孩子的成长时间，让孩子从小对他人产生依赖。有一段日子，我出差比较多，禹成对学习有些懈怠，我找他谈话：“孩子，打个比方，我们家就像一辆车，你、爸爸和我便是发动机、轮胎和汽油，缺一不可，互不替代。现在爸爸、妈妈的工作都很忙，我们都在为做好自己的工作而努力，而你的任务就是学习。你愿意拖这辆车的后腿吗？我们只有齐心协力，自己完成好自己的任务，才能不给别人添麻烦。”孩子听了这番话，又自觉地学习了。

禹成从小学五年级开始，就特别有主张了，即使做错了事情也从不推诿，主动承担责任，得到了同学们的信任。那年的“六一”儿童节，学校有一天休息。他和同学们早早地就在计划着如何happy一天，谁知道班主任老师因为担心孩子的安全以及避免孩子攀比娱

乐方式，在班上明令禁止同学之间组织聚会。孩子的娱乐计划书都已经做好了，不想放弃这次活动，便没有告诉我老师的决定，“顶风做案”。我自然也不清楚老师的要求，支持孩子组织了这次好朋友的家庭聚会，六名孩子在我家玩了大半天，我还做了午餐给他们吃。没想到，节日过后，老师知道了这件事情，还了解到班上有好几组同学分别组织了聚会。他平日里很器重禹成，于是把他唤到办公室，批评他不顾老师的要求擅自举办同学聚会，并要求他说出还有哪些同学组织了聚会，说清楚了就可以免除他的责任。那天，禹成回家后，跟我说：“妈妈，今天我当了回‘刘胡兰’。”我开始没听明白。后来，他接着说：“老师让我说出其他组织聚会同学的名单，我没干。老师连问了我三个问题，我都回答‘不知道’，这不是‘刘胡兰’是谁？”我问他：“老师生气了吗？”他振振有辞地说：“我不知道，我只是把自己组织聚会的目的、计划跟老师说了，我承认了自己没有听老师的话，但我不认为自己做错了。”这件事，我没有更多的评判，但我觉得欣慰：孩子正在长大，他学会了担当，而不是为一己私利而逃避责任，哪怕他接受了批评。

遥遥妈妈，我想作为家长我们都有共同的心愿，希望孩子长大后自食其力、幸福生活。孩子将来能做什么，也许我们不能决定，但我们的教育应该让我们有信心，不管孩子做什么，他都能做得像个模样，因为我们给了他们支撑生命的法宝——责任心。

禹成妈妈

3月15日

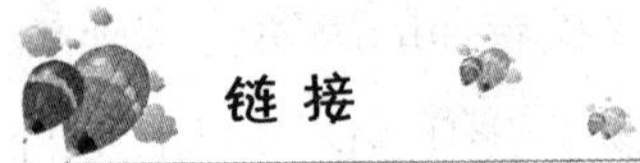

链接

学会担当

一个11岁的美国男孩踢足球时，一不小心打碎了邻居家的玻璃。邻居向他索赔13美元。那是在1920年，当时13美元是笔不小的钱，足足可以买125只生蛋的母鸡。男孩没有办法，只好去向父亲承认错误，请求父亲的帮助。然而，父亲却斩钉截铁地说，男孩必须对自己的过失负责。

“我哪有那么多钱赔人家？”男孩非常为难。

“我可以借给你。”父亲拿出13美元，“但一年之后你必须还我。”

于是，男孩开始了艰苦的打工生活。经过半年的努力，他终于挣够了13美元，把他来之不易的辛苦钱还给了父亲。这个男孩就是日后的美国总统里根。他在回忆这件事时说：“通过自己的努力来承担过失，使我懂得了什么是责任。”他于1980年当选美国总统，是共和党人最为推崇、民主党人最为喜欢的20世纪共和党总统。1989年他离任时的支持率高达63%，是富兰克林·罗斯福1945年去世以来的最高纪录。2005年，他被美国在线探索频道评为“最伟大的美国人”。而这一切的荣耀，全部来自于他从小就学会的“勇于担当”的品质。

责任不需要整天挂在嘴边，但我们应该要孩子明白，在遇到事情的时候必须承担后果。孩子从小学会“敢于担当”，长大了自然就会有责任心。在这一点上，我们应该向里根的父亲学习，通过生活中一些平凡的小事培养孩子“敢于担当”的品质，让孩子意识到“敢于担当”的重要性。

第7封信 给爱抱怨的孩子正确的引导

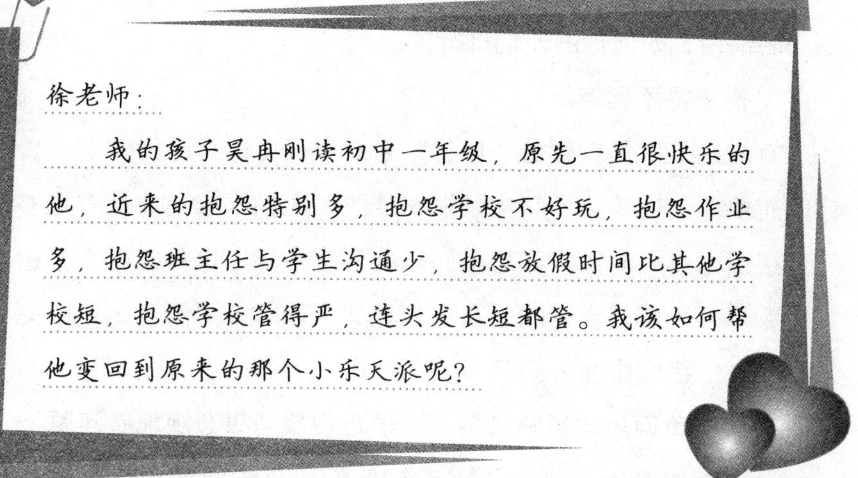

徐老师：

我的孩子昊冉刚读初中一年级，原先一直很快乐的他，近来的抱怨特别多，抱怨学校不好玩，抱怨作业多，抱怨班主任与学生沟通少，抱怨放假时间比其他学校短，抱怨学校管得严，连头发长短都管。我该如何帮他变回到原来的那个小乐天派呢？

昊冉妈妈：

您好！

我想，昊冉这种情况的产生也许是因为刚进入新的学校，有些不适应，也许是因为孩子随着长大，性格上出现了不良变化。如果是属于前者，等时间稍长些，情况自然就会改观。如果是属于后者，我们做家长的就应该有所注意了。

孩子慢慢长大了，会有自己的小脾气和小性格。抱怨是一种消极心态，因为对周围的环境和人不够满意，所以表现出一种不满的情绪。寻找抱怨的原因，做出正确的引导和调整，有利于帮助孩子克服抱怨的习惯，走出抱怨的阴霾。

抱怨的原因一般来自以下几个方面：

1. 情感得不到宣泄

孩子有时并不是真的在抱怨什么具体的事物，而是一种情绪上的发泄，希望能在情感上和家人交流沟通，达到共鸣，以获得他人的理解。比如有时孩子抱怨说“没意思”，可能是由于学习压力过大，或者学习成绩下滑，内心的烦躁无法排遣，于是将不良情绪带到生活中其他事情上，比如鞋子太紧、衣服太旧、天气不好等。家长不要仅仅从表面现象去看待孩子的抱怨，而应从深层面去探究孩子为什么会有烦躁的情绪、如何帮助他们排解。

2. 需求得不到满足

有的孩子只是在凭借“抱怨”来向家长提出自己的需求，表达自己的想法。这样的孩子其实是很辛苦的，他们不容易或没有足够的勇气直接提出自己的需求和想法，只能用“抱怨”这种方式来表达。他们的要求一般都是合理的，家长应该认真倾听，尽量满足，以免让孩子与不良情绪相伴过久。

3. 受到负面思想影响过多，孩子也习惯消极悲观地看问题

这方面的原因大多来自家长。他们在孩子面前经常抱怨单位，抱怨亲戚朋友，抱怨社会，对很多事情没有客观评价，导致孩子也总从负面思考问题。比如，有位家长当孩子面说社会风气不好，不给学校、教师送礼便不能让自己的孩子得到公平的教育，那么这个孩子若没有评到“三好”生，他就不会从自身找原因，而是抱怨教师不公平，抱怨父母没有给老师送礼。

4. 得不到他人的重视

孩子都需要肯定和夸奖，但有的家长怀着“望子成龙，望女成凤”的心态，自觉不自觉地就“恨铁不成钢”，总觉得别人的孩子比自己的孩子做得好，这就容易给孩子被轻视的感觉。孩子在父母这里得不到应有的认同，反而还经常收获抱怨，自然会将父母对他们的不公平抱怨转换成他们对社会的抱怨。

培养乐观、开朗的孩子，帮助孩子改正抱怨的坏习惯，我看可以从以下几方面努力：

1. 家长做好榜样

家长作为孩子的第一任老师，应该少在孩子面前抱怨他人、抱怨社会，而是自己首先以积极的心态迎接困难与挑战，为孩子做出榜样。

2. 培养孩子广泛的兴趣爱好

孩子不是学习的机器，学习也不仅仅是看书、做题。家长应培养孩子广泛的兴趣爱好，一则可以丰富生活，让孩子摆脱“没意思”的状态，二则能帮助孩子建立自信，孩子有了自信，并将这种自信迁移到学习中去，自然就不会有烦躁的心绪了。

3. 增强孩子调节情绪的能力

家长要做个有心人，当发现孩子的情绪不对劲时，不要听之任之，而应主动关心孩子，扭转孩子的不良心情。比如可以通过支持孩子骑自行车、打球、听音乐、游泳等孩子喜欢的活动帮助孩子调节。

4. 跟孩子一起分析，引导他们正确判断，解除对某些人和事件的误解

会抱怨的孩子往往都比较聪明，他们的抱怨经常来源于爱动脑筋，有自己的主见。因此，家长一味地批评或置之不理都是不对的。有时需要家长带孩子一起分析他们的观点，引导他们正确判断，解除他们对某些人和事件的误解。禹成五年级开始就对很多事情有自己的想法了。一次，他所在的学校要承办一个国家级的会议，有来自全国各地的名校校长来他们学校参观学习。为此，学校安排每个年级准备一套韵律操进行表演。因为服装需要统一，学校要求孩子交钱以购买服装。禹成不干了，回家后就气呼呼地抱怨：“不公平，太不公平了！”我没有马上责备他，而是先听听他的想法。他说：“学校领导阿谀奉承，为了表现自己的才华，折腾得我们受累，排练韵律操浪费

了很多上课的时间；我们搭上体力不够，还要搭上钱财，本来学校搞接待应该会议主办方出资给我们表演的同学买服装，哪有我们自己买服装给他们表演的道理！那服装穿一次就没用了，真是浪费。”我暗想，孩子真是在长大，有一些叛逆思想了，虽然不是毫无道理，但一些不正确的思想必须纠正。我首先肯定他：“你长大了，因为妈妈高兴地看到你会思考问题、分析问题了。但你只想到了一些方面，还有一些方面没有想清楚。妈妈把想法和你交流一下。”我耐心地拉他坐下，对他说：“你们学校是名校，学校的经验进行推广是好事情，校长迎来同行也是开放办学的表现，主人对客人热情接待是应该的，不是你所说的‘阿谀奉承’噢，用词不当。这种学术会议没有专门的经费支持，你们学校也拿不出这么一大笔钱给几千名孩子买服装。我们做家长的为了孩子的教育，愿意出钱帮助学校解决这个困难，况且学校的贫困孩子并不需要交这笔钱。学校在交钱买衣这件事上没有错，作为家长我们理解学校的难处。另外，你说开展这项活动影响了你们的学习，这也不妥当。学习的方式有很多，让你们参加集体活动，学习一套韵律操，也是很好的学习方式。那件衣服虽然活动后没有机会穿，但留存下来也很有意义啊，说不定以后表演节目或送给小表弟都可以啊。做人不可以太计较。”我没有过多批评他，他也不再犟嘴，但我知道这次他听明白了。

昊冉妈妈，孩子有抱怨不可怕，可怕的是他们什么事都抱怨。为了给孩子的成长助力，我们需要更多地关心孩子，更多地与他们进行交流，以帮助他们调整情绪，让他们快乐成长。

禹成妈妈

4月3日

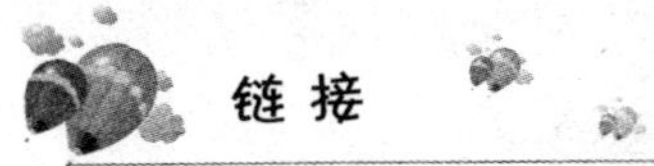

链接

给孩子7个快乐的理由

对父母来说，能给孩子最好的礼物就是让他有感受快乐的能力。这里说的“快乐”可不是给他买个心爱的玩具那么简单。真正的快乐可以滋养孩子的心灵，让他对周围变化繁复的世界有足够的抵御能力。

这里给你一些建议，可以让你带孩子走到生活充满阳光的那一面。

1. 给他一些发呆和闲逛的时间

在大人们都高喊减压的年代，小孩子同样需要没有压力的空间，希望在各种训练班和课程之间得以喘息。

给他们一些望着天空的云发呆的时间，这在你看来似乎很无聊，

但其实能让孩子的想象力充分舒展。让他们可以不受约束地去抓小昆虫，堆个样子奇怪的雪人或者是看蜘蛛结网。这些活动都将给你的孩子一个自己去探索世界和追求快乐的机会。

2. 教会他帮助周围的人

快乐的一个重要原则就是让孩子感觉到自己在家庭中、在周围的大环境中都是一个有价值的成员，自己的行为是非常有意义的，可以影响到其他人的生活。想要让孩子产生这种感觉，你就需要多为他制造一些给予别人帮助的机会。比如，和孩子一起整理那些他已经不再需要的玩具，捐给福利院，或者送给其他有需要的孩子。

3. 更多的身体活动

在冬天，你有没有陪你的孩子在户外打场雪仗或者去滑雪？和孩子在公园里追逐，带他一起去郊外远足……这些活动不仅仅是为了增加孩子的体能和力量，更大的好处是让他有机会开心大笑。这些让孩子保持活跃状态的活动有助于减轻压力，让孩子们能用一种更加健康的方式呼吸。

4. 大声笑

一家人在一起的时候，多讲讲笑话，唱那些有趣的歌谣，或者不妨开个自嘲的小玩笑。笑不仅对你的孩子有好处，对你也很有好处。其中有一点是纯粹身体方面的：当你大声笑的时候，就释放了紧张的情绪，同时吸入更多氧气，这样能让你在很短时间内就精力充沛，情绪高涨。

5. 多创造几种表扬的方式

当你的孩子取得进步，掌握了一种新技能或者是完成了某个任务时，不要只是简单地对他说“乖孩子”或者“做得不错”。表扬也需要技巧，你要说得详细一些，指出你觉得孩子做得好的具体细节，比如：“我喜欢你讲的故事里那个大英雄，他真厉害啊！”“你这棵树画得真不错！”这样的言语比仅仅是拍拍孩子的肩膀效果要好得多。

同时，在表扬和奖励的时候不要做得太过。一个6岁孩子的母亲就说："从前，我会每周都因为孩子做好了某件事情而给他发个小奖品。后来我发现，他最关注的奖品本身，而不是把事情做好。"其实奖励并不重要，重要的是教会你的孩子去体味成就感。

6. 放弃所有的完美理念

我们都希望自己的孩子能做到最好，但如果做父母的试图帮助孩子改正或者"收拾"他们造成的不够完美的结果，其实反而损害了孩子的自信心。比如，你让孩子擦桌子，然后你自己又擦一遍，这种举动其实是在告诉孩子："你做得不好。"于是，孩子慢慢也就会认为："我做得确实不好。"可能你会认为帮助孩子掌握更多技能是身为父母的责任，但记住，这只是做父母的一部分职责。你与孩子之间的情感联系远远比他是否把桌子擦干净要重要得多。

7. 给孩子一个发光的机会

每个孩子都有自己的特长和优点，为什么不给他机会把优点展示出来呢？他喜欢读书吗？那就让他在你做饭的时候讲故事给你听。他对数字敏感吗？那就带他去超市采购，让他帮你算个小账。只要你对孩子的特点表现出热情，你就可以最大程度地激起他的自信。

第8封信 不能让孩子养成乱花钱的习惯

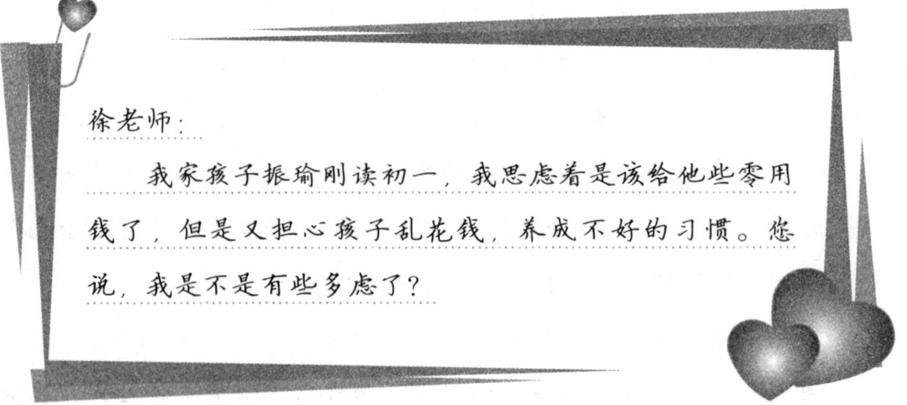

徐老师：

我家孩子振瑜刚读初一，我思虑着是该给他些零用钱了，但是又担心孩子乱花钱，养成不好的习惯。您说，我是不是有些多虑了？

振瑜妈妈：

您这个顾虑，我想许多家长都有。禹成去年读初一，学校不允许带手机，孩子每天骑自行车上学，不给他身上放点零用钱，还真是不放心。有钱至少可以应急，比如遇到事情给父母打个电话，车子坏了在外修理给家报个平安，放学晚了买点食物充饥……所以，我一般在孩子身上放20元钱，他用后给我报账，缺额再补上。孩子平日习惯比较好，也不会乱花钱，所以这方法应用了半年，还行。

我反对将钱视作洪水猛兽。其实，越是躲避，越会出问题。家长需要考虑的是如何做到先期教育，杜绝孩子养成乱花钱的习惯。

1. 适时给孩子谈家中一月的开销

在国外，孩子的零花钱是靠自己做家务挣来的，而中国孩子的零花钱是父母给的。由于文化有差异，中国家庭不给家务活计费，我能理解，但我认为孩子不能从小没有钱的概念。据我了解，许多花钱如

流水的孩子，不是不讲道理，而是家长对他们缺少必要的教育，让孩子对金钱没有概念。禹成读小学以后，我就开始对他进行钱的教育，首先便是告诉他爸爸妈妈每个月挣多少，有哪些项目是必须开支的。他饶有兴趣地算着加法、减法，最后他自己算出每个月家庭能支配的钱有多少。为了让他有主人翁意识，我有意请他监督我的大笔开支。他有时发现家里的饭菜比平时好，就会天真地说："妈妈，赶紧算算菜金超支了没！"每个月我们家都安排了机动资金，他明白，机动资金也是不能乱用的，需要应对亲戚朋友的急事儿。

2. 让孩子了解赚钱的艰辛

一对年轻的父母带着刚上二年级的儿子去逛街。在一个繁华的路口，一位老奶奶正在卖报纸。父亲从口袋里掏出10元钱交给男孩，让他去买10份报纸。男孩买回报纸，父母跟他商量："按原价把报纸卖出去，看看我们能不能很快卖完。"男孩在父母的支持与帮助下，费了很长时间才把10份报纸卖出去。之后，父母让儿子去问卖报的老奶奶，一份报纸能赚多少钱。孩子从老奶奶那儿得知，卖一份报纸只能赚几角钱。他算了算，十份报纸就只赚了几元钱，一瓶普通的饮料也买不到，却费了这么多口舌与辛苦。男孩当即向父母表示以后不乱花钱了，钱太难赚了。

有些孩子不懂节俭、乱花钱，是由于不清楚赚钱的艰辛。因此，家长可以寻找契机给孩子上一课。上这一课时孩子的年龄在6—8岁比较好，因为年龄大了，他就很难接受父母这方面的教育。我给禹成上这课是他小学一年级时。那是个星期天的凌晨，三点半我便把他叫醒，睡眼惺忪的他跟着我往市里的一个大菜场走去。一路上，我指着路边骑着自行车拖着大筐蔬菜的人告诉他，他们从家里出来可能更早。四点半，到了菜场，里面很热闹，跟外面宁静的街道差别很大。我带他吃了早点，牵着他走过一个又一个卖菜的铺面，他们都在忙着摆摊，整理带来的各类菜。我和他一起选择了一家卖蔬菜的店面，店主是个勤劳的老爷爷。我和禹成跟他聊天，孩子才知道老爷爷这么早起来卖菜，一般周末可以赚50—60元，平时每天只能赚20—30元钱。回来后我给禹成讲有关各行各业工作的小故事，让他知道，每一种工作都需要人们辛勤的耕耘和付出，要想得到丰厚的报酬，就必须付出更为辛苦的劳动和不懈的努力。从那以后，禹成便不再吵着买零食了。

3. 帮助孩子树立正确的金钱观

我们希望培养孩子勤俭节约的好习惯，那么家长自己就不能乱花钱。我身边有些年轻的朋友是“上网购物控”，每天快递送货不断，有的是生活必需品，但大多数是生活中几乎用不上的物件，图个新鲜，图个减价，图个热闹，都把它们买回来，虽说每件东西不贵，但一年下来四五万元的网购费着实让人咋舌。孩子若见父母这样疯狂购物，怎么会不受影响呢？

我认为，正确的金钱观包括以下几个方面的内容：

（1）理性购物

理性购物是好习惯。禹成三四岁的时候跟我去超市，我事先就会和他约定——他能够挑选一件最喜欢的食物买回家。这样可以避免发生孩子在外面赖着父母多买零食的窘况。每次去之前我也会和孩子商量这次去商场需要买些什么，孩子有时帮我补充，有时帮我删减。通过锻炼，他小学四年级时就能步行一千米去超市独立购物了。

（2）节俭不等于吝啬

勤俭节约是美德，也是孩子必须养成的好习惯，但要让孩子明白节俭不等于吝啬。比如，自己家里购物时，我们总是遵守不浪费的原则，不需要的物件尽量不买。可是，为亲戚、朋友选购礼物，我就指导孩子挑选质量好、人家喜欢的东西购买，不再以价格低廉作为标准。每年爷爷、奶奶、外公、外婆的生日，我都会带孩子去商场选礼物，孩子发现老人需要什么，也会提醒我帮助老人购买；同学邀请参加生日聚会，孩子会买同学最喜欢的礼

物去庆祝；与朋友的孩子或小表弟出行，不管别人比他大或比他小，如果需要买水或用钱，他必定主动掏钱。

（3）有一定的积蓄

从禹成五年级开始，我会让他积攒一部分压岁钱。这些钱他可以支配，但需要记账。我告诉他，父母每年有固定的定期存款，以备后用，他也可以这么做。所以，每年除了一些必要的开销，他会将一部分钱交给在银行工作的小姨买理财产品，经常还会向小姨了解产品的收益状况。关于产品的买、卖，我们都不插手，由他自己决定。我们发现，他会将一部分收益存定期，余下的钱分别买2—3种产品，也许是分担风险吧，真有意思！

（4）明白“金钱不是万能的”

由于孩子年龄小，心智尚不成熟，容易产生“金钱至上”“金钱万能”的思想。因此，家长要适时教孩子明白“君子爱财，取之有道”“金钱不是万能的”等道理。当孩子给予我工作帮助时，比如他帮助我修改讲稿，我会在讲课费中抽出几十元，感谢他的辛勤劳动以及对我工作的贡献。把这钱给他的时候，我会告诉他，这是他的劳动成果，拿得很光荣。同时，我也告诉他，不能事事谈钱，别人给你的，如果给得正当、合理，就可以收下；但若明显超出正常范畴，而且以条件相挟，就不能收下。我曾经很严肃地告诉他，金钱是可以买很多东西，我们都喜欢，但在我们的生命中有许多东西比金钱还珍贵。他插话说：“比如生命，友谊。”我补充：“还有亲情，爱情，诚信，良心，青春，口碑……这些东西用钱能买到吗？所以，金钱能买到的东西都不是最珍贵的东西。”

振瑜妈妈，杜绝乱花钱是能让孩子受用终生的好习惯，坚持做好就是真正的爱孩子。

禹成妈妈
4月18日

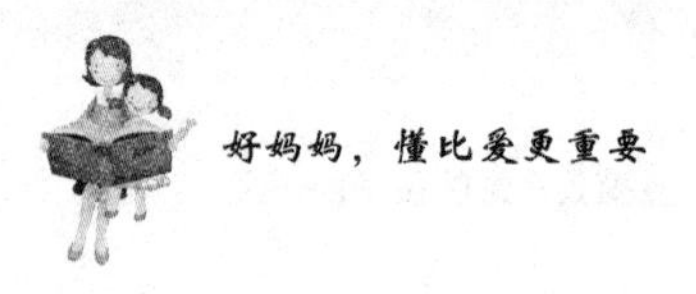

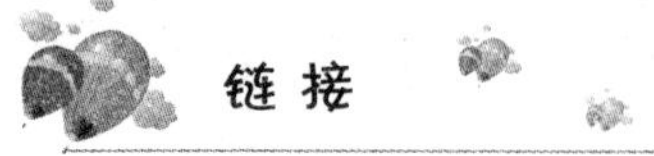
链接

外国小孩的零用钱都是怎么用的？

美国：挣钱、节俭两不误

美国的理财教育主要通过学校、家庭和社会三个途径进行，比如让孩子3岁能够辨认硬币和纸币；4岁知道每枚硬币是多少美分，认识到在无法把商品买光的情况下必须要作出选择；5岁知道基本硬币的等价物，知道钱是怎么来的；7岁能够数大量硬币；8岁知道可以通过做额外工作赚钱，知道把钱存到储蓄账户里；9岁能制定简单的一周开销计划，购物时知道比较价格；10岁时懂得每周节省一点钱，以备大笔开销使用；11岁时知道从电视广告中发现事实；12岁能够制定并执行两周开支计划，懂得正确使用银行业务中的术语。美国人认为，理财教育对孩子有百利而无一害。因为在现今竞争激烈的社会里，如不能从小掌握理财之道及适当处理投资事务，便会逐渐被淘汰。

日本：自力更生、勤俭持家

日本家庭重视家庭教育，主张孩子自力更生，不随便向别人借钱，还主张让孩子管理自己的零用钱。日本人教育孩子有一句名言："除了阳光和空气是大自然赐予的，其他一切都要通过劳动获得。"在日本，让孩子学会赚钱、花钱、存钱、与人分享钱财、借钱和让钱增值为主要内容的理财教育，已经融入到少年儿童的整个教育之中，使孩子逐渐形成了善于理财的品质和能力。这也为日本培养、造就大批的优秀经济管理人才提供了雄厚的人力资源基础。

第二章
培养孩子良好的性格

在孩子的成长道路上，性格就像孩子手中的方向盘，决定着命运之轮驶向宽阔的大路还是偏仄的小径。而孩童期的性格又容易受到环境的影响，所以妈妈们就要在日常生活中时刻关注孩子性格的发展。

第9封信
让孩子有一颗独立的心

徐老师：

妞妞今年12岁了，眼看就要小学毕业了，却还是那么让我操心，衣来伸手，饭来张口，天天上学都是车接车送。可孩子看着大人整天为她忙碌还不领情，说生活没有空间，完全被禁锢了个性。我和她爸特别委屈，真不知该如何应对。

妞妞妈妈：

您好！

其实，不怪她说你们，我也想责怪你们几句。妞妞有些话说得很有道理呢。你们重视呵护孩子，把她像花儿似的供养着，殊不知却剥夺了孩子自己获取阳光雨露的机会。包着、裹着多了，形成习惯了，你们的宝贝也就真不能经受风雨了。

我们经常从同龄人身上得到启示：身边有出息的能干的人，大抵是小时候经历过艰苦的人；在温室里长大的孩子往往很难应对各种困难，在成人之后要经过摔打才能知道生活的甘苦。

让孩子拥有一颗独立的心，我是从张晓风的一篇文章《我交给你们一个孩子》中得到的启示。那篇文章的句子我现在还记忆犹新：

“小男孩走出大门，返身向四楼阳台上的我招手，说：‘再见！’那是好多年前的事了，那个早晨是他开始上小学的第二天。

“我其实仍然可以像昨天一样，再陪他一次，但我却狠下心来，看他自己单独去了。他有属于他的一生，是我不能相陪的，母子一场，只能看做一把借来的琴，能弹多久，便弹多久，但借来的岁月毕竟是有其归还期限的。

“他欢然地走出长巷，很听话地既不跑也不跳，一副循规蹈矩的模样。我一个人怔怔地望着巷子下细细的朝阳而落泪……”

这位母亲的心我能体味到，如清晨叶尖的露水，清盈透亮。孩子是我们借来的琴也罢，孩子是停在我们停机坪上的飞机也罢，终有一天要将背影留给我们，我们的手终有一天要轻轻放下。我们将给他们留下什么？一颗脆弱的心，还是一颗独立的心？您怎么选择呢？

那时，禹成刚读二年级，他就读的学校离我家1000米。一年级时是我和他爸轮流开车送他，放学后就让他跟别人搭顺风车回家。为了给七岁的儿子一颗独立的心，我和他商量，让他自己步行去学校。开始，孩子有些不乐意，噘着小嘴怪我“懒妈妈”。我没有责备他，也没有对他讲更多的大道理，而是提出陪他走一回。

那一次，我牵着他的小手，教他如何走过人行横道，教他怎么注意过往车辆。一路上，我将路边的小树指给他看，向他介绍路边的文具店、小吃店、书店，呵呵，他快乐得像飞翔的小鸟。他说，坐了一年的车，竟然不知道去学校的路上有这么多有意思的东西。我告诉他，走路可以感受大自然的美丽，可以真切地接触生活中的人和事，可以像大孩子一样自己做主，走快些或走慢些，速度不再由爸爸妈妈决定。儿子边听我讲着边走，走到学校门口才二十分钟。“愿意明天尝试一下自己上学么？”“我愿意！”我们终于达成了共识。

之后的每一天，我便在家门口和他道别。他穿过两条马路后在我们约定好的商场大广告牌下冲我招招手。他看不见我，但我却会守在阳台上看到他招手后才离开。禹成曾经问我：“妈妈，你为啥要我冲你招手呢？”“妈妈担心你啊，看着你独自安全地过了马路，我也就放心了。”“你担心我，那为什么不送我呢？”“因为妈妈想让你早一天成为真正的男子汉。”儿子懂事地点点头，我的心却一直揪着。放飞这只小鸟，做母亲的有多少不舍啊！但为了爱，必须狠下心来放开他，如大自然中鹰妈妈对练习飞翔的小鹰一样，把它推下悬崖才能帮助小鹰振翅高飞，从而成就鹰的成长。

我有时对禹成的要求有些苛刻，但为的都是促使他有一颗独立的心。我只管把孩子的衣服整理好放进衣柜，而增减衣服是他自己考虑的事情，若是哪天衣服穿少了，我是从不去学校送衣服的；看天气带雨具也是他自己应该考虑的事情，若是雨天他没带伞，我也是同样态度。尽管我知道湿湿的袜子穿一天很难受，但我想，吃过这样的亏，他才能从小学会划算自己的事情。

孩子十岁的时候，有一天我给他100元钱，请他帮忙去离家1500米左右的商场购买他喜欢喝的酸奶和我需要的食盐、醋。我告诉他醋要买塑料瓶装的，以防打碎瓶子，除了这三样东西，他有什么喜欢吃的也可以买。他接受这个任务时很爽快，这可是我第一次拿这么多钱放他身上。我在家等他近两个小时，才听到咚咚的敲门声。打开门，只见他满脸通红地将一只大袋子拖进房间，丢下一卷零票，一屁股坐在地上，说：“拎不动哦，你也不去接一接我。”“呵呵，你在买的时候就该考虑自己能不能提得动哦！以后记住了。”从那以后，他再去商场，第一记住出门时带上结实的袋子，第二再也不会随意捡起食物就买单了，会根据自己能提动的原则购买商品。

做父母的都是从心底里爱着孩子，但爱的方式很重要。让他们拥有一颗独立的心，会让他们自然呼吸，健康成长，您说是么？

禹成妈妈

1月19日

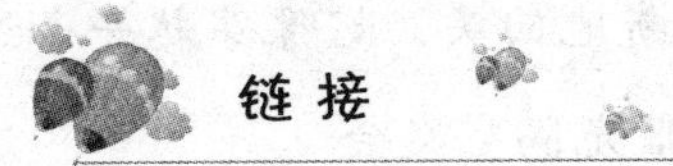

链接

目　送

龙应台

华安上小学第一天，我和他手牵着手，穿过好几条街，到维多利亚小学。九月初，家家户户院子里的苹果和梨树都缀满了拳头大小的果子，枝丫因为负重而沉沉下垂，越出了树篱，勾到过路行人的头发。

很多很多的孩子，在操场上等候上课的第一声铃响。小小的手，圈在爸爸的、妈妈的手心里，怯怯的眼神，打量着周遭。他们是幼稚园的毕业生，但是他们还不知道一个定律：一件事情的毕业，永远是另一件事情的开启。

铃声一响，顿时人影错杂，奔往不同方向，但是在那么多穿梭纷乱的人群里，我无比清楚地看着自己孩子的背影——就好像在一百个

婴儿同时哭声大作时，你仍旧能够准确听出自己那一个的位置。华安背着一个五颜六色的书包往前走，但是他不断地回头；好像穿越一条无边无际的时空长河，他的视线和我凝望的眼光隔空交会。

我看着他瘦小的背影消失在门里。

十六岁，他到美国作交换生一年。我送他到机场。告别时，照例拥抱，我的头只能贴到他的胸口，好像抱住了长颈鹿的脚。他很明显地在勉强忍受母亲的深情。

他在长长的行列里，等候护照检验；我就站在外面，用眼睛跟着他的背影一寸一寸往前挪。终于轮到他，在海关窗口停留片刻，然后拿回护照，闪入一扇门，倏乎不见。

我一直在等候，等候他消失前的回头一瞥。但是他没有，一次都没有。

现在他二十一岁，上的大学，正好是我教课的大学。但即使是同路，他也不愿搭我的车。即使同车，他戴上耳机——只有一个人能听的音乐，是一扇紧闭的门。有时他在对街等候公车，我从高楼的窗口往下看：一个高高瘦瘦的青年，眼睛望向灰色的海。我只能想象，他的内在世界和我的一样波涛深邃，但是，我进不去。一会儿公车来了，挡住了他的身影。车子开走，一条空荡荡的街，只立着一只邮筒。

我慢慢地、慢慢地了解到，所谓父女母子一场，只不过意味着，你和他的缘分就是今生今世不断地在目送他的背影渐行渐远。你站立在小路的这一端，看着他逐渐消失在小路转弯的地方，而且，他用背影默默告诉你：不必追。

我慢慢地、慢慢地意识到，我的落寞，仿佛和另一个背影有关。

博士学位读完之后，我回台湾教书。到大学报到第一天，父亲用他那辆运送饲料的廉价小货车长途送我。到了我才发觉，他没开到大学正门口，而是停在侧门的窄巷边。卸下行李之后，他爬回车内，准

备回去，明明启动了引擎，却又摇下车窗，头伸出来说："女儿，爸爸觉得很对不起你，这种车子实在不是送大学教授的车子。"

我看着他的小货车小心地倒车，然后噗噗驶出巷口，留下一团黑烟。直到车子转弯看不见了，我还站在那里，一口皮箱旁。

每个礼拜到医院去看他，是十几年后的时光了。推着他的轮椅散步，他的头低垂到胸口。有一次，发现排泄物淋满了他的裤腿，我蹲下来用自己的手帕帮他擦拭，裙子也沾上了粪便，但是我必须就这样赶回台北上班。护士接过他的轮椅，我拎起皮包，看着轮椅的背影，在自动玻璃门前稍停，然后没入门后。

我总是在暮色沉沉中奔向机场。

火葬场的炉门前，棺木是一只巨大而沉重的抽屉，缓缓往前滑行。没有想到可以站得那么近，距离炉门也不过五公尺。雨丝被风吹斜，飘进长廊内。我掠开雨湿了前额的头发，深深、深深地凝望，希望记得这最后一次的目送。

我慢慢地、慢慢地了解到，所谓父女母子一场，只不过意味着，你和他的缘分就是今生今世不断地在目送他的背影渐行渐远。你站立在小路的这一端，看着他逐渐消失在小路转弯的地方，而且，他用背影默默告诉你：不必追。

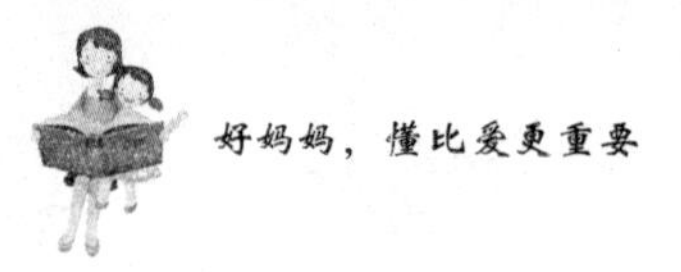

第10封信 帮助孩子摆脱害羞

徐老师：

有件事困扰我这个做妈妈的很久了。我家儿子畅畅在家活泼、顽皮，出外见了生人却不敢吱声。我也教导他很多次了，可是完全不起作用。我究竟应该采取什么有效的方法，才能让他摆脱害羞的毛病呢？

畅畅妈妈：

您好！

夜深人静，我读着您的来信，哑然失笑，你家畅畅与我儿子脾性确有几分相似呢。其实，“害羞”没有您想象的那样可怕，今后不一定会发展为心理疾病，也不一定会导致没有朋友，无法正常生活。只是，这个问题我们要注意。

心理学家、精神病专家、社会学家以及社会科学领域的研究者都尝试回答过这样一个问题：“为什么人们会害羞呢？”不同的学派有着迥然不同的解释，这也为我们理解“害羞”提供了多种可能性。

人格特质学派确信：害羞是一种遗传特质，就像人的智力和身高一样。

行为主义者认为：害羞的人只是没有学会与其他人交往的技巧罢

了。

精神分析学家认为：害羞是个体潜意识下内心激烈冲突的一种外在表现。

社会学家和一些儿童心理学家认为：在社交中害羞应该得到大家的理解，因为社会环境使我们中的很多人都会害羞。

社会心理学家则提出：害羞者是在社会生活中被贴上了标签——自认为自己害羞，或是别人认为自己是害羞者。

当然，这五种观点并不能涵盖所有关于害羞的解释。伦敦的一位内科医生提出了一种合理却很悲观的观点：害羞的父母通过基因将害羞遗传给了自己的孩子。

聊到这里，您是不是也会问问自己："我是个害羞的人么？"呵呵，我家禹成很害羞的时候，我也这么问过自己，回答是："不，我从小就是个大方、开朗的小姑娘。妈妈告诉我，在我四岁的时候，非洲朋友来我所在的幼儿园视察，我是幼儿园里唯一的一个举手申请让黑人叔叔抱的小朋友。他手上黑黑的长毛我至今还记得。"但我转念一想：糟糕，我的禹成害羞像他爸。听他爸说，他小时候在家排行最小，哥哥姐姐烦闷时经常拿他出气，父母生活艰难，也少不了唠叨责骂，他出门总跟在妈妈身后，见到陌生人从不敢抬头。

我发现小禹成害羞是他三岁的时候。他随我乘电梯，楼里的朋友见到他喜欢逗一逗他，他却总是不吱声。回到家里我告诉他，见到邻居们要礼貌地称呼。可是下回带他出去，依然是怯怯的眼神，依然是往我身后躲。我带他和比他小三个月的小外甥去吃"肯德基"。他俩吃完了酸甜的番茄酱还想要。小外甥噔噔噔跑过去问服务员要了，又噔噔噔跑回来，开心地吃起来。而禹成只是随着跑去又跑回，最后还是拉着我央求我去说。我想正好借此机会扭转他的害羞。我告诉他："自己的困难应该自己先想办法解决，可以让弟弟陪着去，弟弟可以帮你唤阿姨，但你要什么得自己说。"他犹豫了半天，还是有些不乐意。我便牵着他的小手，把他带到柜台前，不断鼓励他："宝宝可以做到，真的很简单！"当他红着脸结结巴巴地开口问阿姨要番茄酱的时候，我想：初战告捷！

之后，为克服他害羞的心理，我做了一些努力，譬如：经常带他出外活动，到人多的地方去与人交流——去商场买日用品，把他放在小车里，请他帮我取物品；去公园玩耍，主动和其他带了孩子的大人交流，鼓励他与别人家的孩子一起玩；乘公交车，让他对给他让座的人说"谢谢"；幼儿园里有活动，我也积极鼓励他参加，并且支持他有自己的想法。记得他五岁的那个"六一"儿童节，幼儿园开展走模特步表演的活动，我本来为他设计了帅气男孩装，可他扯着我的花围巾要裹在头上扮演阿拉伯人。我依从了他，他开心地按照自己的设计打扮自己，花头巾、黑墨镜、小豁牙，我见他在小朋友中笑得像朵花。鼓励他拥有自己的见解，能够增强他的自信心，这是克服害羞心理的良方之一。

我告诉小禹成，不论是在班上回答问题，还是在外参与活动，机会只会留给积极参与的人，因为不是所有的人都有表现的机会，都有获得认可的机会，都有被人发现的机会。怎样才能走进别人的视野？只有自己争取。当然，如果争取了没有得到，内心也要释然，因为我们已经努力过。这些话看似难懂，但我对五岁的孩子说，他却似乎听懂了。慢慢地，积极参与成为他的特点。老师说，上课发言最积极的孩子总是他，有时虽然老师好几个问题都没点他回答，他依然把小手举得高高的。老师夸他是个阳光的孩子，其实我心里清楚，孩子是养成了积极参与的习惯。

禹成十岁的时候，学校组织150个孩子去北京国旗班学习。进行了一段时间的训练后，教官经过两度挑选，选了其中的30个孩子组成学校的仪仗队以接受更严格的训练，其他孩子就在夏令营基地玩耍。禹成没有被选中，但他在给我打电话时语气很坦然，说来北京玩一趟

也不错。老师关心他，有些着急，打电话来问我是不是需要和教官说一说，因为有些没选上的孩子已经开始哭哭啼啼或者抱怨了。我谢过了老师的好意，说让他自己面对，没有问题。虽然我心里很想帮他一把，但小鹰飞翔不能靠外力的道理我明白。之后他的表现让我和老师都很欣慰，禹成没有和其他孩子一起泄气，也没有在房间看电视、玩耍，而是组织了几个想进仪仗队的孩子，自己在营地里训练。在第三次选拔之前，他自己找到教官，说："我练得比以前更好了，请求您给我个机会吧。"教官在看过他们的表演后，又增选了几名仪仗队队员，禹成被选上了。结业典礼上，老师们公认的阳光男孩禹成代表全体学员讲话，他自豪地说："我长大了，因为我学会了独立地克服困难。"

畅畅妈妈，看到这里不那么紧张了吧！我相信，您已经明白怎么帮助孩子克服害羞的毛病了。加油!

禹成妈妈

5月9日

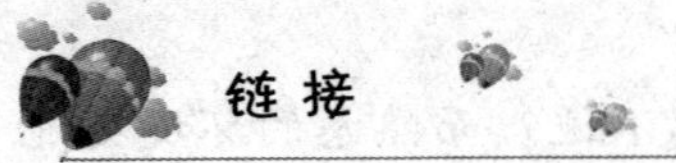

链接

害羞，让我们来克服它

（德国）多丽丝·奈斯比特

小地方有它的好处。你能认识很多人，大家也都认识你，你也很容易遇到熟人。但和其他很多事情一样，小地方也有不如人意的一面，比如几乎每个人都会知道别人的每件事。

我母亲在我生长的小镇里有个店铺，她离了婚，我们于是便生活在镇上人的关注当中。至少我这么感觉。那些岁月里，我总会躲进我妈小店的小储藏间，焦急地等着某个客人离开。我那时很害羞。

在十几岁或刚成年的人当中，害羞是一个很普遍也很美丽的现象。它被描述为一种自我意识、恐惧或拘谨的状态。教育在这其中扮演着重要角色。如果一个孩子因说得太多或太吵而被经常责骂，那么当他成为众人注视的焦点时，他就需要更多的勇气去保持自然。尊敬上级和长辈固然没错，但一些社会环境让青年人变得过于谨慎和含蓄。谁又愿意被指责和嘲笑呢？

在某种程度上，害羞是性格使然。科学家说，害羞既来自个人经历，也来自遗传。因此，感到害羞是正常的。它伴随着青春期而来，这时我们在生理和心理上都发生着变化，需要时间去熟悉那个“新的自己”。

我以前一直羡慕那些似乎从不害羞的人。我常常不敢表达自己的意见，为了学校里或工作中的一个小演讲而费好多劲，常常还没开口就先没来由地脸红，这让我更加不舒服。

不过换个角度看，害羞也可以让人变得有魅力。对很多人来说，谦虚比吹牛更可取，有些人甚至假装害羞来使自己显得低调内敛。

但是，如果害羞已变成一种无法跨越的障碍或成为一种对失败的恐惧时，你就必须设法克服它了。

首先，适应环境。陌生的环境可能令你不适，而熟悉的环境更能让你感到自信。因此，不妨在脑海中想象各种不同的场景，比如自己正在一群人面前演讲，或正试图接近你想认识的人。你可以创造出各种不同的脚本，甚至是你能想到的最坏状况。我记得少女时代的我曾和闺蜜交换角色来演一些场景，其中包括“怎么和男孩子说话”。

其二，主动出击。很多害羞的年轻人都觉得自己在被别人观察或品头论足着。当你走进一间教室或一场舞会，似乎所有的眼睛都在注视着你。真是这样吗？你为什么不试着去注视别人？为什么不走过去和那些正缺少聊伴儿的人交谈？为什么不对其他人微笑？也许你会说：“我不漂亮、不够聪明、不幽默、不够机敏。”但想想那些你喜

欢的人，他们个个都超级聪明、漂亮、性格出众吗？并非如此。

其三，储备知识。经常感到害羞可能是由于某一方面的知识欠缺。但这不是问题，只要你认真弥补这方面的知识，就会自信起来。而且，正如我多次提到的，“语言”实在是一种重要的工具。也许你和老师对话时，会感觉自己在语言上力不从心，但可以借着和父母或朋友说话的机会，锻炼自己对他人表达意见、陈述想法的能力。而且，不经意间流露出的一点害羞，兴许也可以让你显得更彬彬有礼。

其四，如果你要在同学或同事面前做一个演讲，而你确实备感紧张，那么你这么说总会有效：“在你们大家面前演讲，我很紧张，但是我会尽全力做到最好。”我可以告诉你，大多数演说家和演员，在面对观众时其实都紧张。

今天，我和母亲想起我小时候的事，还感到好笑。她有一次对我发火，因为我为了避开某人而躲进她的小储藏间。那时，无论是她，还是我，都没有想到，有一天我会和我的丈夫重返故里，在我们镇上的剧院里，面对700多人的注视做演讲。

我，不再害羞。你也一样可以，只要你肯战胜它，当然这需要时间。

第11封信 保护孩子的正义感

徐老师：

我家儿子晓辉不知什么时候变得特别爱管闲事，比如常常替受欺负的小同学打抱不平，劝在火车站候车室抽烟的叔叔不要抽烟，等等。每次我这个当妈妈的都不得不跟在后面给他圆场。事后也教训过他很多次，可是他就是改不了，真是让我头疼。

晓辉妈妈：

您好！

读了您的来信，我着实喜欢上了你们家可爱的儿子。

我们发现，在今天的社会，有正义感的人越来越少了，而“事不关己，高高挂起”的人越来越多了。这就让我们的社会出现了一些让人匪夷所思的怪现象。“好人怕坏人了”，公交车上看见有人行窃，很多人都把目光移开，害怕惹来麻烦；“好事不敢做了”，老人摔倒没人敢扶，唯恐被敲诈……拥有正义感是一个高尚的人的重要标志，可让我们痛心的是，社会上高尚的人越来越稀缺了。

童年是理智的休眠期，男孩这个时期的正义感是以天性的方式表达出来的，比如想当英雄，扶助弱小。另外，影片中的奥特曼、蜘蛛

侠、蝙蝠侠也给了他们纯洁的英雄梦。童年时期，男孩正义感的种子正处在萌芽状态，需要教育者把这种天性内化为道德的力量，从而将我们的孩子培养成为拥有正义感的社会人。但是，不少家长却生生地挫伤孩子的正义感，给纯洁幼稚的心灵蒙上一层灰垢。我曾听到一位妈妈边走边教训自己的儿子："你怎么这么傻，拿钱给那叫花子！他们都是假的。"我曾看见一位父亲告诉自己的孩子，不要借文具给同学，不要去管闲事。正是许多成年人看似好心的训诫，使得孩子们原本诚实、善良的本性受到无情的遏制。

拥有正义感的孩子健康向上，受人尊敬，尽管有时会吃些小亏。我家的禹成和晓辉一样，是个有正义感的孩子。我对他的正义感总是适时提出些建议，总体上是鼓励的。记得他四年级时，一位实习老师命令一位上课与别的同学讲话的男孩站到走廊上去，孩子不去，老师便不讲课，双方僵持在那儿。最后老师只好要求一个个子大的同学把这位"不听管教"的同学拉出去，两个学生又拧上了。禹成举手，得到老师允许后，说："老师，您这样做不对。他与其他几位同学讲话，为什么您只批评他？我们是学生，是来学习的，老师没有权利让学生站到课堂外面去。您还鼓动我们同学之间闹意见，就更不对了。"这位实习老师被他的话镇住了，生气地训斥他："你是谁？坐下去！还管起老师来了。"禹成说："我是班长，班上的事我都得管。"这件事是他回家后聊天时和我说起的。看着他那神气的样子，我知道，他为打自己的抱不平而自豪呢。我首先摸着他的头表扬他有两点做得好：第一，勇敢表达自己的观点，不唯师，不畏上；第二，给老师提出的两点意见表达清楚，有理有据有力度。但我转而又说："你也忽略了一个很重要的问题。你与老师交流意见，老师是长辈，交流意见的地点是在课堂，你这么义正辞严，考虑过老师的处境吗？你这种表达方式或者说交流方式能得到老师的认可么？我们打抱不平也得讲策略。比如你可以下课后跟老师讲，也可以在讲的时候，首先承认你同学的不是，再向老师提出意见。”他接受了我的建议，第二天主动找老师道歉，老师也在班上给同学们道歉了。

禹成是个车迷，对交通规则也比较了解。每当看见机动车在人行道上按着大喇叭驰骋，他总不忘对着汽车司机大喊：“这是人行道，你违反交规了，还神气！”我注意到，大多司机都不好意思地停下了聒噪，尽快下了人行道。这孩子可爱吧？

那么，怎样培养孩子的正义感呢？我有几点建议。

1. 家长以身作则，做个正直、无私、有正义感的人。

家长是孩子的镜子，我们想培养孩子的正义感，首先应从自己做起，为孩子做好榜样。我们在日常生活中也应该见义勇为，乐于助人，严格遵守社会秩序，维护社会公德。比如，过马路不闯红灯，开车出行文明行车，不乱按喇叭，不往窗外扔东西等。生活中的小事往往会给孩子留下深远的影响。

2. 经常与孩子讨论对社会上某些事件的看法，从而引导孩子树立正确的是非观。

有的家长担心孩子了解到太多的社会阴暗面不好，所以总是对社会上的事情避而不谈。其实，孩子到了小学中年级，已经具有了一定的判辨是非的能力；再者，孩子生活在社会之中，有些问题是不能回避的。因此，我从孩子能够和我沟通交流的时候开始，就经常和他就生活中或社会中的一些事情与他展开讨论。对于恃强凌弱、两面三刀、落井下石的一些可耻行为，孩子深恶痛绝。慢慢地，他也形成了自己的人生观——做一个对社会有贡献的人。

3. 孩子做了正义之事，给予肯定与表扬。

记得禹成读幼儿园时，一次与一个高个子同学打架。我问缘由，他告诉我，因为那个高个子男孩经常欺负班上小个子同学，他看不惯。那天，高个子男生又欺负一个小个子同学，他便在一旁做援兵。我夸奖他是勇敢的“佐罗”，但告诉他打架还是不对的，应该报告老

师才对。每次路过广场，他提出给行乞的老人一些零钱，我总是支持他。我告诉他，年轻人行乞不必同情，以小孩做诱饵行乞不可原谅，但老人和残疾人行乞我们可以帮助。孩子对弱者有同情心，也是善良秉性的表现。我希望我的禹成是个善良的孩子。

4. 让孩子明白匡扶正义的重要，但保护好自己的生命安全更为重要。

在教育孩子有正义感的同时，要适时告诉孩子匡扶正义不是莽撞行事，更不是舍弃一切与坏人坏事做斗争，因为他们年龄小，还不具备那种能力。比如，看见坏人坏事可以选择报警和求助于大人等方法。

晓辉妈妈，有正义感的孩子有时能给我们以启示，不要让世俗迷惑了我们纯净的心灵。为了我们的生活更美好，为了我们的孩子能永葆一颗清亮的心，为了这个世界多一些正义、多一些公平、多一些捍卫正义与公平的人，我们共同努力！

禹成妈妈

5月20日

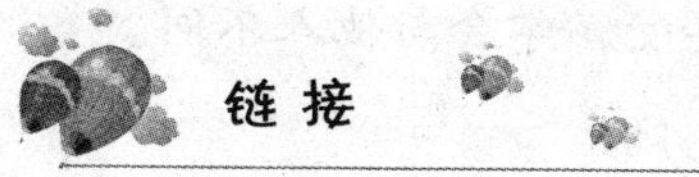

链接

写给未来的孩子的诗

余光中

孩子，我希望你自始至终都是一个理想主义者。

你可以是农民，可以是工程师，可以是演员，可以是流浪汉，但你必须是个理想主义者。

童年，我们讲英雄故事给你听，并不是一定要你成为英雄，而是希望你具有纯正的品格。

少年，我们让你接触诗歌、绘画、音乐，是为了让你的心灵填满

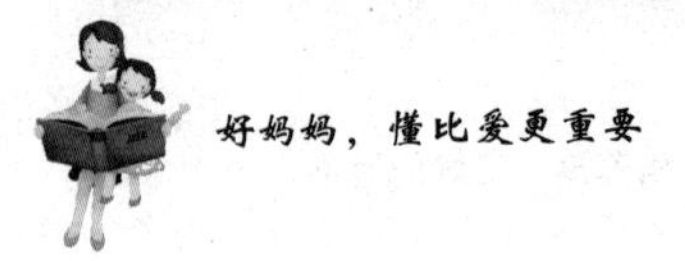

高尚的情趣。

这些高尚的情趣会支撑你的一生，使你在最严酷的冬天也不会忘记玫瑰的芳香。

理想会使人出众。

孩子，不要为自己的外形担忧。

理想纯洁你的气质，而最美貌的女人也会因为庸俗而令人生厌。

通向理想的途径往往不尽如人意，而你亦会为此受尽磨难。

但是，孩子，你尽管去争取，理想主义者的结局悲壮而绝不可怜。

貌似坎坷的人生里，你会结识许多智者和君子，你会见到许多旁人无法遇到的风景和奇迹。

选择平庸虽然稳妥，但绝无色彩。

不要为蝇头小利放弃自己的理想，不要为某种潮流而改换自己的信念。

物质世界的外表太过复杂，你要懂得如何去拒绝虚荣的诱惑。

理想不是实惠的东西，它往往不能带给你尘世的享受。

因此你必须习惯无人欣赏，学会精神享受，学会与他人不同。

其次，孩子，我希望你是个踏实的人。

人生太过短促，而虚的东西又太多，你很容易眼花缭乱，最终一事无成。

如果你是个美貌的女孩，年轻的时候会有许多男性宠你，你得到的东西太过容易，这会使你流于浅薄和虚浮；

如果你是个极聪明的男孩，又会以为自己能够成就许多大事而流于轻佻。

记住，每个人的能力有限，我们活在世上能做好一件事足矣。

写好一本书，做好一个主妇。

不要轻视平凡的人，不要投机取巧，不要攻击自己做不到的事。

你长大后会知道，做好一件事太难，但绝不要放弃。

你要懂得和珍惜感情。

不管男人女人，不管墙内墙外，相交一场实在不易。

交友的过程会有误会和摩擦，但想一想：偌大世界，有缘结伴而行的能有几人？

你要明白朋友终会离去，生活中能有人伴在身边，听你倾谈，倾谈给你听，就应该感激。

要爱自己和爱他人，要懂自己和懂他人。

你的心要如溪水般柔软，你的眼波要像春天般明媚。

你要会流泪，会孤身一人坐在黑暗中听伤感的音乐。

你要懂得欣赏悲剧，悲剧能丰富你的心灵。

希望你不要媚俗。

你是个独立的人，无人能抹杀你的独立性，除非你向世俗妥协。

要学会欣赏真，要在重重面具下看到真。

世上圆滑标准的人很多，但出类拔萃的人极少。而往往出类拔萃又隐藏在卑琐狂荡之下。

在形式上我们无法与既定的世俗争斗，而在内心我们都是自己的国王。

如果你的脸上出现谄媚的笑容，我将会羞愧地掩面而去。

世俗的许多东西虽耀眼却无价值，不要把自己置于大众的天平上，不然你会因此无所适从，人云亦云。

在具体的做人上，我希望你不要打断别人的谈话，不要娇气十足。

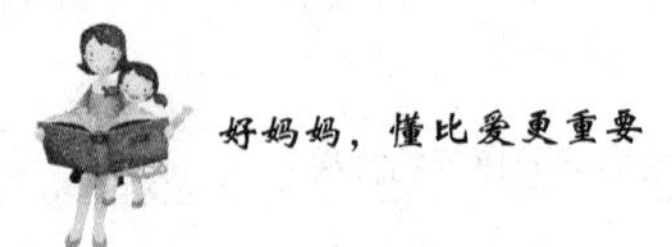

你每天至少要拿出两小时来读书，要回信写信给你的朋友。

不要老是想着别人应该为你做些什么，而要想着怎么去帮助他人。

借他人的东西要还，不要随便接受别人的恩惠。

要记住：别人的东西，再好也是别人的；自己的东西，再差也是自己的。

还有一件事，虽然做起来很难，但相当重要，这就是要有勇气正视自己的缺点。

你会一年年地长大，会渐渐遇到比你强、比你优秀的人，会发现自己身上有许多你所厌恶的缺点。

这会使你沮丧和自卑。

但你一定要正视它，不要躲避，要一点点地加以改正。

战胜自己比征服他人还要艰巨和有意义。

不管世界潮流如何变化，人的优秀品质都是永恒的：正直、勇敢、独立。

我希望，你是一个优秀的人。

第12封信
有一个普通的孩子也很快乐

徐老师：

我家的孩子立群已经12岁了，是个善良、热情、乐观的男孩儿，但我们总觉得这孩子不如别人家孩子优秀。他学过乐器，感觉没有什么天分，也不喜欢，只好半途而废；参加过各种培训班，每个周末都安排得满满的，可成绩也就在中等水平。我和他爸很着急，为什么两名高知这么精心培育的孩子却不优秀呢？

立群妈妈：

您好！

也许，你们眼里，“优秀”是指多才多艺，学习成绩名列前茅。但你们是否忽略了有着健康的体魄、健康的心理也是“优秀”，上进、自尊、懂礼、谦虚也是“优秀”，乐于助人、创新独立同样是“优秀”呢？有许多家长认为，不能让孩子输在起跑线上，于是不断给孩子报兴趣班。家长给孩子画出了一条起跑线，那终点又在哪里呢？虽然立群没有像传统观念中的“优秀”孩子那样，拥有许多令你们称道的特长和拔尖的学习成绩，但是您信中介绍说，他善良、热情、乐观，而有着这么多优秀品质的孩子已经拥有了快乐的能力，已经足以让他的父母亲为他自豪了。

每个家长都渴望自己能拥有一个“神童”，但现实生活中“神童”的比例总是很少。即使我们的孩子如愿成为一个品学兼优的学生，做家长的也常常为孩子的心态问题、德育问题所困扰。因此，我想对你说，孩子是上苍送给我们的神奇的礼物，他是我们最亲最近的家人，健康、快乐地成长为一个自食其力、对社会有价值的人是最为重要的，而所谓的“优秀”其实并不重要。

能拥有一个普通的健康的孩子就算很幸福了，这是许多经历了一些苦痛的家长的心声。作为父母，看重的到底是孩子的健康、快乐，还是孩子头上的光环给自己带来的炫耀资本和别人的羡慕眼光呢？我想理性的父母一定会选择前者。孩子的成长是一个漫长的过程，在某个阶段急功近利、拔苗助长必然会给孩子的终身发展留下隐患。作为家长，对于孩子的表现应该有个平和的心态，就像农民种庄稼一样，只问耕耘，不问收获。我们可以根据孩子的兴趣爱好，带孩子适当参加一些课外培训班，但要以孩子乐意学、有余力学为原则，一旦孩子以此为痛苦，就该叫停了。我们可以尽力为孩子的成长提供一些必要的条件，但不可对孩子有过高的期许，不可给成长中的孩子过大的压力。我们要相信，平平淡淡、从从容容地成长一定能够让孩子逐渐展示自身的优势与个性魅力。

如果家里有个普通的孩子，那么我们就应该和孩子一起享受这份安然与快乐，一起感受生活中的点滴幸福。立群妈妈，您说对吗？

首先，对孩子要有一个比较客观的认识与评价，为孩子树立信心。家长不能在孩子面前表现出对孩子的不满意，更不能冷嘲热讽打击孩子的自尊心。我们可以告诉孩子：现在的平凡不代表一生的平凡，而且平凡不等于平庸，找到自己的角色，勇敢地接受成长中每个机会给自己带来的挑战吧。结果不重要，过程才是重要的。

其次，为孩子的成长创造平等交流、热爱学习、积极上进的家

庭氛围。你们可以和孩子一道分析他的长项，告诉他如何发扬优点、克服缺点。家长与孩子经常有平等交流的空间，能保持孩子健康的心态。

再者，家长不应只关注孩子的学习成绩，还应注重他的身心健康，注重培养他良好的生活情趣以及乐观的处事态度。我们要告诉孩子，学习成绩只是展示优秀的一个方面，一次考试并不足以证明他们掌握知识的水平。建立良好的作息制度、养成健康的生活方式，是成长中重要的一课。

最后推荐您读一读文章《坐在路边鼓掌的人》，相信您会有所感触的。

禹成妈妈

6月1日

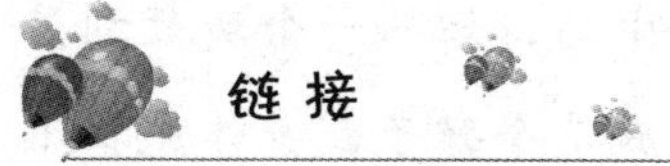
链接

坐在路边鼓掌的人

刘继荣

女儿的同学都管她叫“23号”。她的班里总共有50个人，每每考试，女儿都排名23。久而久之，便有了这个雅号，她也就成了名副其实的中等生。

我们觉得这外号刺耳，女儿却欣然接受。老公发愁地说，一碰到公司活动或者老同学聚会，别人都对自家的“小超人”赞不绝口，他却只能扮深沉。人家的孩子，不仅成绩出类拔萃，而且特长多多。唯有我们家的“23号”，没有一样值得炫耀的地方。因此，他一看到娱乐节目里那些才艺非凡的孩子，就羡慕得两眼放光。

中秋节，亲友相聚，坐满了一个宽大的包间。众人的话题，也渐渐转向各家的小儿女。趁着酒兴，让孩子们说说将来要做什么。钢琴家，明星，政界要人……孩子们毫不怯场，连那个4岁半的女孩，也会说将来要做央视的主持人，赢得一阵赞叹。

12岁的女儿，正为身边的小弟弟小妹妹剔蟹剥虾，盛汤揩嘴，忙得不亦乐乎。人们忽然想起，只剩她没说了。在众人的催促下，她认真地回答："长大了，我的第一志愿是，当幼儿园老师，领着孩子们唱歌跳舞、做游戏。"众人礼貌地表示赞许，紧接着追问她的第二志愿。她大大方方地说："我想做妈妈，穿着印有叮当猫的围裙，在厨房里做晚餐，然后给我的孩子讲故事，领着他在阳台上看星星。"

亲友愕然，面面相觑，不知道该说些什么。老公的神情，极为尴尬。

其实，我们也动过很多脑筋。为提高她的学习成绩，请家教，报辅导班，买各种各样的资料。孩子也蛮懂事，漫画书不看了，剪纸班退出了，周末的懒觉放弃了。像一只疲惫的小鸟，她从一个班赶到另一个班，卷子、练习册，一沓沓地做。可到底是个孩子，身体先扛不住了，得了重感冒。在病床上，输着液体，她还坚持写作业，最后引发了肺炎。病好后，孩子的脸小了一圈。可期末考试的成绩，仍然是让我们哭笑不得的23名。

后来，我们也曾试过增加营养、物质激励等等，几次三番地折腾下来，女儿的小脸越来越苍白。而且，一说要考试，她就开始厌食、失眠、冒虚汗，再接着，考出了令我们瞠目结舌的33名。

我和老公，悄无声息地放弃了轰轰烈烈的揠苗助长活动，恢复了她正常的作息时间，还给她画漫画的权利，允许她继续订《儿童幽默》之类的书报，家中安稳了很久。我们对女儿，是心疼的，可面对她的成绩，又有说不出的困惑。

周末，一群同事结伴郊游。大家各自做了最拿手的菜，带着老公和孩子去野餐。一路上笑语盈盈，这家孩子唱歌，那家孩子表演小

品。女儿没什么看家本领，只是开心地不停鼓掌。她不时跑到后面，照看着那些食物，把倾斜的饭盒摆好，松了的瓶盖拧紧，流出的菜汁擦净，忙忙碌碌，像个细心的小管家。

野餐的时候，发生了一件意外的事。两个小男孩，一个奥数尖子，一个英语高手，同时夹住盘子里的一块糯米饼，谁也不肯放手，更不愿平分。丰盛的美食源源不断地摆上来，他们看都不看，大人们又笑又叹，连劝带哄，可怎么都不管用。最后，还是女儿，用掷硬币的方法，轻松地打破了这个僵局。

回来的路上，堵车，一些孩子焦躁起来。女儿的笑话一个接一个，全车人都被逗乐了。她手底下也没闲着，用装食品的彩色纸盒，剪出许多小动物，引得这群孩子赞叹不已。到了下车的时候，每个人都拿到了自己的生肖剪纸。听到孩子们连连道谢，老公禁不住露出了自豪的微笑。

期中考试后，我接到了女儿班主任的电话。首先得知，女儿的成绩，仍是中等。不过他说，有一件奇怪的事想告诉我，他从教30年了，第一次遇见这种事。

语文试卷上有一道附加题：你最欣赏班里的哪位同学？请说出理由。除女儿之外，全班同学竟然都写上了女儿的名字。理由很多：热心助人，守信用，不爱生气，好相处，等等，写得最多的是，乐观幽默。班主任还说，很多同学建议，由她来担任班长。他感叹道：“你这个女儿，虽说成绩一般，可为人实在很优秀啊。”

我开玩笑地对女儿说：“你快要成为英雄了。”正在织围巾的女儿，歪着头想了想，认真地告诉我说，老师曾讲过一句格言：当英雄路过的时候，总要有人坐在路边鼓掌。她轻轻地说：“妈妈，我不想成为英雄，我想成为坐在路边鼓掌的人。”

我猛地一震，默默地打量着她。她安静地织着绒线，淡粉的线在竹针上缠缠绕绕，仿佛一寸一寸的光阴在她手里吐出星星点点的花蕾。我心里，竟是蓦地一暖。

那一刻，我忽然被这个不想成为英雄的女孩打动了。这世间有多少人，年少时渴望成为英雄，最终却成了烟火红尘里的平凡人。如果健康，如果快乐，如果没有违背自己的心意，我们的孩子，又何妨做一个善良的普通人？

长大成人后，她一定会成为贤淑的妻子，温柔的母亲，甚至，热心的同事，和善的邻居。在那些漫长的岁月里，她都能安然地过着自己想要的生活。作为父母，还想为孩子祈求怎样更好的未来呢？

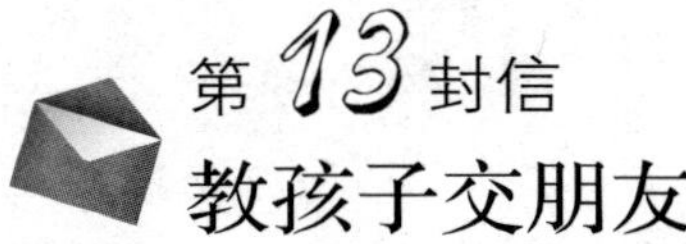

第13封信 教孩子交朋友

徐老师：

我家孩子翔翔都十岁了，但朋友很少，我让他下楼和别的孩子玩，他也只是在楼下转悠一圈，很快就回来了，说没人喜欢和他玩。翔翔觉得很孤单，我也有些着急。孩子没有好朋友，会影响孩子身心健康吗？怎样才能教会孩子交朋友呢？

翔翔妈妈：

您好！

您的担心是有道理的。培养良好的社交能力，不仅是孩子身心健康成长的需要，更是他们日后生存和发展所必备的品质。如果孩子有着良好的人际关系，和小朋友、老师相处融洽，那他就会觉得自己是被接受、被喜欢的，从而便会更快乐、开朗、自信。

然而，是什么原因导致有的孩子没有朋友呢？

1. 与家庭环境有关

父母是孩子的第一任老师，一个温暖的家会给孩子足够的安全感，从而使孩子拥有一个完整的、坚强的、开放的心，人际交往就会自然地发展起来。所以孩子人际交往不良，家长要先检查自己的行为

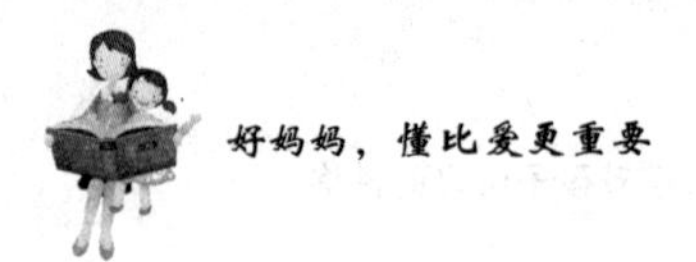

模式和内心世界：我们是不是开放的，我们夫妻的关系是不是平等和谐的。如果不是，我们现在就要做出改变，开放包容地对待家人与朋友，在与人产生意见分歧时，坦诚相见，分享彼此的感受，互相协商，达成共识，不与人争吵。

2. 孩子过分羞涩或攻击性太强

有些孩子不合群是因为过分害羞，不会与别人交流，人家觉得跟他在一起比较乏味，所以不喜欢和他玩；还有种可能是孩子的攻击性太强，与其他孩子交往过程中横行霸道，欺负其他孩子，导致大家群起而攻之，不与他玩耍。这两种情况中，家长无论遇到哪一种，都需要找孩子谈心。面对第一种情况时，家长应鼓励孩子开朗一些，与别的孩子玩时不要害怕，跟他们玩就像跟爸爸妈妈玩一样放松；面对后一种情况时，家长要告诉孩子学会礼让与谦和，不能欺负其他小朋友，与同伴相处要做到语言文明、行为文明。

3. 孩子脾气倔强，没有学会解决问题的办法

有些孩子脾气比较急躁，性格比较倔强，与同伴玩耍时稍稍产生了一点矛盾就“崩”。家长应教给孩子解决问题的办法，比如，告诉孩子若想参与其他人的游戏，可以友好地向别人发问：“我可以参加你们的游戏吗？”“我想和你们一起玩，可不可以？”当孩子想玩别人的玩具时，应先主动拿出自己的玩具与别人分享。另外，教孩子用文明语言与他人交流，如“谢谢”“不客气”“对不起”“行吗”“你先玩，我后玩”等，使孩子在与人交往中热情主动，逐步学会与人交往。

在小朋友之间的交往中，热情开朗、待人友善、为人大方、语言幽默的孩子更受人欢迎。家长应努力培养孩子这些良好的性格，告诉孩子要舍得将喜欢的礼物送给好伙伴，与伙伴出外不可以有占小便宜的想法与做法。家长还应尽力为孩子创造多种社交机会和条件，比如鼓励孩子多串门，或邀请一些小朋友到家里玩。当交往的机会到来

时，家长要学会藏在孩子的身后，而不是冲在孩子的前头。比如：家里来了客，要让孩子参与接待；有机会也要适当地带孩子参加各种聚会，让孩子与不同的亲戚朋友交流、玩耍；购物时，让孩子试着购买自己喜欢的东西。

与人交往是门学问，让孩子在实践中去摸索更多的经验吧。

当然，每个阶段对友谊的理解会有不同，等孩子长成青年的时候，建议您让他读一读台湾作家林清玄的《独乐与独醒》，也许他对友谊会有更深远的思考。

禹成妈妈

6月8日

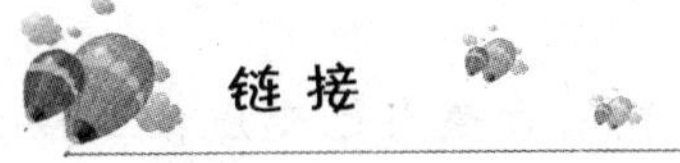
链接

独乐与独醒

林清玄

人生的朋友大致可以分成四种类型。

一种是在欢乐的时候不会想到我们，只在痛苦无助的时候才来找我们分担，这样的朋友往往也最不能分担别人的痛苦，只愿别人都带给欢乐。他把痛苦都倾泻给别人，自己却很快地忘掉。

一种是他只在快乐的时候才找朋友，却把痛苦独自埋藏在内心，这样的朋友通常能善解别人的痛苦，当我们丢掉痛苦时，他却接住它。

一种是不管在什么时刻什么心情都需要别人共享，认为独乐乐不如众乐乐，独悲哀不如众悲哀，恋爱时急着向全世界的朋友宣告，失恋的时候也要立即告诸亲友。他永远有同行者，但他也很好奇好事，总希望朋友像他一样，把一切最私密的事对他倾诉。

还有一种朋友，他不会特别与人亲近，他有自己独特的生活方式，独自快乐、独自清醒，他胸怀广大、思虑细腻，带着一些无法测知的神秘。他们做朋友最大的益处是善于聆听，像大海一样可以容受别人欢乐或苦痛的泻注，但自己不动不摇。由于他知道解决问题的关键，因此对别人的快乐鼓励，对苦痛伸出援手。

用水来做比喻，第一种是河流型，他们让一切自己制造的垃圾都流向大海；第二种是池塘型，他们善于收藏别人和自己的苦痛；第三种是波浪型，他们总是一波一波找上岸来，永远没有静止的时候；第四种是大海型，他们接纳百川，但不失自我。

当然，把朋友做这样的划分不是绝对的，因为朋友有千百种面目，这只是大致的类型罢了。

我们到底要交什么样的朋友？或者说，我们希望自己变成什么样的朋友？

卡莱尔·纪伯伦在《友谊》里有这样的两段对话："你的朋友是来回应你的需要的，他是你的田园，你以爱心播种，以感恩的心收成，他是你的餐桌和壁灯，因为你饥饿时去找他，又为求安宁寻他。""把你最好的给你的朋友，如果他一定要知道你的低潮，也让他知道你的高潮吧！如果只是为了消磨时间才找你的朋友，又有什么意思呢？找他共享生命吧！因为他满足你的需要，而不是填满你的空虚，让友谊的甜蜜中有欢笑和分享吧！因为心灵在琐事的露珠中，找到了它的清晨而变得清爽。"

在农业社会时代，友谊是单纯的，因为其中比较少有利害关系；在少年时代，友谊也是纯粹的，因为多的是心灵与精神的联系，很少有欲望的纠葛；工业社会的中年人，友谊常成为复杂的纠缠，朋友一词也浮滥了，我们很难和一个人在海岸散步、互相倾听心灵，难得和一个人在茶屋里谈一些纯粹的事物了，朋友成为群体一般，要在啤酒

屋里大杯灌酒，在饭店里大口吃肉一起吆喝，甚至在卡拉OK这种黑暗的地方，寻唱着浮滥的心声。

从前，我们在有友谊的地方得到心的明净、得到抚慰与关怀、得到智慧与安宁。现在有许多时候，朋友反而使我们混浊、冷漠、失落、愚痴与不安。现代人都成为“河流型”“池塘型”“波浪型”的格局，要找有大海胸襟的人就很少了。

在现代社会，独乐与独醒就变得十分很重要，所谓“独乐”是一个人独处时也能欢喜，有心灵与生命的充实，就是一下午静静地坐着，也能安然；所谓“独醒”是不为众乐所迷惑，众人都认为应该过的生活方式，往往不一定适合我们，那么，何不独自醒着呢？

只有我们能独乐独醒，我们才能成为大海型的人，在河流冲来的时候、在池塘满水的时候、在波浪推过的时候，我们都能包容，并且不损及自身的清净。

纪伯伦如是说：“你和朋友分手时，不要悲伤，因为你最爱的那些美质，他离开你时，你会觉得更明显，就好像爬山的人在平地上遥望高山，那山显得更清晰。”

第14封信 鼓励孩子参加户外活动

徐老师：

我家云帆是个特安静的孩子，一到周末或假期就躲在自己的小房间里读书，可不爱出家门了。我想女孩子嘛，这样也好，省得惦记她的安全。可她爸爸就常催着她找同学们玩。您说，参加户外活动对孩子的成长是不是很必要呢？

云帆妈妈：

您好！

孩子爱读书，是很好的习惯，但动静结合也很有必要。

户外活动可以让孩子充分感受自由、放松的快乐，对消除读书后的疲劳很有效果。读书时间过长，眼睛会干涩，精神会紧张，有时头还会有些疼。出外跑跑跳跳，可以帮助孩子恢复精力，减轻压力。

在“温室”里长大的孩子没有经历风雨，身体比较单薄，对季节的变化不能适应，容易伤风感冒；而经常在户外活动的孩子，随着寒冷的刺激，全身代谢加强，内脏器官也得到了锻炼，他们的抵抗力肯定比不经常进行户外活动的孩子强。

户外活动往往是需要与伙伴一起展开的，即使是简单的游戏活

动，也有不少规则。孩子经常参加户外活动，能有更多的机会结交好朋友，锻炼与人交往的能力，提高处事水平。孩子有了更多的朋友，会更开放、更包容、更快乐、更自信。

户外活动好处这么多，您要多鼓励孩子去参与。在支持孩子参与户外活动时应注意以下几点：

第一，尽量做到每天定时让孩子去进行户外活动。为了让孩子养成健康的户外活动习惯，家长可以和孩子约定好每天下午放学完成作业后出外活动一小时或半小时。这样能增强孩子的计划能力，有效提高他们的学习效率，使得户外活动不影响学习。

第二，利用假期陪伴孩子进行户外活动。这是很好的家庭娱乐方式。如打球、跑步、爬山、划船、去游乐场玩。有了家人的陪伴，孩子能提高对户外活动的兴趣。云帆不喜欢户外活动，您可以尝试约上她爸爸多陪他去。

第三，做到早约定，少责怪；多理解，少抱怨。有些孩子不愿参

加户外活动，跟父母管束过严有关系。家长虽然知道户外活动对孩子成长有利，但打心眼里还是希望孩子多读些书。往往是孩子刚下楼，身体还没有玩开，游戏还没玩完，家长便将他们唤回来，久而久之，孩子就会失去玩伴，没有玩伴，孩子也就不想进行户外活动了。还有种情况更糟糕，孩子进行户外活动回来，家长会喋喋不休地批评孩子玩的时间太长，或玩的时候弄脏了衣服，使孩子下次出去玩时产生负疚心理，害怕回来挨骂，玩不开心，所以干脆回家不活动了。家长应该与孩子早约定玩多久回来，孩子一般心里有数，玩得差不多时便会自己回来，家长不必催促。孩子回来时衣服脏了或者破了，家长应理解，不要责怪与抱怨。

俄国作家、思想家列夫·托尔斯泰说："一个埋头脑力劳动的人，如果不经常活动四肢，那是一件极其痛苦的事。"

云帆妈妈，带孩子去选一套她喜欢的运动装吧！

禹成妈妈

6月15日

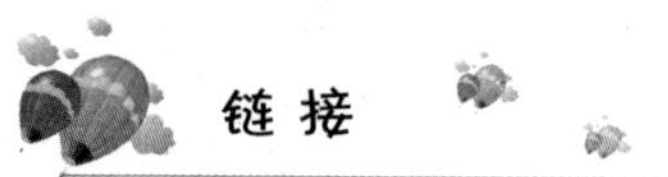

名人健身故事

104岁的萧伯纳

萧伯纳，爱尔兰著名作家，后移居英国。一生写过五十余部剧本、多部小说以及许多其他方面的论著。他活到104岁，是世上罕见的长寿。

萧伯纳长寿的主要原因除了为人开朗幽默以外，那就是酷爱体育活动。他每天清晨起床后，第一件事就是洗冷水浴，一年四季从不间断。游泳、跑步、骑自行车，打拳，是他经常参加的运动项目。

居里夫人坚持锻炼

居里夫人是世界上唯一荣获两次诺贝尔奖的女科学家。她之所以能有健康的身体、充沛的精力长期从事繁重的科学研究，应该说得益于坚持体育锻炼。

居里夫人非常喜欢舞蹈，同时也喜欢爬山、游泳，还酷爱骑自行车。她结婚时，不买礼服、戒指，也不买沙发、圈椅，只要了自行车与居里先生双双骑车蜜月旅行。婚后，每逢假日，他们便骑车郊游。

巴甫洛夫负重散步

巴甫洛夫，俄国著名生理学家，曾荣获1904年诺贝尔生理学和医学奖。

他特别重视身体锻炼，平时除积极参加各种体力劳动外，还经常骑自行车、划船。他夏天游泳，冬天滑雪。60—70岁时，经常练吊环和鞍马。70岁后练快步走。80岁后他就背东西散步，为此还常常闹出误会。行人看到一位白发苍苍的老人，背着一个包裹蹒跚而行，不免会产生同情，都要抢上前去帮他背。他便对那些人说：“不用！谢谢，我这是负重散步，锻炼身体哪！”这时人们才恍然大悟，不禁向他投出敬佩的目光。

第15封信 孩子可以选择放弃

徐老师：

女儿彤彤现在上小学三年级，有着男孩子般的性格，颇有人缘，同学们都喜欢和她玩，可最近班上自荐班干部的时候，她竟然拒绝了。我问她为什么，她说是不愿意扮演约束同学的角色，希望和同学们有良好的关系。我觉得这样太不上进了。可我该怎么说服她呢？

彤彤妈妈：

您好！

其实，我倒赞成彤彤的做法，并且也不认为这是不求上进的表现。您对孩子的选择有误解。中国传统意义上的好孩子是听话的孩子，老师、家长说什么就是什么，坚决执行，殊不知这所谓的“听话”挫伤了多少孩子的个性。

我很佩服彤彤小小年纪就学会了拒绝。这拒绝不是莽撞的选择，不是颓废的躲藏，而是有自己理由的做法。您仔细想想她说的理由，不是没有道理的，所以，我若是您，会尊重孩子的选择。

选择放弃是一种智慧，选择放弃是体现自我思想的行为，选择放弃是绝不随波逐流的勇气。正如著名诗人泰戈尔所说：“当鸟翼系

上了黄金时，就飞不远了。”又如一位智者所说：“两弊相衡取其轻，两利相权取其重。”“鱼我所欲也，熊掌亦我所欲也，二者不可得兼，舍鱼而取熊掌者也”，说的不就是这么一个道理吗？也许，我们更多时候，执著于鱼，执著于有所为有所得，只看到放弃时的失落和痛苦，而忘记了假如我们不放弃鱼，就会面临更大的失去熊掌的痛苦。

目前社会上人心浮躁，很多成年人都不会拒绝了，不会放弃了，不会量力而行了，积极冒进的背后往往流淌着辛酸的泪水。因此，我们应该让孩子从小学会思考，学会选择，学会说“好”，同样学会说“不”。你的小彤彤不管说“好”还是说“不”，只要她能说出理由，只要她能通过思考选择，我想就是值得鼓励的。

禹成读小学一年级时，当过一学期语文科代表，之后便向老师提出来要当小组长，不当科代表。我不解，询问他，他说：“我的力气太小，抱不动那么多本子。语文科代表要收的作业很多，我忙不过来，总要别人帮我，还是选个大个子干这活儿比较好。”他停了停，接着说：“做个小组长，就只收七个人的本子，我可以收得很快。”我被他逗乐了，小家伙一点也不虚荣，实事求是地反映情况，实实在在地估计自己的能力，我有什么理由责备他？有什么理由不尊重他呢？

后来，因为他乐于为班级服务，四年级时又被同学们选作班长，他没有拒绝，而是更加努力，得到了许多锻炼。当时，我回想自己在他一年级时本来想劝说他当科代表的情景，暗自庆幸，认为自己做出了正确的判断，给了孩子一个独立思考的空间，尊重了孩子的选择。

禹成拒当“三好”学生的事情也给我留下更深的印象。那是在他小学六年级的上学期末，是他小学阶段最后一次参评“三好”学生的机会。而在前面的五年中，他连续获得了十次“三好学生”荣誉称号，如果这次仍能获得“三好”证书，则意味着他将拥有“三好”学生大满贯的荣耀。为此，他们班那些优秀孩子早早地就暗地比赛着。那天毕业生家长会开始前，老师小声地告诉我："禹成主动放弃了'三好'学生的荣誉称号，因为他说自己不够格，这事你知道吗？"这让我很吃惊，但很快我给了老师一个回复："尊重孩子，谢谢老师。"

回到家，我知道了他所说的"不够格"的原因，即是一次他在班上为同学抱不平，写纸条"批评"老师。由于他不注意沟通方式，我和老师都严厉地批评了他，他也真诚地向老师道了歉。没想到几个月过去了，虽然老师已不再责怪他，他却还记得那次过错，并主动提出为那次过错承担责任。小学毕业前最后一次获得"三好"学生称号的机会就这样被他放弃了，但我仍然表扬了他。我相信，能为自己的错误负责任、能够勇敢地拒绝荣誉的孩子，将来会有出息。

彤彤妈妈，也不知道您是否同意我的观点。我仍然想在这封信的最后告诉您，放弃是一种量力而行的远见，放弃是一种顾全大局的果断，放弃是一种胆识和勇气，放弃是一种泰然处之的宽容和大度。给孩子选择放弃的机会吧！也许，这个选择里有着孩子独到的智慧。

禹成妈妈

6月22日

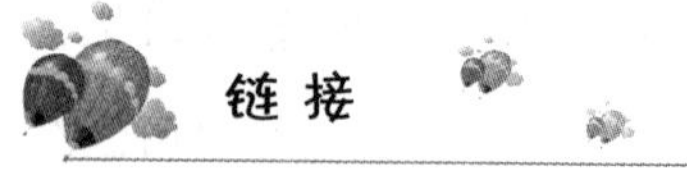

杨振宁学会舍弃的故事

杨振宁青年时期喜爱物理，而且想成为一个实验物理学家。1943年杨振宁赴美国留学时，就立志要写一篇实验物理论文。1946年，杨振宁进入芝加哥大学费米主持的研究生班，希望能在费米的指导下写篇实验论文。当时，费米正忙于在阿贡国家实验室从事军事技术研

究。像杨振宁这样初到美国的中国人是不能随便进入阿贡实验室的，于是费米建议杨振宁先跟泰勒做些理论研究，实验则可以到艾里逊的实验室去做。

艾里逊是芝加哥大学物理系的一名教授，当时正准备建造一台40万电子伏特的加速器，这在当时是最先进的。在费米的推荐下，杨振宁成为艾里逊的6名研究生之一。然而，在实验室工作的近20个月中，杨振宁的物理实验进行得非常不顺利，做实验时常常发生爆炸，以至于当时实验室里流传着这样一句笑话：哪里有爆炸，哪里就有杨振宁。此时，杨振宁不得不痛苦地承认，自己的动手能力比别人差！

一天，一直在关注着杨振宁、被誉为美国之父的泰勒博士关切地问杨振宁："你做的实验是不是不大成功？"

"是的。"面对令人尊敬的前辈，杨振宁诚恳地说。

"我认为你不必坚持一定要写一篇实验论文，你已经写了一篇理论论文，我建议你把它充实一下作为博士论文，我可以做你的导师。"泰勒直率地对杨振宁说。

杨振宁听了泰勒的话，心情十分复杂。一方面，他从心底深处感到自己做实验确实力不从心；另一方面，他又不甘服输，非常希望通过写一篇实验论文来弥补自己实验能力的不足。他十分感谢泰勒的关怀，但要他下决心打消自己的念头实实在在不是一件容易的事。

"我想考虑一下，两天后再告诉您。"杨振宁恳切地说。

杨振宁认真思考了两天。他想起在厦门上小学时的一次上手工课，自己兴致勃勃地捏制了一只鸡，拿回家给爸爸妈妈看，爸妈看了笑着说："很好，很好。是一段藕吧？"往事一件接一件地在他的脑海浮现，他不得不承认，自己的动手能力实在不强。

最终，杨振宁接受了泰勒的建议，放弃写实验论文。从此，他毅然把主攻方向转到理论物理研究上，最终于1957年10月与李政道联手

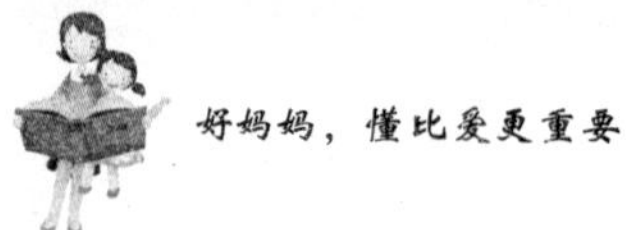

摘取了该年的诺贝尔物理学奖。

放弃有时候是十分困难的，甚至是十分痛苦的。适时地放弃，不仅需要勇气和胆识，更需要远见和智慧。人生之树，只有舍弃空想与浮华，才能撷取丰硕甜美的果实。

第三章
让孩子拥有一个温馨的家

孩子是一株小苗，家是孩子成长的土壤。水分、养料都是通过土壤被小苗吸收的，所以土壤一板结，再丰富的养料也会被阻挡在外。常常松松土，让孩子在宽松、和谐的家庭氛围中茁壮成长吧！

第16封信 和谐家庭，孩子快乐成长的沃土

徐老师：

自从儿子小迪出生后，我和他爸爸就感觉生活的担子重了不少。我们的家境不太富裕，不能给儿子很优越的物质生活，于是在努力挣钱的同时，我们力求让孩子在精神上一直快乐充实。请问，在这方面，我们当父母的该如何去做得更好？

小迪妈妈：

您好！

我认为，家长为孩子构建和谐温暖的家庭尤为重要。他们没有步入社会，接触最多的人便是家人，孩子若能在家庭中感受到人与人之间的信任、尊重、宽容，那么内心将被抹上一片明亮的绿色，拥有无穷的快乐与希冀。

与您分享一个故事：一个寒冷冬日的晌午，女主人准备打扫庭院，一出门就看见四个蜷缩在柴堆旁冻得发抖的老人。出于善心，女主人请四位老人进屋喝点热茶暖暖身子，老人问："你们家有男人在家吗？"女主人说："没有，先生和儿子都上班去了。"老人们回答，他们不能进去，因为现在这个家里没有男人。女主人只好作罢。

吃中午饭之前，女主人和家人说起了先前的那件事，她先生立马要她去请四位老人进屋吃饭。女主人来到柴堆前，看见四位老人还在，就把先生的意思给他们说了。四位老人犹豫了一下，说："我们不能一起进去，只能进去一人。你们家都快吃饭了，不可能有那么多饭。"接着又说："我们四人分别叫财富、成功、平安、和谐，你去问一下你先生，看他愿意请谁进去。"女主人只好回屋问先生。先生说"财富"最好，就请"财富"，儿子却说还是请"成功"吧。在出现分歧的情况下，女主人自己倒是有点想请"平安"，一旁的女儿说话了："我看最好请'和谐'。"先生听了女儿的话，觉得有道理，全家人终于达成了一致。女主人又出门把他们的决定对四位老人说了，于是她领着"和谐"往家里走。快进门时她回头一看，四位老人都跟来了，女主人不明，就问："你们不是说好只来一人吗？""和谐"笑着回答："你们若请其他三位中的任何一位，就只能来一位。但你们请了我就等于请了我们四个，因为和谐＝财富+成功+平安。"

从故事中我们可知，和谐是家庭幸福的前提，正所谓"家和万事

兴”。作为家长，我们必须要明确，家庭环境对孩子的健康发育有着至关重要的作用，亲缘交往和谐是孩子能适应复杂社交的重要条件。

幸福的家庭是孩子健康成长的摇篮，也是为孩子遮挡风雨的港湾。如果父母亲为一点小事就在孩子面前争吵，孩子的心情便会布满阴霾，一天都难以消散。久而久之，孩子便开始选择沉默。有的家庭在吵架时还常常把孩子牵扯进来，不是把怒气加在孩子身上，拳打脚踢，就是让孩子表态支持谁。离异的家庭就更不用说了，父母互相猜忌，互相在孩子面前埋怨，又各自组建新的家庭，让孩子没有一个完整的家庭。在这种环境下成长的孩子身心怎么可能健康快乐？

我以前教过的不少孩子就有这种不幸。小佩刚入学时被爸爸妈妈送来学校，孩子坐在家长中间，家长跟我们谈起孩子的可爱成长故事，脸上满是开心，让我们感觉到这是个幸福的家庭。之后，孩子学习成绩一直很稳定。小佩是个热情、开朗的孩子，不仅自己学习成绩优秀，还经常为同学服务，帮助班集体做很多事情。但三年级的寒假后，我明显感到小佩的变化——有时上课开小差，下课也不愿和其他同学玩耍。我询问他，他也不说。我打通了小佩妈妈的电话，她告诉我，这段日子她在和他爸闹离婚。我终于明白小佩忧郁的眼睛里藏着的恐惧和忧伤了。我拉着他的手，和他谈心，告诉他：“虽然爸爸妈妈分开了，但爸爸妈妈的爱还在。你长大了，就会明白爸爸妈妈也有难处，我们要怀着包容的心去理解他们。”在学校里，我更关心小佩了，经常让他为班级承担各种工作，目的是让他在为同学们服务的过程中忘却家庭的烦恼。之后，我还赶紧安排了一次家访。我约请小佩的父母一起到场，谈论小佩的变化。他爸爸妈妈都沉默了。我严肃地要求他们承担起为人父母的责任，选择理性的方式解决他们之间的问题，不可以让孩子再受更大伤害。小佩的爸爸当即表示，一定和他妈妈好好谈谈。过了两天，小佩开心地来找我，告诉我，爸爸妈妈为了他和好了，还给他道了歉，他给平日里贪玩的爸爸和脾气有些急躁的

妈妈提了期望，爸爸妈妈都表示会接受儿子的监督。小佩的脸上洒满了阳光，我能感受到他的快乐。

其实，家庭的贫富并不会左右孩子的幸福，但家庭缺乏温馨和睦却是孩子成长的最大障碍。为人父母，要有强烈的家庭责任感，不能孩子气十足，今天俩人情意绵绵，明天就互相打骂，视作仇人。假如有什么烦恼情绪或不好的事情，家长尽量不要当着孩子的面说，可以出外散步或等孩子不在家时交谈。如果俩人的感情实在到了无法挽回的地步，必须选择合适的方式告诉孩子，大人的问题不会影响到他的幸福，爸爸妈妈都会更加关爱他。

小迪妈妈，还记得前几年春节晚会上一家四口给我们带来的一首歌吗？歌名叫《让爱住我家》。歌中唱道："我爱我的家，弟弟爸爸妈妈。爱是不吵架，常常陪我玩耍。我爱我的家，儿子女儿我的他。爱就是忍耐家庭所有繁杂。我爱我的家，儿子女儿我亲爱的她。爱就是付出让家不缺乏。让爱天天住你家，让爱天天住我家，不分日夜秋冬春夏，全心全意爱我们的家。让爱天天住你家，让爱天天住我家，充满快乐拥有平安，让爱永远住我们的家。"

为了孩子的快乐，让我们共同营造一个和谐的家庭吧！

禹成妈妈

6月30日

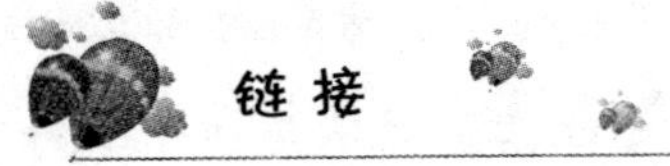

链接

论家庭

（英国）弗兰西斯·培根

在子女面前，父母要善于隐藏他们的一切快乐、烦恼与恐惧。他们的快乐无须说，而他们的烦恼与恐惧则不能说。子女使他们的劳苦变甜，但也使他们的不幸更苦。子女增加了他们的负担，但却减轻了他们对死的恐惧。

一切生物都能通过生殖留下后代，但只有人类能通过后代留下美名、事业和德行。然而，为什么有的没有留下后代者却留下了流芳百世的功业？因为他们虽然未能复制一种肉体，却全力以赴地复制了一种精神。因此这种无后继的人其实倒是最关心后事的人。创业者对子女期望最大，因为子女被他们看作不但是族类的继承者，又是所创事业的一部分。

作为父母，特别是母亲，对子女常常会有不合理的偏爱。所罗门曾告诫人们："智慧之子使父亲快乐，愚昧之子使母亲蒙羞。"在家庭中，最大或最小的孩子都可能得到优遇，唯有居中的子女容易受到忘却，但他们却往往是最有出息的。

在子女小时不应对他们过于苛吝，否则会使他们变得卑贱，甚至投机取巧，以至堕入下流，即使后来有了财富时也不会正当利用。聪明的父母对子女在管理上是严格的，而在用钱上不妨略宽松，这常常是有好效果的。

作为成年人，绝不应在一家的兄弟之间挑动竞争，以至积隙成仇，使兄弟间直到成年，依然不和。意大利风俗对子女和侄甥一视同仁，亲密无间。这是很可取的。因为这种风俗很合于自然的血统关系。许多侄子不是更像他的一位叔、伯，而不像父亲吗？

在子女还小时，父母就应当考虑他们将来的职业方向并加以培养，因为这时他们最易塑造。但在这一点上要注意，并不是孩子小时候所喜欢的也就是他们终生所愿从事的。如果孩子确有某种超群的天才，那当然应该扶植发展。但就一般情况说，下面这句格言是很有用的："长期的训练会通过适应化难为易。"还应当注意，子女中那种得不到遗产继承权的幼子，常常会通过自身的奋斗获得好的发展，而坐享其成者却很少能成大业。

第17封信
形成民主的家庭氛围

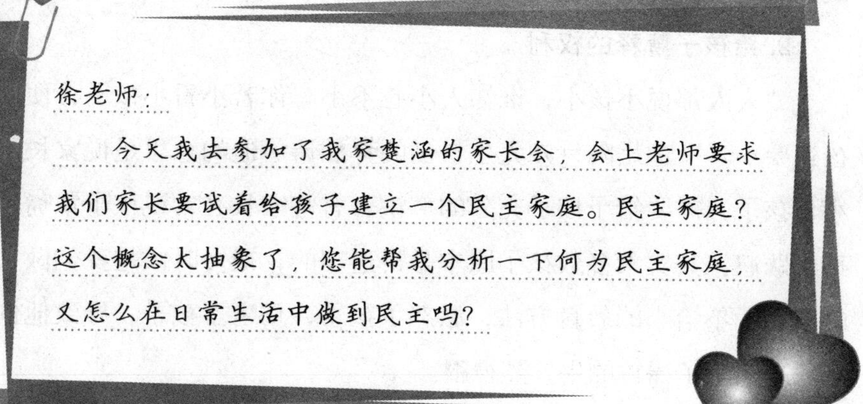

徐老师：

今天我去参加了我家楚涵的家长会，会上老师要求我们家长要试着给孩子建立一个民主家庭。民主家庭？这个概念太抽象了，您能帮我分析一下何为民主家庭，又怎么在日常生活中做到民主吗？

楚涵妈妈：

您好！

家庭是孩子人生的第一课堂，家庭教育在孩子的成长过程中有着举足轻重、不可替代的作用。同时，家庭教育是有别于学校教育和社会教育的一种特殊教育形式。因此，要想取得家庭教育的成功，家长必须把握住家庭教育的基本原则，营造良好的家庭氛围。

良好的家庭氛围，和谐是基本，民主是重点。如何使家庭充满民主氛围？家长应该注意些什么呢？

1. 形成家庭议事的风气

民主的家庭氛围，是指每位成员在家庭中享有平等的地位。比如家长不摆架子，不强说强做；孩子不肆意妄为，懂得规矩。家长是孩子的榜样，要想培养出讲道理的孩子，家长自己得讲道理。我们家一直都有议事的风气，有重要事宜或大人与孩子意见不一致的事情时，必定提请家庭会议讨论。讨论会上大家充分发表意见，然后表决，少数服从多数。我们家每年都要出外旅游，关于去哪里的问题，我们每次都得开家庭会议讨论。提议去南方的说说去南方的理由，提议去北疆的也说说去北疆的原因，之后大家统筹各人的思考，达成共识。形成了家庭议事的风气后，禹成说话更讲道理、更有层次了。这做法不仅加深了亲子关系，还培养了孩子的独立思维。

2. 给孩子解释的权利

“人人都说小孩小，谁知人小心不小。你若小看小孩子，便比小孩还要小。”这是陶行知先生自创的打油诗。他的意思是说家长不可小看孩子，需要给予孩子充分的尊重。有些家长经常说孩子犟嘴、说孩子跋扈，其实大多数孩子原本是讲道理的，很多时候是我们做长辈的采用了不恰当的教育方法，激怒了孩子，伤害了孩子，导致他们像屁股里塞上了爆竹的牛，烈得很。

民主的家庭有益于培养孩子良好的个性，因为我们总会给孩子解释的权利。这样，从侧面还培养了他们通过表达与别人交流的好习惯。从禹成还很小时，每次与他谈心，我都不会只顾自己一个人说，而是或让孩子在前面将事情说清楚，或让孩子在后面说体会。因为与他总是平等对话，孩子接受我们的教育时从不抵触。一次，老师反映禹成上课与后排同学说话。我询问禹成原因，他将上课时那位同学说小话，他回头制止的事情给我做了解释。我告诉他没事，但给老师造成了误会，需要检查自己：有没有更好的方法制止他；在制止他的时候自己是不是讲了废话；帮助同学指出错误本是好事，但把好事办好却也需要智慧。禹成听了我的这番话后，不再辩解了，而是主动向老师说明了情况，并检讨了自己行为的不妥之处。给孩子解释的权利，孩子就不会无理争辩；给孩子解释的权利，教育就会更加趋于理性。但我告诉过孩子：解释不是争辩；对于自己做错的事情不用过多解

释；认错比解释更容易得到别人的谅解，有利于问题的解决。

3. 关注孩子的心理健康

作为父母，不能只关心孩子的衣食住行和学习成绩，更要关注孩子的心理发展和健康人格的培养。在日常生活的点滴中，我们应该注意培养孩子积极、开朗、乐观的性格，创造快乐的家庭氛围，使父母与孩子之间相互信任、相互尊重、相互理解，彼此间通过自然而亲密的交流，加深家人之间的亲情，这些都有益于培养孩子的健康心理品质。

孩子的生活环境，决定了孩子的人品、个性与习惯，这些一旦形成，成人后很难改变。因此，民主的家庭氛围是家长为孩子创造的温床，是家长献给孩子的礼物。楚涵妈妈，您说是吗？

禹成妈妈

7月5日

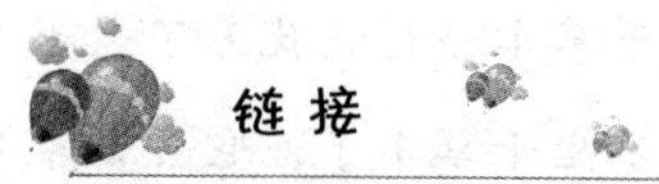

链接

马克·吐温的民主家庭

马克·吐温（1835—1910）是美国批判现实主义文学的奠基人、世界著名的短篇小说大师。他被誉为“美国文学中的林肯”。

他的作品充满对资本主义社会各种丑恶现象的辛辣无情的嘲讽。看他的作品，也许我们会认为他也是一个尖锐冷漠的人。其实，在生活中，他对孩子的教育就像他写的小说一样充满了幽默、轻松的情趣。

马克·吐温有3个女儿，是一个非常慈爱的父亲，把女儿们当作掌上明珠，家庭中常常充满着笑声、洋溢着温馨。从女儿开始懂事时，每当他写作累了，他就叫来女儿，让她们坐在自己的椅子扶手上，给她们讲故事。故事的题目由女儿选择，她们常不假思索地拿起画册，让父亲根据上面画的人或动物即兴编故事。马克·吐温虽然可以毫不费力地编出一段生动的故事来，但是每次他都非常认真，从不敷衍。

在这个家庭里，父母和女儿之间始终保持着一种平等、民主和相互尊重的关系。父亲从来不摆出一副做长辈的架子，从不训斥女儿。孩子有了过失，马克·吐温也决不姑息，而是让她们记住教训，不再重犯。只是，马克·吐温惩罚女儿的方式与众不同。有一次，马克·吐温夫妇想带着孩子到农庄度假。一家人坐在堆满干草的大车上，颤悠悠地向郊外驶去，一路上饱览着美丽的田园风光，这是女儿们向往已久的事了。可是就在出发前，不知怎么回事，大女儿苏西动手把妹妹克拉拉打得哇哇大哭。然后，苏西主动向母亲承认错误，但是按照马克·吐温制定的家规，苏西必须受到惩罚。惩罚的方式还要女儿自己提出来，母亲同意后，就可以施行。苏西提出几种受惩的办法，包括她最不情愿受到的惩罚——不坐干草车旅行。犹豫了老半天，苏西终于下了决心对母亲说："今天我不坐干草车了，它会让我永远记住，不再犯像今天的错误。"马克·吐温非常理解女儿为自己决定的受罚方式对她究竟有多大的分量。他后来在回忆这件事时说："并不是我让苏西做这件事的，可想起可怜的苏西失去了坐干草车的机会，至今仍让我感到痛苦——在26年后的今天。"

晚上地面结冻，骑车很危险。但他振振有辞地给我讲了他下去骑车的必要性后，我答应分两步走：当晚他可以戴好帽子下楼散步、玩雪半小时，第二天天气晴好后他可以下楼骑车一小时。这样我不但没有禁锢孩子爱玩的天性，也保证了他的安全。我的做法充分表达了我对孩子的尊重。孩子知道妈妈爱他。这些年，孩子入睡前，我总会习惯性地帮他在背上挠几下，然后抚着他的小额头、小鼻头，告诉他："妈妈爱你，快睡吧，做个好梦！"

禹成是个贪吃的孩子，喜欢吃香喷喷的食物。我常笑他是我们家的"小馋猫"。对"小馋猫"表达爱，自然少不了给他准备些吃的。下班晚了，进门时我总会在包包里掏出点吃的表示歉疚；出差回来，我会丢个小包裹让他享受翻看礼物的快乐；我偶尔冤屈了他，会把他抱在腿上喂他几口他爱吃的水果。爱他，我会明确地告诉他。

欣欣妈妈，孩子还小，思维发展不够成熟，你们不用因为他的那句"你们不爱我"伤怀。将舐犊之情勇敢地表达出来吧！爱是治愈心灵创伤的法宝。最后，推荐您看一篇文章《改变一生的礼物》。

禹成妈妈

7月15日

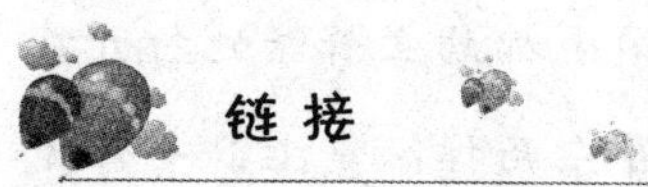

链接

改变一生的礼物

汤普森小姐是一位小学五年级的老师。在她执教的第二年，班上来了一位叫泰迪的学生。她第一眼看到这位学生就不喜欢他。泰迪不但肮脏，头发留得长长的盖住眼睛，而且身上还不时散发出一股莫名的臭味。功课呢，总是落后。她试了又试，怎么也不喜欢泰迪。对班上反应快的学生，她尽量鼓励，而对于像泰迪这样跟不上的学生，每次批改他作业时，总是用一支大大的红笔，心态乖张地将泰迪的错误狠狠地划了一圈又一圈。

随着时间过去，红圈圈有增无减，而且圈圈越画越粗。虽然汤普森小姐没有直言明讲她厌恶泰迪，但是从其他同学对泰迪的嘲笑和轻视中，却充分反映出老师对泰迪的憎恶。可怜的小泰迪只知道老师不喜欢他，却不明白为什么老师不喜欢他。汤普森小姐不曾花过心思甚至试着去了解泰迪，她只知道自己内心深处潜藏着对这个无人照管、无人理会的肮脏小孩儿的一份强烈的恨意，这份恨意连她自己都说不出原因。

时间飞快地溜过，转眼已到圣诞节。依照习俗，所有的学生都会准备一份圣诞礼物送给老师。这一天是放假前最后一天上课，班上同学将所有包装好的礼物聚成一堆，放在教室内的一棵小圣诞树下，等待汤普森小姐来打开。她每打开一件礼物时，都有无数惊讶、欢喜的尖叫声和来自她自己充满激动的谢谢声。泰迪的礼物夹在礼物堆的中央，是用普通装中饭三明治用的褐色纸包装起来的，纸袋上画有一棵圣诞树，树上用无数的小红球围绕着，这些小球又用一些强力粘纸粘起来，上面还写着“这是学生泰迪送给汤普森小姐”的字样。

当汤普森小姐拿起这纸袋时，全班肃静无声，默默地注视着汤普森小姐。她生平第一次感到异常羞愧。所有学生都站立着等她打开礼物。在撕开最后一片粘纸的同时，忽然有两件东西掉落桌上，一件是缺了几颗细小钻石的人造水晶钻石手镯，另一件是在廉价店买的只剩半瓶的香水。汤普森小姐很清晰地听到来自孩童群中细声耳语、窃窃偷笑的声音，她提不起勇气往泰迪站的方向看去。她勉强地将手镯戴上，挤出一二滴香水擦在耳后，缓缓地将剩下的礼物一一打开。

就在此时，下课钟响了起来。她望着学生，道声“圣诞快乐，明年见”。泰迪没有马上离开，他等所有学生都离去时，手中捧着几本书，畏畏缩缩地走到汤普森小姐身旁，轻轻地说：“汤普森小姐，

汤普森小姐……您身上的香水味就像当年母亲身上的气味一样，她的手镯带在您手腕上真是漂亮，我很高兴您喜欢它。”说完，一溜烟地飞奔出教室。汤普森小姐再也忍不住了，她跪了下来，请求上帝原谅她，身为老师，在过去的数月里，她故意地剥夺了一个幼小孩童所应得的关心和照顾。

次年开学，她为了弥补良心上的亏欠，在每一天放学后留下来帮泰迪补习功课，直到学期终了。渐渐地，泰迪的功课赶上了班上其他同学，不需要留级重读五年级。但事与愿违，泰迪在新学年开学前要随父亲搬到外州，所幸汤普森小姐认为泰迪的学业成绩已经达到某一个稳定的程度，他已有能力去应付未来任何学科的挑战。

七年后的某一天，汤普森小姐收到泰迪的第一封信，信上只有简单两句话：“亲爱的汤普森小姐，我只是希望让您知道，您是第一个知道我在下个月将以第二名的成绩毕业。”汤普森小姐寄了一张贺卡，随卡附上一个小包裹，内附一支铅笔和一支钢笔当礼物。

四年后，泰迪的第二封信又来了，信上仍只有简单的三句话：“亲爱的汤普森小姐，我希望让您第一个知道，大学当局刚通知我，我将以班上总成绩第一名毕业。四年大学不容易念，但我还是念完了。”汤普森小姐寄了一张卡片，附带一个衬衣袖口上用的链扣当礼物寄给泰迪。

时间飞逝，转眼泰迪的第三封信来了。“亲爱的汤普森小姐，我希望您是第一个知道的人。从今天开始，我就是泰迪医生了，您觉得如何？我将在七月二十七日结婚，我想请您来参加我的婚礼，坐在我母亲该坐的地方，假如她今天还活着的话。我已经没有亲人了，父亲去年已去世了。您的学生泰迪上。”

汤普森小姐手中拿着这封信半晌不能言语，搜索枯肠不知道该送这位学生医生什么样的礼物。她迫不及待地拿起笔来，立刻写了一封信给泰迪：“亲爱的泰迪，恭喜你，你终于成功了，你的成功完全是靠你自己的努力。尽管你的身边有无数像我一样未曾悉心照顾你的人，你还是成功了，这成功的一天是属于你的。愿上帝祝福你，当教堂的钟声响起时，我会按时前往参加你的婚礼。老师汤普森上。”

第19封信
享受与孩子一同成长的过程

徐老师：

我家小孩儿晟晔出生后，我就辞去了工作，在家做全职妈妈，所以生活的重心一直是带孩子。现在孩子四岁了，我也权衡着重新工作，但是决不能委屈孩子。那么，我应该怎样以后的日子里，保证自己做一个称职的妈妈呢？

晟晔妈妈：

您好！

首先确定的是，您想做一个称职的妈妈。如今，有很多妈妈对自己都没有这个要求了。他们以工作繁忙为由，将孩子托给爷爷、奶奶或外公、外婆照料。有些还长期和孩子分开住，直到孩子读书时才接到身边来，那时的孩子已经和父母之间有了很大距离，教育错过了最佳时期，是很遗憾的。

在国外，带孩子的责任几乎都是小夫妻承担，老人们只是偶尔帮个忙、救个急，比如夫妻俩都要出差几天，老人会帮忙看看孩子，但要将孩子托老人那儿一年半载，则基本不可能。比较普遍的是妈妈在孩子小的时候做全职主妇，等孩子上幼儿园或上学了再工作；也有

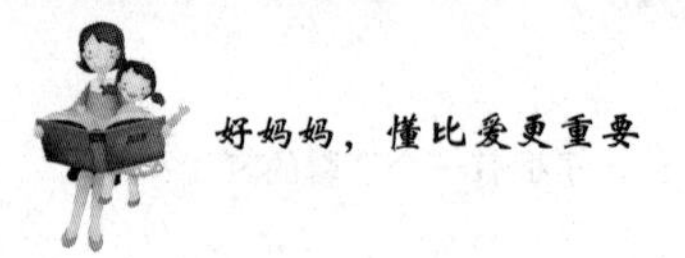

少数女强人型的，事业很好不愿放弃，这种情况一般夫妻双方收入都不错，能够雇得起全职保姆，有了保姆的协助，妈妈带孩子就能简单一些。在我国，爷爷奶奶、外公外婆大多文化层次不如孩子的爸爸妈妈，即使老人有文化，祖辈与父母亲对孩子的教育观念和做法也是不一样的。

这十三年以来，我自己的体会是，虽然带孩子有一些辛苦，但陪伴孩子长大是最幸福的一件事情。

1. 陪孩子玩儿

孩子的童年一去不复返，家长对孩子的教育不能急功近利。陪孩子玩儿是妈妈们最应该学会的。禹成很小的时候，我就从不放过跟他玩儿的机会。几个月大的时候，陪他在床上打滚，逗得他咯咯笑；他蹒跚学步的时候，带着他在学校操场散步，陪他看蚂蚁、捉蜻蜓、和树上的鸟儿说话；他三四岁时，经常和他一起扮演森林里的小动物，演童话故事，一会儿我是狮子妈妈米丽（他给我取的名字），一会儿我又是老鼠舒克，一会儿我是小飞侠彼得·潘，一会儿我又是《白雪公主》中的老巫婆，还穿上服装，用上道具呢！孩子长大了，玩的项目会不断改变。他六岁的时候迷上了拼装玩具，我会带他去买各种模型，做好了送给朋友作礼物。他很享受做玩具的过程。我也很享受看他做玩具的过程。做好后，我便和他一起在家里寻好最适合放它的地方，或是一艘海盗船，或是一个古城堡，或是几只小动物。有时，我出差带礼物回来，已经是深夜，孩子从被窝里跳起来捧着我带的拼装玩具爱不释手。当他要求马上“工作”时，我会劝他爸爸理解孩子的心情，陪着他，看他享受制作的快乐。

2. 陪孩子聊天

与孩子沟通、交流是理解孩子、走进孩子内心的法宝。不管工作多忙，哪怕出差在外，我也每天必定和孩子聊天。因为形成了习惯，孩子什么都会跟你说。有时家长只要耐心倾听就够了，有时需要给他

一些指导与建议。由于是孩子自己说的，我们切忌责备，哪怕是孩子做错的事情，我们也要和颜悦色地跟他谈话，否则孩子将会闭上他的嘴巴，什么也不告诉你。对于工作繁忙的妈妈，建议你们选择孩子上床的那段时间和孩子聊天，因为那段时间大家都有空，而且妈妈温情的话语能让即将入眠的孩子更有安全感。聊一会儿以后，妈妈就可以进入讲故事环节，孩子的心情也比较好。

3. 陪孩子读童书

一位童话作家曾说过：一个人读童话有两个时期，一个是我们自己是小孩子的时候，一个是我们做父母的时候。和孩子一起读经典故事是很快乐的事情。这时候，你可以把自己小时候没读过的童书都找来和孩子一起分享。禹成四五岁时，我带着他看书，边陪他看图，边问问题，在他猜完故事内容之后把故事再讲给他听；六岁开始，他独立读书了，还能给我讲故事呢；十岁以后，我们一起读小说、天文、历史类书籍，我们先是分别读，然后是一起交流、讨论，有时为了不同观点会争执起来，我告诉他，这叫观点争锋，不是争吵。陪着孩子一起读书，我很快乐地阅读了《列那狐的故事》《鲁滨孙漂流记》《佐贺的超级阿嬷》《亲爱的汉修先生》《时代广场上的蟋蟀》《夏洛的网》《窗边的小豆豆》《马提与祖父》《狗来了》《哈克·贝利芬历险记》《钢铁是怎样炼成的》《假如给我三天光明》《居里夫人传》《富兰克林传》等。

4. 陪孩子看电影

因为我们不常看电视，所以孩子也很少看电视节目，让我欣慰的是，他至今不看肥皂剧。但我会找机会带他看演出，如话剧、钢琴表演、小提琴演奏会，培养他的艺术情操。另外，我经常带他看电影，几乎每周一次。动画片、战争片、剧情片、喜剧片、伦理片、科幻片都选择看，恐怖片、惊悚片不看。如今，影视作品良莠不齐，电影相对电视来说，质量要高一些，因为我想毕竟在短短的90—120分钟里，电影作品需要表现出一定的特色，并需要选择合理的表达方式以吸引观众。禹成后来也成了电影通，他会去网上了解世界影讯，告诉我引进了什么好看的外片、即将上映什么好电影、哪些电影成本小却立意深、哪些电影是不值得看的。喜欢模仿的他每次看完精彩影片，还能背上一段台词，逗我们乐。孩子真是天生的小表演家，有些内容成人可能不会关注，他们看一遍却学得惟妙惟肖。陪孩子看电影，很惬意、很温馨，我喜欢这感觉。

5. 为孩子做成长记录袋

新课改之后，教师开始重视给在校的学生做成长记录袋，里面收集学生学习的过程性资料。我建议妈妈们也为自己的孩子建个记录袋，记录孩子的成长足迹。

记录的方式很多，有的家长爱好摄影，每天给孩子照一张照片，留存起来，作为资料；有的家长喜欢写作，从孩子出生开始，为孩子记成长日记，一直到孩子成人，日记本不仅包含着父母的爱，还为孩子回忆往事提供了索引。

我给妈妈们建议几种方法，你们不需要很专业也可以为孩子做好成长记录袋。准备好若干个盒子或文件袋，要大一些，质地好一些的，在书柜里专门辟出一处放这些盒子或袋子，然后按孩子的阶段分类，可以按幼儿、儿童、少年、青年分，也可以按幼儿园、小学、初中、高中分。每个袋子里留存的东西要体现年龄特点。比如，我在禹成“幼儿园”的袋子里放了他掉的第一颗牙、他的幼儿园毕业合影、“小星星”英语启蒙班的老师评语及奖状、在幼儿园“六一”汇演中的演出照、他的“儿童画”，他捏的橡皮泥；在他“小学”的袋子里放了每个学段的作文本、一年级刚入学的数学本、小学阶段荣誉证书复印件、参加军训的影像光盘、刊登了作品的杂志、报纸、他的一份检讨书和病历等。由于禹成从小喜欢朗诵和拉小提琴，我用录音笔录下他在7岁、8岁、9岁、11岁等不同年龄时朗读课文的声音，用照相机录下他拉小提琴的影像，及时用硬盘留存。这些能够记忆岁月碎片的资料都是非常宝贵的，妈妈们如果有心，可以帮助孩子收藏哦！

陪伴孩子成长是一种责任，陪伴孩子成长是一种快乐，陪伴孩子成长是一种享受。陪伴孩子成长，您愿意么？

禹成妈妈

7月20日

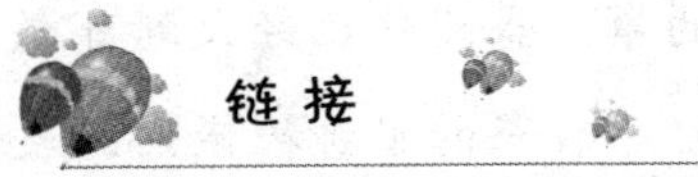

链接

圣诞老人的精神不穿红衣

（美国）帕蒂·汉森

我无精打采地坐在老庞蒂亚克车后座，因为一个4年级的学生坐在这儿是应当的。我爸开车到城里购物，我跟着去。至少我告诉他了——我确实有个在我心中盘旋了几个礼拜的问题想问他，这也是我第一次没有马上向他公开的心事。

“爸……”我欲言又止。

“啊？”他问。

“我们学校学生说了一些事情，我知道不是真的。”我感觉自己的下嘴唇因为想忍住我右眼角内的泪水而颤抖——它总是头一个掉眼泪。

“怎么了，小鬼？”我知道他心情很好，因为他用这个昵称来称呼我。

“他们说没有圣诞老人。”我忍耐着，但一滴眼泪掉了下来，“他们说我再相信圣诞老人就是笨蛋……它只是用来骗小孩的。”我的左眼眶又有了一滴眼泪。

“可是我相信你告诉我的，圣诞老人是真的。是真的，对不对，

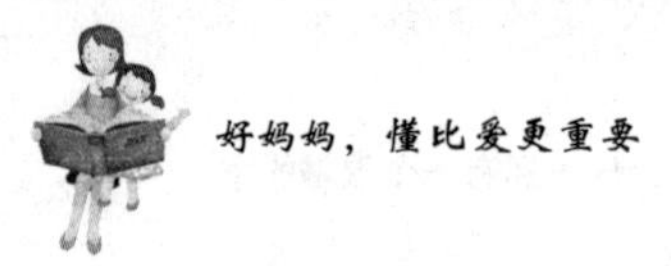

爸？”

那时我们的车正开在耐威尔大道上，当时它是一条两旁有橡树的双线道。我问这个问题时，他看了我的脸和整个人的姿势一眼，把车开到路边停下来。爸关掉引擎并把身子靠近我，一个缩在角落里的小女孩。

“学校里的那些学生错了，佩蒂。圣诞老人是真的。”

“我就知道！”我如释重负地喘口气。

“但我还要告诉你更多关于圣诞老人的事。我想你已经大到可以了解我要跟你分享的事了。你准备好了吗？”我爸的眼神很亲切，表情很柔和。我知道他有大事要说，而我已经准备好要听了，因为我完全信任他。他绝不会对我说谎。

“从前有个真正的人，他到处旅行，把礼物送给赢得的孩子。在每个地方你都会发现他不同的名字，但他心中想的事用任何语言来说都是一样的。在北美，我们叫他圣诞老人。他代表无限的爱，以及用真心的礼物分享爱心的渴望。当你到了某种年纪，你会了解到真正的圣诞老人不是圣诞夜从你烟囱上下来的家伙。这个神奇精灵的真正生命与精神永远存在你心中、我心中、妈妈心中和为人带来欢乐的每个人心中。圣诞老人的真正精神在于你给予什么，而不在于你得到什么。只要你了解而且让它变成你的一部分，圣诞节会变得更令人兴奋、更神奇，因为你已了解魔术来自于你，圣诞老人住在你心中。你了解我在告诉你什么吗？”

我专注地望着我们车窗前的树。我不敢看我爸——这个一直告诉我圣诞老人真正存在的人。我想要像去年一样深信不疑——圣诞老人是个穿红衣的胖精灵。我不想吞下长大的药丸，发现事情都跟从前不一样。

“佩蒂，看着我。”我爸期待着。我把头转过去看着他。

爸的眼中也有泪水——那是快乐的眼泪。他的脸上闪烁着一千条

银河的光芒，他的眼睛看来就像圣诞老人的眼睛。真正的圣诞老人。从我来到这个星球之后的每个圣诞节都是他为我费时选择特别的礼物。他吃了我小心翼翼装饰好的饼干，喝了温牛奶。这个圣诞老人或许吃了我留给驯鹿鲁道夫的萝卜。这个圣诞老人——虽然他曾说他没有机械才能——在圣诞节早上短短时间内组装了自行车、小货车和其他杂物。

我明白了。我明白了欢乐、分享和爱。我爸把我拉进他怀里给我一个温暖的拥抱，在那看似最寂寞的时刻抱住我，我们两人都哭了。

“现在你属于一个特殊团体。”爸继续说，“你从此后会分享圣诞节的快乐，在每一年的每一天，不只在某个特定的节日。从现在起，圣诞老人会住在你心中，就像他住在我心中一样。当圣诞老人住在你的内心，实践给予的精神就是你的责任。这是你一生中会发生的最重要的事，因为现在你知道，圣诞老人没有像你我这样的人让他活着，他就不会存在。你认为你可以应付得来吗？”

我因骄傲而心满意足，我也确信我的眼睛闪烁着惊奇的目光。“当然，爸。我要让他住在我心中，就像他住在你心中一样。我爱你，爸。你是全世界最好的圣诞老人。”若我生命中有机会等到把圣诞老人的事实告诉我孩子的时刻，我会为圣诞精神祈祷，希望我像我父亲告诉我圣诞老人的精神不必穿红衣服那样，把它说得动人心弦，且活灵活现。我也希望他们能和当时的我一样领受。我完全信任他们，且我想他们会如此。

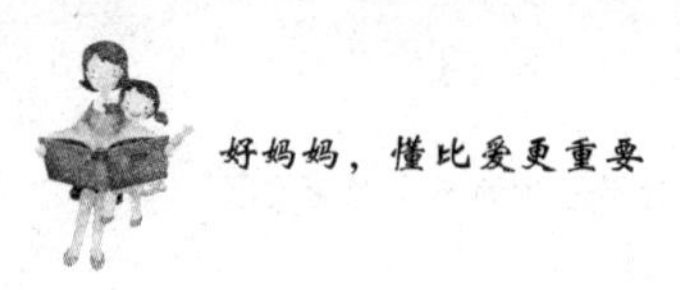

第20封信 与有逆反行为倾向的孩子和谐相处

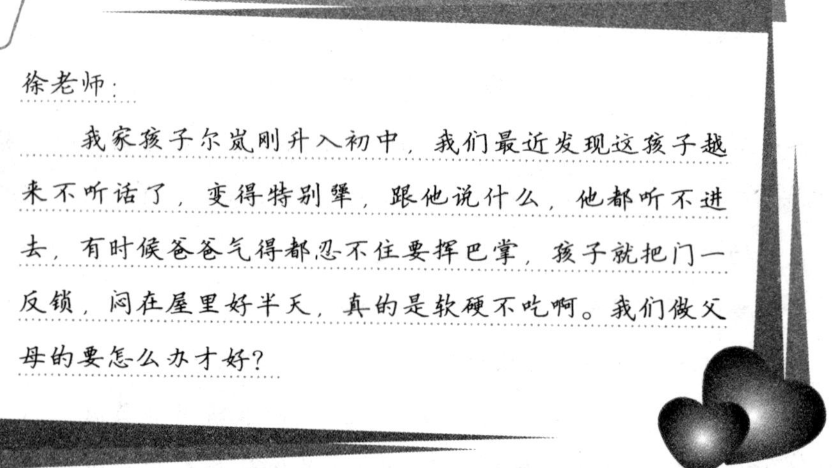

徐老师：

我家孩子尔岚刚升入初中，我们最近发现这孩子越来不听话了，变得特别犟，跟他说什么，他都听不进去，有时候爸爸气得都忍不住要挥巴掌，孩子就把门一反锁，闷在屋里好半天，真的是软硬不吃啊。我们做父母的要怎么办才好？

尔岚妈妈：

您好！

您不要太着急，大多孩子进入青春期以后都会有这种现象。

逆反期实际上是孩子心理成长的必要阶段。如果孩子不经历逆反期，那么他们就无法长成一个有独立思维能力的成年人，换句话说，太乖的孩子往往会形成依赖性人格，会对他们将来的独立生存带来更大的危害。

作为父母，面对孩子的逆反，首先应予以接纳，把它视为孩子逐渐成熟的表现。其次，应该找一找孩子产生逆反心理的原因：有的可能是受到了来自父母、老师、同学等的感情伤害，故意采取一种负向的态度或行动来抵抗外界；有的是因为探奇心理很强，往往越是禁止

的东西，他越是“明知不可为而为之”；还有的孩子比较自负，对别人的批评和建议往往听不进去，也导致了逆反。总而言之，孩子逆反心理形成的原因是多方面的，家长应先分析原因，再根据不同情况灵活处理。在处理时可以用上这么几个方法：

方法之一：与孩子成为朋友

家长在孩子青春期期间，应该给予孩子更多的包容与尊重。不要为了泄一时之忿而与孩子针尖对麦芒，影响亲子关系。我有个朋友，孩子读初二开始进入青春期，以前很讲道理的孩子一下子变得脾气暴躁。父亲想严厉管束他，没有采取和缓的谈心方式，而是摆出家长的架子教训小子。哪知孩子不吃这一套，把门一关，干脆连饭也不吃了。父亲气得恨不得把门给卸了。我给这位父亲讲了孩子青春期的生理、心理规律，让他务必保持冷静的头脑，帮助孩子度过青春期。后来，父亲改变了姿态，以朋友的姿态蹲下来听孩子说话，与孩子交谈中了解到孩子心烦气躁的原因是在班上被同学误会。这样找到症结后，家长便给他提出一些建议供他参考，鼓励他用“君子”的方式消除误会。孩子一试，果然成功。由于对父母产生了信赖，孩子开始愿意和父母沟通了。可见，融洽的亲子关系便于家长更好地了解孩子的心理与行为。

方法之二：选择孩子能接受的交流方式

孩子小的时候，不会太在意父母的表达方式，有时有些不悦，得个礼物、吃个好菜他们便忘了。而青春期的孩子敏感而固执，比较自我，有自己主见，也渴望别人的理解与尊重。因此，平日里也比较自我的家长应该为了孩子做一些改变：（1）以身教代替说教。比如家长天天玩麻将没节制，却训斥孩子不能玩电脑游戏，孩子当然不服气。所以，多说不如少说多做，尤为重要的是以身作则。（2）以鼓励代替管制。家长总认为孩子还小，严厉管制能让他们不走歪路，不管就会没规矩。殊不知这样的管制，反而使孩子失去了责任感，使

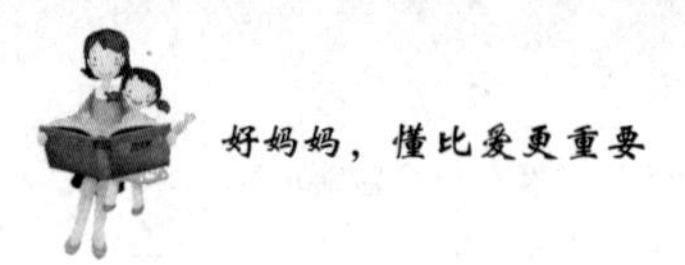

孩子的自制能力无从培养。所以，家长该放手时要放手，应鼓励孩子为自己所做的事情负责，多给孩子锻炼的机会。（3）以商量代替命令。平日，许多家长习惯于用命令的口气对孩子说话，如对孩子下命令说：“你现在功课紧，不能再浪费时间了，电视不能再看，闲书也把它放起来。”青春期的孩子对这种带有强制性的命令会公开反抗。如果换成商量的口气和孩子说话，效果就不一样了。比如对孩子说：“你看是不是我们把课外书安排在写好作业后看？有好的电视节目我们周末再安排看。”家长每一个建议都是从孩子的立场上提出的，孩子不会觉得父母在要求他符合他们的要求，比较容易接受。（4）以陈述句代替反问句。反问句表达的语气比较强烈，而且有些责怪的意思，孩子是很不习惯接受的。比如，孩子的作业做得比较乱，家长往往会说：“你不能把字写好吗？”一听就火药味十足，如果家长换作直接说“你的作业太乱，要把它写好”，孩子应该比较容易接受，他们还会因为自己的疏忽而感到羞愧。（5）以关爱代替唠叨。青春期的孩子反感家长的原因之一就是他感受不到父母的爱，因为这种爱被没完没了的唠叨、指责、说教给隔断了。这个时候，家长应多从生活中、学习上关爱孩子，少一些唠叨，甚至不提那些孩子很长时间都做不到的事情，而是更多地给孩子展示的机会，以一种无条件的爱软化孩子与自己的对立。

方法之三：不妨来点“冷处理”

当孩子无法控制自己的情绪时，家长要适当地使用短暂的沉默，用沉默体现威严，用沉默慑服暴躁，让出余地，给孩子发泄和反省的时间，从而让他们真正认识错误，改正错误，不断进步，逐渐成长，释放出更多的潜能。在沉默的时间里，家长也可以顺便理清思路、选择措辞和观察孩子的反应，从而能够客观真诚地与其交流。

尔岚妈妈，青少年处于性格形成和独立意识增强的时期，他们常通过否定权威和标新立异以求得自我肯定，因此往往表现得固执，

有意采取与他人不同的态度和行为，引起别人的注意。我们做家长的了解了这种情况，并掌握了一些方法后，就能帮助孩子安全度过青春期，您放心吧。

禹成妈妈

7月26日

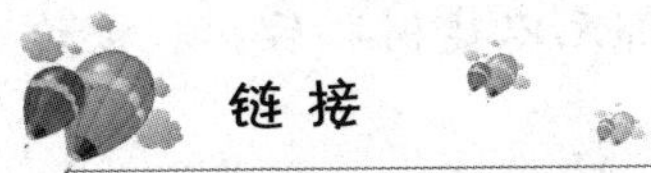

链接

孩子，我为什么打你

毕淑敏

有一天与朋友聊天，我说，就是在文化大革命中当红卫兵，我也没打过人。我还说，我这一辈子，从没打过人……你突然插嘴说：妈妈，你经常打一个人，那就是我……

那一瞬屋里很静很静。那一天我继续同客人谈了很多的话，但所有的话都心不在焉。孩子，你那固执的一问，仿佛爬山虎无数细小的卷须，攀满我的整个心灵。面对你纯正无瑕的眼睛，我要承认：在这个世界上，我只打过一个人。不是偶然，而是经常；不是轻描淡写，而是刻骨铭心。这个人就是你。

在你最小最小的时候，我不曾打你。你那么幼嫩，好像一粒包在荚中的青豌豆。我生怕任何一点儿轻微的碰撞将你稚弱的生命擦伤。我为你无日无夜地操劳，无怨无悔。面对你熟睡中像合欢一样静谧的额头，我向上苍发誓：我要尽一个母亲所有的力量保护你，直到我从这颗星球上离开的那一天。

你像竹笋一样开始长大。你开始淘气，开始恶作剧……对你摔破的盆碗、折毁的玩具、遗失的钱币、污脏的衣着……我都不曾打过你。我想这对于一个正常而活泼的儿童，都像走路会跌跤一样应该原

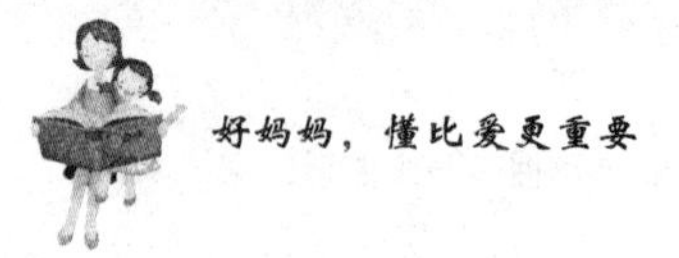

谅。

第一次打你的起因，已经记不清了。人们对于痛苦的记忆，总是趋向于忘记。总而言之那时你已渐渐懂事，初步具备童年人的智慧：它混沌天真又我行我素，它狡黠异常又漏洞百出。你像一匹顽皮的小兽，放任无羁地奔向你向往中的草原，而我则要你接受人类社会公认的法则……为了让你记住并终生遵守它们，在所有的苦口婆心都宣告失效，在所有的夸奖、批评、恐吓以及奖赏都无以建树之后，我被迫拿出最后一件武器——这就是殴打。

假如你去摸火，火焰灼痛你的手指，这种体验将使你一生不会再去抚摸这种橙红色抖动如绸的精灵。孩子，我希望虚伪、懦弱、残忍、狡诈这些最肮脏的品质，当你初次与它们接触时，就感到切肤的疼痛，从此与它们永远隔绝。

我知道打人犯法，但这个世界给了为人父母者一项特殊的赦免——打是爱。世人将这一份特权赋于母亲，当我行使它的时候臂系千钧。

我谨慎地使用殴打，犹如一个穷人使用他最后的金钱。每当打你的时候，我的心都在轻轻颤抖。我一次又一次问自己：是不是到了非打不可的时候？不打他我还有没有其它的办法？只有当所有的努力都归于失败，孩子，我才会举起我的手……每一次打过你之后，我都要深深地自责。假如惩罚我自身可以使你汲取教训，孩子，我宁愿自罚，哪怕它将苛烈10倍。但我知道，责罚不可以替代也无法转让，它如同饥馑中的食品，只有你自己嚼碎了咽下去，才会成为你生命体验中的一部分。这道理可能有些深奥，也许要到你也为人父母时，才会理解。

打人是个重体力活儿，它使人肩酸腕痛，好像徒手将一千块蜂窝煤搬上五楼。于是人们便发明了打人的工具：戒尺、鞋底、鸡毛掸子……

我从不用那些工具。打人的人用了多大的力，便是遭受到同样的反作用力，这是一条力学定律。我愿在打你的同时，我的手指亲自承受力的反弹，遭受与你相等的苦痛。这样我才可以精确地掌握分量，不致于失手将你打得太重。

我几乎毫不犹豫地认为：每打你一次，我感到的痛楚都要比你更为久远而悠长。因为，重要的不是身累，而是心累……

孩子，听了你的话，我终于决定不再打你了。因为你已经长大，因为你已经懂了很多的道理。毫不懂道理的婴孩和已经很懂道理的成人，我以为都不必打，因为打是没有用的。唯有对半懂不懂、自以为懂其实不甚懂道理的孩童，才可以打，以助他们快快长大。

孩子，打与不打都是爱，你可懂得？

第21封信 努力维护爸爸的形象

徐老师：

我家青青从小是被我带大的。他爸爸工作很忙，经常没时间陪孩子。久而久之，青青就对爸爸疏远了，连爸爸偶尔想抱抱他，也遭到拒绝。他爸爸总觉得是我在孩子面前说了什么，我仔细想想，自己也只不过是在孩子问起爸爸时告诉他实情，比如爸爸在开会、在陪客户用餐等等。我这是做错了吗？

青青妈妈：

您好！

当今社会，由于激烈的生存竞争，大多数家庭中的父亲忙于工作，照顾家庭和教育孩子的重任往往落在母亲一个人的肩上，致使父亲在孩子成长过程中的作用逐渐被弱化，甚至渐渐淡出。这不仅有碍于良好家庭关系的建立，更不利于孩子身心的健康发展。因而，近几年来，在家庭教育研究领域，“父性教育”越来越受重视。“父性教育”是指孩子的父亲承担教育的责任，对孩子提供充满父亲角色特性的家庭教育。专家呼吁，“父性教育”和“母性教育”结合起来的教育才是完整的家庭教育。

我认为，要改变青青对爸爸的态度，需要从两个方面努力：

1. 您认真地和青青爸爸谈一谈，请他调整一下工作的节奏，至少每周留出某工作日的晚上和休息日中的半天用来陪青青。工作是干不完的，和孩子相处的岁月却屈指可数。在孩子的成长期里，因为工作忙碌而放弃对孩子的影响与教育，是得不偿失的，何况青青是个男孩，他的童年、少年时期更需要父亲的陪伴。成年男子身上特有的果敢、健硕、智慧、幽默能给孩子以特别的教育力量，那就是“父亲的魅力”。父亲是成人社会的典范，是孩子学习的榜样，所以父亲不仅仅要给予孩子物质生活的保障，更要给予孩子宝贵的精神财富。建议您爱人合理安排时间带家人出外郊游，陪孩子去动物园和游乐场。生活中的交往与接触一定能破除青青对爸爸产生的心灵樊篱。

2. 平日在青青面前要树立他父亲的正面形象甚至是“高大”形象。我想这不关乎“诚实”的问题。青青妈妈，我认为，“父亲”在孩子的眼里或心里并不只代表一个人，而是代表着无穷的力量与强大的依靠。父亲角色的弱化和缺失，或多或少会给孩子带来心理上的不安全感。因此，您在孩子与他爸爸之间要做一根美丽的纽带。我有个女性朋友曾经这样成功地为她儿子树立了爸爸的高大形象。她爱人在一所高校担任保卫干部，她儿子三岁的时候，学校建设新

校区，孩子的爸爸经常很晚回家，每周还有一晚值班，在学校住宿。儿子常常在听她讲故事的当口冷不丁地问：“爸爸呢？我爸爸去哪儿了？”刚开始，她对儿子说：“爸爸上班，给宝贝挣钱买好吃的。”儿子便能停下不问。后来，儿子不干了，告诉她：“宝贝不吃好吃的，要爸爸回来。”或者干脆问她：“爸爸怎么总不回家？”“爸爸几点钟回家？”尽管她知道，爱人有时候的确是在加班，有时候是和同事去打麻将或唱歌娱乐去了，但她为了在儿子面前维护爸爸的形象，开始采取新的办法。她编出无数个他爸爸勇敢斗歹徒的故事，她那生动形象、手舞足蹈的表演经常逗得孩子哈哈大笑。小小的儿子体会到爸爸工作的艰辛，因此他见到爸爸总是特别乖，还常常一边应对爸爸大胡子的刺扎，一边天真地问：“爸爸，那个飞天大盗抓到了没有？”她爱人常常被孩子问得不好意思，很快也改变了生活方式，尽可能地在家陪家人，一家三口其乐融融。至今她的心里还保存着这个秘密，因为儿子的心里，父亲是座伟岸的山。

禹成妈妈

8月1日

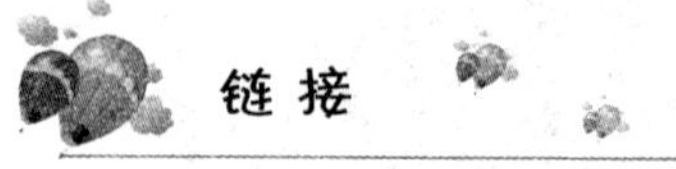

链接

父亲的威信

（苏联）马卡·连柯

您不单纯是公民，您还是父亲，您应该尽可能好地完成您的家长的工作，而您的威信的根源就在于此。首先您应该知道，您的孩子的生活乐趣是什么、对什么感兴趣、喜欢什么、不喜欢什么、想要什么、不想要什么。您应该知道，他的朋友是谁、与谁一起玩、玩些什么、读什么书、对读过的东西理解得如何。当他上学后，您应该知道

他怎样对待学校和老师、他有什么困难、他在班级中的表现如何。所有这一切都是您从您的孩子幼年起就始终应该知道的。您不应该突然知道各种各样不愉快的事情和冲突，您应该预料到这些事并采取预防措施。所有这些您都必须知道，但这并不意味着，您可以不断地用令人讨厌的盘问、庸俗的和纠缠不休的间谍一样的行为让您的孩子不愉快。从一开始您就应该把工作做好，让孩子自己告诉您他们的事情，让他们希望与您交谈、对您的学识感兴趣。有时候您应该邀请孩子的同伴到家里来，甚至可以拿点什么东西招待他们；有时候您应该亲自去拜访您孩子同伴的家庭，只要有可能您应该熟悉这个家庭。做这些事不需要花费很多时间，只要关心孩子并关心他们的生活就行了。如果您将这样地了解孩子，这样地关心孩子，您的孩子不会对此无动于衷的。儿童喜欢家长这样地了解自己，并因此而尊重家长。

第22封信 学会和孩子沟通

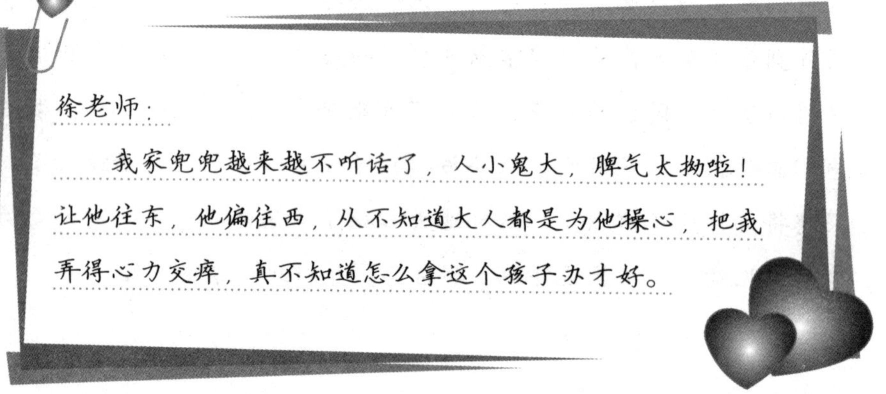

徐老师：

我家兜兜越来越不听话了，人小鬼大，脾气太拗啦！让他往东，他偏往西，从不知道大人都是为他操心，把我弄得心力交瘁，真不知道怎么拿这个孩子办才好。

兜兜妈妈：

您好！

老邻居好久不见，有空带兜兜来小区玩。

现在的孩子眼界宽了，见识广了，自己的意见也多了，自然不会那么听话，但原则上能讲道理、能尊重长辈就好。因此，我们与孩子沟通需要讲方法。给您提供下列一些方法，仅供参考：

1. 平等交流，做孩子的朋友

平等是良好沟通的前提。家长与孩子谈话不能有居高临下的态度。要得到孩子良好的认错态度，家长应当做出榜样。有一次，我听邻居说禹成爬窗玩，回家后我打了他的手心。之后，我与他谈心，首先承认了自己的错误，在装修房间时没把窗户的护栏装好而留下了隐患，然后告诉他，男孩子有好奇心、探险的意识，可以理解，但是不顾安全，做出这么危险的行为是不对的，需要认识错误，保证不再

犯。

另外，与孩子沟通应由他感兴趣的话题展开，找出孩子的优点表示赞赏。就某个问题讨论时，站在孩子的角度聊一聊我们表示理解的情况，语气不要生硬，不要唠叨。禹成读五年级时和班主任老师闹意见了。他看不惯老师让不遵守纪律的同学在午休时间抄课文的做法，竟然在纸飞机上写了批评老师的话。这行为被老师发现后，他受到了严厉的批评。我找他谈话时，首先肯定他的看法，老师罚同学抄课文是不对的，属于变相体罚行为，不能提倡。他看我并没有劈头盖脸地批评他，而是肯定他正确的一面，情绪好了一些。然后，我让他想一想自己做得不对的地方。这次交谈进行得非常顺畅，正是得益于我的换位思考。

2. 选择适当的沟通地点和时间

与孩子沟通不能随时随地，应该选择适当的沟通地点和时间。交流感情的时间，最好选择在吃饭时和睡觉前，这是孩子心情最为平稳的时间。但批评孩子的时间不能选择在这个时候，以免影响孩子的心情。有位母亲说，每天孩子上床时，她坐在孩子床边，问孩子："今天有什么高兴的或不顺心的事吗？"孩子长大后，也爱在这个时间，跟父母讨论自己白天遇到的事情，以求得父母的理解与宽慰。

我认为，可以根据孩子的性格脾气选择批评的场地。若孩子比较顽皮，胆子特别大，批评他可以选择在书房或父母的卧室，这样不熟悉的环境会让孩子有些紧张感，感到谈话内容的重要性；若孩子胆子一贯比较小，性格比较内向，家长可以在孩子的卧室或他的书桌前找他谈心，比较熟悉的环境能让孩子相对轻松，消除紧张感。为了帮助胆小的孩子认识到自己的错误而不发懵，家长还可以拉着孩子的手，或让孩子在自己身边坐下，慢慢说。

3. 就事论事，不翻老账

我们批评孩子应就事论事，不要骂起孩子来由这次的错讲到上个

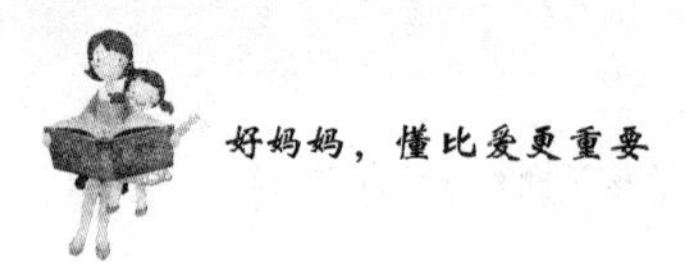

月的错，再讲到去年的错，让孩子觉得犯了一次错一辈子都不能在你面前抬起头来。我们批评孩子不应翻老账，否则教育效果肯定不好。

4. 注意表达的方法

有些妈妈一气之下说话不理智，甚至对孩子进行谩骂，伤害孩子的自尊心，这是非常糟糕的。家长批评孩子的话不宜多，不要总说那么几句——“我是为你好”“等你有了自己的孩子就理解我们的苦心”“你这样不听话将来就没有出息”等。这种说教式的谈话，孩子不喜欢。我们与孩子谈话，一定要给孩子留有说话的机会，鼓励他们说出自己的想法，对于孩子说的有道理的话应该采纳，让孩子能感觉到家长对他的尊重。

5. 树立自己的威信

有时孩子明明知道自己错了还要顶嘴，或对父母不尊重，大声呵斥，主要原因是父母在孩子面前没有威信。当然，树立威信不是一朝一夕的事情，需要长期努力。我们在孩子面前想树立威信，首先应注意我们的言行，对我们做过的事情要负责任，这样孩子看到了行为上的榜样，对父母就会有信任感。其次，父母要严格要求自己，不让孩子做的事情自己要努力不去做。比如，不赞同孩子买街边不卫生的食品吃，自己要带头不买；要求孩子吃饭守规矩，把碗里饭吃干净，父母自己碗里的饭就要吃干净；要求孩子不到游戏机室玩游戏，家长自己也要以工作、家庭为重，不要玩起来夜不归宿。

6. 有颗宽容的心

德国儿童文学之父凯斯特纳说过：“绝大多数人，他们像脱去一顶旧帽子似的，早已把童年抛之脑后。他们犹如忘记一个不再使用的电话号码，忘却了他们自己的童年。”我们也曾经有过童年，也是在“犯错”的过程中成长起来的，因此，对于孩子，我们应该用更多的宽容对待他们。孩子犯错，上帝也会原谅的。

兜兜妈妈，您再认真反思反思平日自己的一些做法是否合理，找

个合适的机会和孩子谈一谈。我相信兜兜是个通情达理的孩子。

禹成妈妈

8月7日

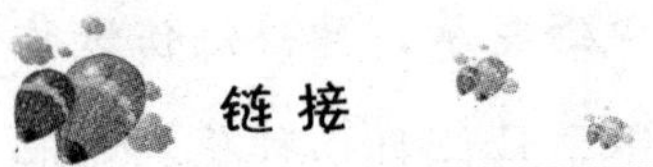
链接

正确管教孩子的方法

卡尔·威特

做父母的要想管教孩子，首先应该学会管教自己。要让孩子成为有教养的人，自己首先要内省自约。

父母要孩子说话有礼貌，就要先对孩子说“请”“谢谢”之类的话。即使面对家畜，只要孩子在场，也要注意不可使用粗野的难以入耳的话训斥喝叫。

人天生有一种利己性，对别人要求的多，对自己严格的少。父母应该教孩子学会服从，正确的就是正确的，不管他愿不愿意，都要让他学会接受。若不教他为他人着想、怜悯他人，孩子肯定会长成一个利己主义者。

服从是孩子的重要品德之一。为使孩子能够服从正确的指示，父母必须对他们讲明白：他们为什么应该服从，服从某件事有哪些好处，不服从又有些什么坏处。让孩子明白这些事情是为他们好，他们就会自觉遵从；不讲道理地强迫他们服从，只会引起孩子的反感。

有些孩子爱说谎，这不是打骂能解决的事，应该弄清楚他为什么要说谎。孩子年纪小，缺乏承认的胆量，又富于想象，容易说谎。有时候他们也知道这样做不好，这时如果父母不注意了解情况晓之以理，而是一味指责，就可能把他推向以后故意撒谎的境地。要知道，善意的谎言到恶意的谎言之间只有一步之遥。

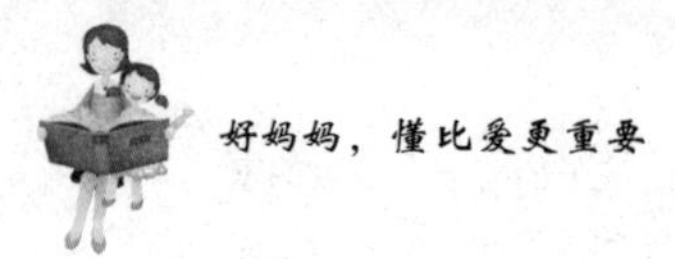

我认为桀骜不驯还是撒谎，或是其他不良习惯，都可以通过培养他们的阅读兴趣和劳动热情来改正。有了阅读兴趣，就可以从书本中发现许多对他们有用的道理；喜欢劳动可以让他们感到一切事物来之不易。有这两方面的进步，孩子就容易成为有教养的人。

我有一个朋友，他的孩子经常糟蹋花园中的花草，弄得他伤透脑筋。我告诉他："你最好给儿子买锄头和铁锹，让他自己种花。"他照办了，没想到很快就消除了烦恼。

让孩子自己去种花，既把孩子的精力转移了方向，又让孩子从自己的辛勤劳动中体会到花草种植的不易，从此他不仅不再践踏花草，还非常爱护花草，不许别人破坏。可见，正确的方法有多么意想不到的魔力。

第四章
关注孩子的身心健康

每一个孩子都原本如同一汪清澈见底的泉水，透明得能映照出天光云影，“小宇宙”单纯却又丰富。单纯的一面需要你用爱来守护，而那丰富的一面则需要你用心去发掘。

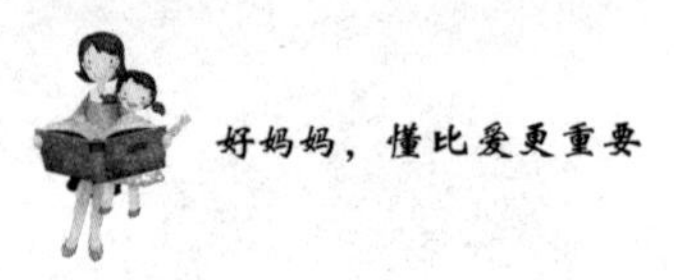

第23封信 把自己的孩子当作宝

徐老师：

我家小孩儿颜夕现在已经读小学三年级了，学习总是处于中等水平，在学校并不是个显眼的孩子。我特羡慕邻居家，那家的孩子跟颜夕同一年级，每次考试都能给家里带奖状回来。您说，我应该采用什么方法让他变得像人家孩子那么优秀呢？

颜夕妈妈：

您好！

您的来信我读了两遍，沉思良久。

您的苦恼使我想到经常听到的一句话："你怎么就不如某某呢？"中国有句俗语："庄稼是人家的好，孩子是自己的好。"但我仍然看到不少家长，甚至不乏有文化有知识的家长，因为"望子成龙，望女成凤"心切，将自己孩子的缺点与别人孩子的优点比较，郁闷之情涌上心头时就大肆批评孩子、打击孩子脆弱的自尊心。父母的责难有时的确能激发一部分孩子的进取心，但仍然会给他们的童年生活蒙上阴影；更多的情况是会让孩子丧失斗志，也许从此就一蹶不振。这种弊大于利的所谓"鞭策"还是不用为好。

我教过的学生当中有一类特别难教，就是那些与父母关系僵化的孩子。这样的孩子要么是从小不在父母身边长大，与父母没有太深感情，不听父母的话；要么便是父母没有把心用在孩子身上，或忙工作或忙玩耍，孩子清楚地了解自己在父母心中并不重要的地位，对家长失去了信任。这样糟糕的亲子状况，不能给孩子带来幸福的童年，也不可能给家长带来让他满意的孩子。等孩子长大了，家长将后悔莫及。

因此，我想说，把自己的孩子当作宝，比较现实。

我有一小学同学，他前些天打电话给我，告诉我一个很“糟糕”的消息。开始我还着实被他那低迷的情绪吓到了，以为他的孩子出了什么大事。等我把他的电话听完，真是哭笑不得。原来让他们夫妻上火、着急、寝食难安的事情就是他儿子期中考试语文考了96分。他说，刚读一年级的儿子第一单元、第二单元测验都得了100分，也经常受老师表扬，没想到这次却名落孙山，竟然是班上的第28名。我问他这个第28名怎么来的、孩子这四分丢在哪里。他告诉我，名次是老师排的，因为其他同学考得好，一个分数上都有好几名，所以孩子虽说只丢了4分，但却落到了28名。看了他的试卷，错了两个地方，“远”的反义词写成了“进”，“左”组词他写成了“右左”。为了教训这个“不争气”的孩子，他们两夫妻合伙打了孩子一顿，孩子的大腿被掐得青一块紫一块，额头被他们失手打破了，说起来他又很后悔，心疼孩子呗。我听完后怒不可遏，狠狠地批我那同学：“不懂教育，糟蹋孩子，在美国你们这样要坐牢！”我跟他分析，首先老师这样排名就不对。一年级的孩子才六岁，刚刚背着书包去学校接受教育，这个时期没有什么比激发孩子的学习兴趣更重要。科学的教育方法是一年级免考，因为考试可能会让一部分还不适应学校生活的孩子失去信心。为了保护孩子的自信心，连考试都要慎重，更不允许排名。老师这种排名行为是欠妥的，是背离教育规则的。其次，做家长的也不懂教育，盲目跟风，肆意责打孩子。我斥责他："孩子考96分，成绩不错，只错了两处，算优秀了，你们却毒打人家一顿。你知道你们这顿毒打打掉了什么吗？打掉了孩子对学习的热爱，打掉了孩子对父母的依恋，打掉了孩子对美好生活的向往。"我按捺住内心的怒气，平和地问他："我想问你，如果你的孩子今后就考第28名，难道你们准备把他打死么？如果我让你做个选择，孩子身体健康和孩子成绩优秀只能选一个，你选什么？"他说："那只有选身体健康了。"我说："对啊，孩子是上苍赐予你们夫妻俩爱情的结晶。他不仅属于你们，还属于他自己，还属于这个社会。他不是你们的私有产品，任由处置。因为他没有达到你们的要求，你们便责打他，是很不理性的。作为家长，我们的责任是：佑护孩子，使他们健康、快乐地成长；教育孩子，使他们成为社会上有用的建设者，长大后自食其力。而孩子能否成名成家、能否飞黄腾达、能否达到父母所期冀的"成功"，那都像买彩票中奖一样，不完全受我们左右。家长爱孩子，用心就好！用心就好！"

像我同学这般教育孩子的事例在我们身边有不少，问题的症结在于一些家长将自己未了的心愿强加在孩子身上，比如：我没读过大学，你就要读个博士；我是个工人，现在挣钱不多，那你就得当厂长，将来挣更多的钱；我小时候学习条件那么差，现在也能当个公务员，你学习条件这么好，长大不发展成一个厅长、处长怎么对得起我？家长这些期许的基础是希望孩子将来有出息、生活幸福，这是没有错的，但急功近利的思想、脱离实际的要求、与他人攀比的不健康心态是魔鬼，会扼杀孩子的自信、自强和创造力，让孩子心存疑惑，爸爸妈妈到底是爱他们还是爱分数。我想，这样的父母绝不爱孩子，他们爱的是他们自己，因为为了满足他们的面子需要，为了他们的所谓"老年幸福"，他们可以牺牲孩子的一切。然而，如果孩子的梦想毁了，孩子的单纯毁了，孩子对父母的爱毁了，孩子毁了，还有父母

的幸福么？因此，我想呼吁：爱孩子，爱自己的孩子，没有条件地爱他们！

每个做父母的都希望自己的孩子出类拔萃，比别人的孩子优秀。可你知道人无完人吗？多寻找孩子的优点，你就会发现你的孩子真的很不错。不要总是去挑孩子的不足之处。成长都是有个过程的，别给自己的孩子太大的压力。你自己也是从孩子过来的，想想你的童年最需要什么，那就给你的孩子什么吧。童年时光非常短暂，给你的孩子一个快乐的童年吧！

禹成妈妈

8月15日

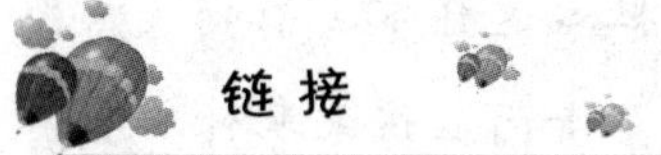

链接

把握一颗珍珠的幸福

有一个人非常幸运地获得了一颗硕大美丽的珍珠，然而他并不感到满足，因为在那颗珍珠上面有一个小小的斑点。他想，若是能够将这个小小的斑点剔除，那么它肯定会成为世上最珍贵的宝物。于是，他下狠心削去了珍珠的表层，可是斑点还在；他又削去第二层，原以为这下可以把斑点去掉了，殊不知它仍旧存在。他不断地削掉了一层又一层，珍珠也越来越小，到最后，斑点没有了，珍珠也不复存在了。那个人心痛不已，并因此一病不起。临终前，他无比懊悔地说："若当时我不去计较那一个斑点，现在我的手里还会攥着一颗美丽的珍珠啊！"

第24封信
辩证地对待孩子的“错误”

徐老师：

十岁的儿子闻闻最近经常说跟我有代沟，说我总是误解他的行为，因此越来越不愿意与我坐下来沟通。我因为走不进孩子的内心，很是烦恼，担心这样下去影响孩子的成长。我想试着做孩子的朋友，请问应该采取什么有效的方法呢？

闻闻妈妈：

您好！

我想，您总是和孩子谈不到一起，也许是受到了投射效应的不良影响。了解投射效应，并努力地克服它，有利于您辩证地看待孩子的“过错”，有效改善亲子关系。

所谓投射效应，就是指一个人将内在的价值观与情感好恶影射到外在世界的人、事、物上的心理现象。试想，所有人的四周都是一面十分巨大的镜子，镜子反射着自己生命的内在历程、价值观和自我的需要。也就是说，有时我们看见的并非外面的世界，而只是自己。例如，在人际交往过程中，认知者形成对他人的印象时，总是假设别人和自己具有相同的倾向，因此便出现了“以己之心度他人之心”或者

“以小人之心度君子之腹”的情况。

有这样一个故事，能够形象地说明生活中的投射效应。宋朝的著名才子苏东坡结识了佛印和尚，后来两人成了好朋友。有一天，苏东坡去拜访佛印和尚，和他相对而坐，苏东坡就开玩笑说：“我看你是一堆狗屎。”可是，佛印却微笑着说：“我看你是一尊金佛。”苏东坡认为自己占了便宜，非常得意。回到家以后，他就将这件事告诉了自己的妹妹，没想到苏小妹却说：“哥哥，你错了。佛曰‘佛心自现’，你看他人是什么，就意味着你看自己是什么。”

投射效应是一种非常严重的认知心理偏差，它会让我们的认知缺少客观性，由此而产生消极的影响。有些家长以及教师在处理孩子的问题上也受到投射效应的影响，对孩子的行为缺少理解，为表面现象所迷惑，对孩子产生了不信任甚至严重误解。孩子受到批评后没法解说自己的真实善意，只有受委屈，从而躲避成人、远离成人。

作为家长，应该凡事站在孩子的立场上多想想，不能一味地以一个成人的思维去品读孩子的行为，以免造成误会。闻闻妈妈，我推荐您读一本书，它是日本作家黑柳彻子的作品——《窗边的小豆豆》。这本书自1981年出版后，不仅在日本，而且在全球都引起了极大的反响。书中虽然写的是小孩子的事情，但是孩子的父母和老师却应该是最好的读者，因为您读了它就会懂得只有走进孩子心灵的成人才能成为孩子的朋友。书里讲述了作者上小学时的一段真实的故事。作者因淘气被原来的学校开除后，来到巴学园，在小林校长的爱护和引导下，一般人眼里“怪怪”的小豆豆逐渐长成了一个大家都能接受的孩子，并奠定了她一生的基础。这本书不仅带给世界几千万读者无数的笑声和感动，而且为现代教育的发展注入了新的活力。

孩子的世界和成人是不一样的。他们因为好奇，因为调皮，甚至因为好心，经常会做出与大人世界格格不入的事情。而大人们却用大人的思维去看待孩子的事情，所以总会批评他们。“蹲下来与孩子交谈”，类似的话讲过许多了，可我们又何曾蹲下来过呢？

我有个朋友的孩子读小学五年级的时候，学校在校园内多处安装了摄像头，这孩子利用放学后的时间跑遍学校每个角落，画下“校园摄像头分布图”。他的图纸上不仅标识了学校哪些地方装了摄像头，还用彩色笔标出哪些摄像头是旋转的、哪些摄像头是固定拍摄的。他拿着这张图纸在同学中传阅，并欣喜地告诉大家，以后犯错躲开摄像头，班上就不会扣分了，每周都能夺“流动红旗”。教室里一片欢腾。这孩子似乎成了班里的“英雄”。老师知道了，找来他妈妈，批评孩子带领班上同学与学校作对。我这朋友回去把孩子痛骂一顿，孩子什么都没说，关上门睡觉，晚饭也不吃了。我恰巧去她家做客，朋友向我求助。我听了，批评我的朋友不懂孩子的心。我敲开孩子的房门，把孩子拉了出来，当着他们一家的面表扬这孩子：“了不起！真是个了不起的孩子！大家都误会你了，好孩子受委屈了。你的‘了不起’至少体现在三个方面：第一，你善于观察，动手能力强，短短时间能将学校摄像头分布图画下来；第二，你热爱班集体，画图的目的不是为了自己，而是为了班上能得流动红旗；第三，你大度大气，团结同学，提醒班上同学不在摄像头下犯错。”听我这么一说，我的朋友也激动起来，抚摸着孩子的头问：“孩子，是么？是阿姨说的这样么？”孩子重重地点着头，憋屈已久的泪水像断了线的珠子一般滚落下来，然后又冲我羞涩地笑了。我接着说：“孩子，但我也给你提个不足的地方好么？”孩子抬眼看着我，说：“好。”“孩子，你可能没有领会学校安装摄像头的意图。学校老师是为你们的安全着想，安装校园摄像头，能发现校园各个地方的不安全因素，从而及时排除，学校这么做是为了保护你们。你让同学们不在摄像头下做坏事，是不是表示离开了老师的监控就可以做坏事呢？呵呵，难怪老师要批评你跟学校作对。你要理解老师。”孩子着急地说：“阿姨，您不清楚，我没有误解学校，校长、老师们装摄像头就是为了抓我们犯错误，您

不了解。那天在学校晨会上，校长在跟我们进行‘国旗下讲话’的时候说，现在学校花了很多钱在学校各个地方都安装了摄像头，你们以后犯了错不要想抵赖，不信我放录像给你看。”我的心被孩子放上了一个大铅块。我们教育工作者怎么能这样跟孩子交流？与《窗边的小豆豆》里的小林校长相比，这位校长真可谓好心办了坏事。呼唤孩子内心的善良，是教育的主旨，教育工作者应该少从反面来批评学生，因为这种负面的批评会给孩子一个错误的引领。难怪这孩子跑遍校园要画下这张分布图，难怪这孩子会让全班同学看他的图纸。能怪孩子跟学校作对吗？这是学校自己摆起阵营跟孩子作对呀！

想起卢梭在《爱弥儿》开篇第一句话这样写道：“出自造物主之手的东西，都是好的，而一到了人的手里，就全变坏了。”我有时在想，学校教育也罢，家庭教育也罢，都不能偏离教育的本真，教育是自由的生成与精神的唤醒。教育不是控制，教育不是打击，教育不是强压，教育不是掠夺，教育应该让孩子越过越好。冰心先生在《繁星·春水》中写道：“万千的天使，要起来赞颂小孩子。小孩子，他细小的身躯里，含着伟大的灵魂。”闻闻妈妈，愿我们都能放下生活中的“烦琐”，怀着纯净的心走近这“伟大的灵魂”。

禹成妈妈

8月24日

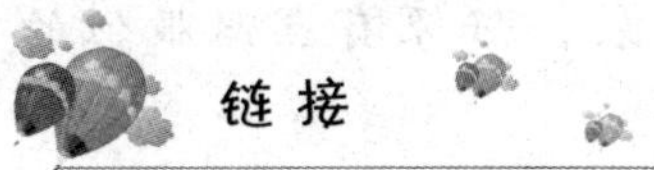

链接

巴学园的校歌

——《窗边的小豆豆》片段节选

（日本）黑柳彻子

有一天，小豆豆坐在上学去的电车里突然想到了一件事：

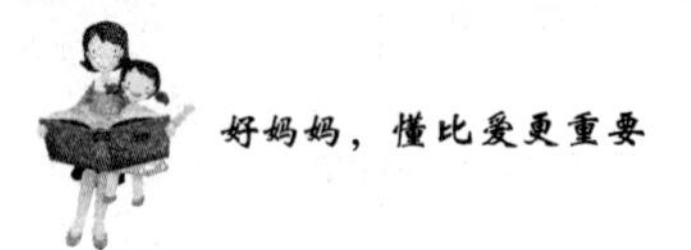

“哎呀！巴学园还应该有校歌呀！”

想到这里，小豆豆恨不得马上就能赶到学校，虽然还有两站才能下车，但她已经站到车门口摆好了起跑的姿势，只等电车一到自由冈车站就可以立即跑下去了。到了下一站，车门打开时，有一位正要上车的阿姨看到有个小女孩站在门口摆出一副立即就要跑出去的架势，还以为她要下车呢，可她却根本没有动，这才一边上车一边说：“你这是干什么哪？”

因为早已做好了准备，所以电车一到站，小豆豆下车的速度是可想而知的。年轻的男售票员还没等车停稳就以潇洒的姿势把一条腿跨到了站台上，一边下车一边吆喝着：“自由冈！请下车的乘客……”还没等他喊完，小豆豆的身影早已从检票口消失了。

跑到学校，一进教室，小豆豆就向先来的山内泰二同学问道：“哎，阿泰，这学校有校歌吗？”爱好物理的阿泰以颇为深思熟虑的口吻答道：“好像没有吧？”“唔——”小豆豆略做出郑重其事的样子应了一声，又说：“我想还是有个好。以前那所学校就有一首，可棒啦！”说着就放开嗓门唱了起来：“洗足池水虽然浅，却能深深打动伟人心。”

这是原来那所学校的校歌。对于小学一年级的学生来说，这歌词尽管很难理解，只能略微明白一点点，但小豆豆还是记得很牢。（尽管只记住了这么一句话。）

听小豆豆唱完，泰二轻轻挠了两下脑袋，好像有点佩服似的“唔——”了一声。

这时，其他同学也都来了，对于小豆豆唱的难懂的歌词，都现出一副尊敬和憧憬的神态，口里都“唔——”了一声。

小豆豆建议道：“怎么样？请校长给我们作一首校歌好不好？”刚好大家也是这么想的，因此就立即响应：“太好啦！太好啦！”于是大家便蜂拥着朝校长室走去。

校长听了小豆豆唱的歌词，又听了大家的希望，然后说：“好！那么明天早晨我就把校歌作出来！”同学们说：“一言为定啦！”接着又纷纷回到教室去了。

转眼就到了第二天早上。校长通知各个教室：“大家都到校园集合。”小豆豆和同学们怀着激动的期待的心情来到校园集合。校长把一块黑板搬到校园中央，然后对大家说：“同学们看行不行啊？这就是你们的学校——巴学园的校歌！”说完就在黑板上画了五条线，接着又画了一排小蝌蚪。

随后，校长便像乐队指挥似的高高扬起手臂，口里说：“好，现在大家一起唱！”说着就把手向下一挥。全校五十名学生都跟随着校长的声音一齐唱了起来：“巴学园，巴学园，巴——学园！”“……就这么一句？”中间有片刻停顿，小豆豆便提出了疑问。校长得意地答道：“是啊！”小豆豆大失所望地对校长说：“再难点就好了，就像‘洗足池水虽然浅’那样。”校长涨红了脸笑着说：“不喜欢么？我可觉得这首歌满不错哩！”结果，其他孩子也不愿唱这支歌，都说：“这首歌太简单啦，干脆别要了！”

校长显得有点遗憾，但根本没有生气，就用黑板擦把歌词擦掉了。小豆豆心里有点过意不去，觉得太对不起校长啦。但转念一想：“我们想要更了不起的嘛，这也是没办法呀！”

其实，再没有哪首校歌能这么简单，又这么能充分体现校长爱“学校和孩子们”的心情了，然而孩子们还不能理解这层意思。而且，自那以后孩子们也把校歌的事忘了，校长可能也不想要了吧，用黑板擦擦掉之后，巴学园始终就没再有过校歌。

第25封信 放飞童心，享受快乐

徐老师：

我女儿蔷蔷今年八岁，可这么大了，行为举止竟还特别幼稚可笑，比如和小金鱼说话，为动物园的小猴送花生，帮小蚂蚁搬家，这样的事情不胜枚举。这是正常小孩的表现吗？

蔷蔷妈妈：

您好！

您所说的“幼稚可笑”的事情，恰是童心美好的表现，您大可不用担心。如今，有不少孩子由于接触社会太早，过早地失去了童真、童趣，大人腔十足，其实是一件很可悲的事情。“保卫童年”的说法您有耳闻吗？这是一批有责任感的教育工作者近年提出的一个议题，目的在于唤醒社会、学校、家长对童心的关注与呵护。

我想，作为孩子的妈妈，我们应用一颗宽容、单纯的心去倾听孩子们的心声，欣赏、享受童心的美丽。

我们家的禹成就是个充满童趣的孩子，他给我带来了许多快乐。我很享受他的童年生活。十岁的时候，他去外公外婆家住了五天，看见他们家养的乌龟生蛋了。他告诉我，他和外公商量了要为两只乌龟

举行婚礼，因为它们长大了，连孩子都生了。“哈哈哈……”我被他的认真劲儿逗乐了。

这两只乌龟是我爸妈六年前养的，当时是很小的两个小家伙。它们的名字还是儿子四岁时给它们取的呢，一只叫树房，一只叫灵灵。平日，儿子若是去了外公外婆家，总少不了跟它俩说说话。一般都是老师常教育他的话吧，比如：“要懂得互相谦让，有好吃的不要抢，不要打架、吵嘴，树房更不能欺负灵灵，因为你个头大。”

儿子对筹备两只乌龟的婚礼很有一套想法，一点都不比他爸当年筹划婚礼逊色。他说：“妈妈，你要给我点支持。”“好啊，你说说看，要我做什么？”我把他抱到腿上，认真地听他说。

他开始向我说起了他的计划：“我想请爸爸帮我去借五六只乌龟，作为它们的婚礼见证龟，请它们来喝喜酒。”第一个计划就吓我一跳：“那叫你爸到哪儿去借？”“到他朋友那儿啊，吃顿饭工夫就还回去。如果借不到，就去买好不好？妈妈，你去买，婚礼结束以后，就把他们送给亲戚、朋友家养，我们家也养两只。”我答应着：“好，慢慢想办法，借还是比买好，这个就让你爸去办。”

“我要把家里的小汽车都找出来，准备为它们组建一支婚车队。”他还在继续说。我想：嘿，小家伙还学会了讲“排场”。他边用手比划着边说：“四辆前导车是我的四款名车车模，最漂亮的赛车上面我要加块木板，把灵灵放上去，速度要控制好，用我的气球喷气式，不能用电池，太快了它肯定要吓坏的。”他说的“气球喷气式”是自己根据电视里的小制作原理改造的车辆行进的方法，其实很简单，但挺有意思。把三只没吹气的气球用双面胶粘在车模尾部，分别给它们吹饱气，那可要花大力气，他每次都趴在地上吹得脸红脖子粗，之后给三只气球同时放气，就能推动车模向前行进。

“妈妈，你帮我买两盘鱼，要新鲜些的，盘子要大，这是款待那几只乌龟的晚餐。”他还记得乌龟爱吃什么，呵呵，孩子的想法真是独特。“最好，这个活动放到晚上搞，我跟外公说过了，我请他去买几只烟花，就是去年过年我玩的那种，不大的，也没有尖叫声，放到离乌龟们比较远的水泥地上，向上喷各种光束的，这样就热闹了。”我见他边说着还边看着前方，眨巴着单眼皮下的大眼睛，似乎想设计得更周全些，担心漏了什么重要环节。

尊重“儿童文化”，也是爱孩子的表现。

孩子是天真的，孩子就是幸福的。与孩子一道经历幸福，我们也将是幸福的。作为家长，听他们说些似乎是天方夜谭的话，还帮着他去做似乎是天方夜谭的事，这种精神是保卫孩子童年的具体表现。做梦，是很幸福的。童年的时候，如果没有梦吃，也许是一生的遗憾呢。蔷蔷妈妈，您说呢？和孩子一起玩吧！您一定会很开心！

禹成妈妈

8月30日

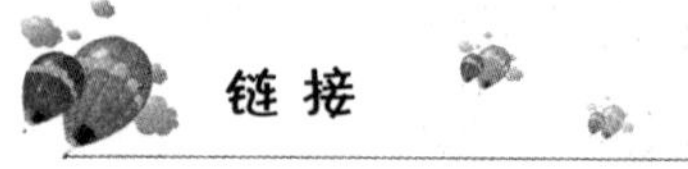

一个小女孩的梦

（美国）姜·米歇尔

诺言需要坚持很长的时间，而梦想也是。

在50年代早期，美国南加州一个小小的城镇中，一个小女孩抬着一堆书到小小图书馆的柜台。

这个小女孩是个小读者。她父母的书满屋子都是，但都不是她想看的。所以她每个礼拜都会坐到一排木结构房子中的图书馆浏览。里头的儿童图书馆在一个隐蔽的角落，她就在这个角落里碰运气找她想看的书。

当白发苍苍的图书管理员正为这10岁的小女孩所借的书盖上日期

戳印时，小女孩渴望地看着柜台上“新书专柜”的地方。她为写书这件事一再地惊叹，在书中开创另一个世界是何等荣耀。

在这个特别的日子，她定下了她的目标。

“当我长大后，”她说，“我要当一个作家，我要写书。”

图书管理员检索了她的戳记后，微笑着鼓励她，并没有像其他大人一样叫小孩谦虚点。

“如果你真的写了书，”他回答，“把它带到我们图书馆来，我会展示它，就放在柜台上。”

小女孩承诺说，她一定会的。

她长大了，她的梦也是。她在九年级时有了第一份工作，撰写简短的个人档案，每写一个档案，地方的报社都会给她1.5元钱。钱的吸引力比让她的文字出现在报刊上的魔力逊色多了。

而离写一本书还有很长的路要走。

她编她高中的校内报纸，结婚，有了自己的家，而写作的火焰还在内心深处燃烧着。她有了一个兼职的工作，把学校发生的新闻编成周报。这使她在养育孩子的同时也可动动脑。

但书还是连影子也没有。

她又到一家大报社从事全职的工作，甚至还尝试编辑杂志。

还是没写书。

最后，她相信她有话要说，开始了创作。她把成品送给两家出版商过目，但遭到拒绝。于是她悲伤地把它丢在一旁。7年后，旧梦复燃，她不仅有了一个经纪人，还写了另一本书。她把藏起来的那本书一起拿出来，很快，两本书都找到了出版商。

但书的出版比报纸慢得多，所以她又等了两年。有一天，内含着一名自由撰稿人新书的邮包寄到她门前，她打开一看，哭了起来。等了这么久，她的梦终于实现了。

她记起了图书管理员的邀请和她的承诺。

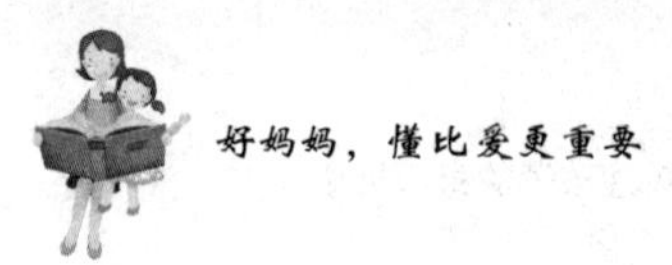

当然，那个特别的管理员早已去世，小小的图书馆也扩建成大图书馆。

她打电话问了新图书馆管理员的名字，并写了一封信给管理员，告诉他，他的前辈对小女孩的意义有多重大，她在高中毕业后第三十年校庆会回到小镇来，他是否愿意让她带两本书送给图书馆。这对当时那个10岁的小女孩而言是件大事，似乎也是对鼓励过小孩的管理员表示尊敬的方式。

图书馆管理员复电表示欢迎，所以她带着她的两本书去了。

她发现新的大图书馆就在她当初念的高中对面，就在那间她的作家生涯永不会用到的和代数奋战的教室对面。

图书馆管理员热情地欢迎她。他向她介绍一位地方报纸的记者——就是从前她曾乞求过写作机会的那家报纸的后来人。

然后，她把她的书交给图书馆管理员，放在柜台上，还附上了解说。泪水充满了她的面颊。

她拥抱了图书馆管理员之后离开了，在外面照了一张相片，证明梦想成真，承诺也兑现了——虽然经过了38年。

图书馆公布栏的海报旁，写着：欢迎归来，姜·米歇尔！

第26封信 要给孩子买玩具吗

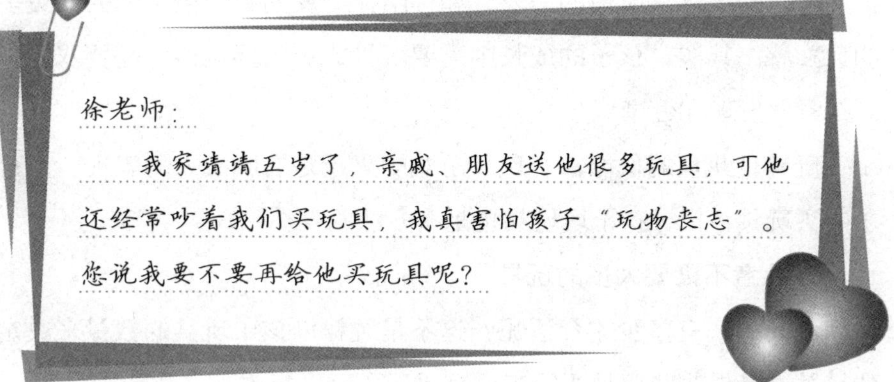

徐老师：

我家靖靖五岁了，亲戚、朋友送他很多玩具，可他还经常吵着我们买玩具，我真害怕孩子“玩物丧志”。您说我要不要再给他买玩具呢？

靖靖妈妈：

您好！

玩具的价值一般可归为五个方面，分别为身体发展价值、认知价值、情绪发展价值、个性发展价值、社会交往价值。一般，家长最看重的是玩具的益智功能，对玩具的认知价值期望较高，而对玩具的其他价值认识不足。玩具开发儿童智力的同时，在孩子身体协调发展、情感发展、社会性发展和个性发展等各方面均起着不可忽视的作用。

玩的教育是快乐的教育，快乐的教育潜移默化、润物无声，能最大限度地调动孩子的求知欲、创造欲和自信心，因此接受快乐的教育是有效的。

您说到的“玩物丧志”是存留在很多家长心中非常顽固的陈旧观念。家长普遍认为，玩会影响孩子学习、浪费时间。孩子在幼儿园时环境相对宽松，但经过调查发现，会陪孩子玩的家长竟不足10%。家长“为了不让孩子输在起跑线上”，从幼儿园开始就送孩子上各种培训班，孩子能够玩的时间很有限。

调查中还发现，很多家长把玩具当作父母爱心的体现和父母陪伴的替代品，他们认为：“家里只有一个孩子，大人都有事，没人陪他玩。孩子需要陪伴，玩具可以给他一些寄托。”其实，如果将玩具交到孩子的手里就是这一行为的终结，孩子怎么玩、爱不爱玩，家长不再关心，那么这种所谓的“爱”和“陪伴”反而会让孩子体会到更多的孤独感。其实，孩子的成长中需要玩具，更需要玩伴，需要双方一同探索、发现和分享。

玩具是儿童的伙伴，对玩具游戏的兴趣是右脑能力的表现。为孩子购买玩具，指导孩子玩玩具也是有方法的呢。

1. 儿童不需要太多的玩具

玩具到底有多少才合适呢？这不是纯粹以孩子玩具的数量来决定的。关键是看这些玩具买回来后孩子玩不玩、喜欢不喜欢玩。

2. 帮孩子买玩具要重视孩子的意见

“青菜萝卜各有所爱”，孩子对玩具的兴趣也是千差万别的。家长买玩具不能走时髦或根据自己的喜好选择。孩子对于一个新玩具，很难在短时间内做出正确合理的判断，所以买玩具时尽量不要看看就着急买。可以让孩子试着玩玩，也可以去玩具吧借玩，在这个过程中若发现孩子不太喜欢或暂时无法自如地操纵玩具，就没有必要购买。

3. 好玩具不一定价钱昂贵

家长购买玩具要量力而行。不要买家庭很难承受其价格的玩具。好的玩具是指能吸引孩子不断玩，并能玩出乐趣来的玩具，不一定价格昂贵。孩子得到玩具的途径很多，有的是家长购买的，有的是其他朋友孩子玩过的，有的是孩子在某个地方顺手拿到的废旧物品。只要孩子喜欢玩，并在反复摆弄中发现许多乐趣，这玩具就是好玩具。

4. 家长最好能陪伴孩子玩玩具

有些玩具买回来以后，因为没有伙伴一起玩，孩子玩的兴致也不高。家长的适宜引导，不仅会提高孩子玩玩具的积极性，而且能丰富玩具的玩法。家长和孩子一起玩玩具，还可以及时发现并制止孩子一些危险的玩法。比如：有些孩子喜欢在家里玩打火机，容易引起火灾，家长应严肃制止；有些孩子喜欢玩插座、玩玻璃制品，家长都应及时向孩子讲清安全隐患，避免不良事件发生。

5. 鼓励孩子自制玩具

著名的英国教育家约翰·洛克（John Locke）在著作《教育漫话》中指出：“孩子的玩具要自己做，至少也得自己努力试着做……一粒圆润的石子、一张纸、一串钥匙，或是任何不会使他们伤害自己的东西，在孩子看来，好玩的程度并不亚于那些从店铺里面花大价钱买来的奇怪玩意儿……他们自己一旦有了任何想象，要去亲手制作，就应该得到指导、得到帮助……如果你在他们遇到困难的时候去帮助他们，那就比买些昂贵的玩具给他们更能得到他们的喜爱。有些玩具，如同陀螺、鱼钩、毽子板之类的东西，不是他们所能制造的，自然得为他们预备。他们最好具有这些东西，不是为新奇，而是为运动。但是这些东西也以尽量少给他们为是。假如

他们有了一只陀螺，则抽陀螺的时候所用的棍子和皮带就要让他们自己去做，让他们自己去装配。如果他们只是一味张口望天，等着东西的到来，他们就不该得到这些东西。这就可以使他们习于用自己的努力，去获取自己所需要的事物。他们因此就可以学得一点减低欲望、专心、努力、运用思想、善于设计和节俭等品质。这种种品质到他们长大成人的时候是有用处的……”

靖靖妈妈，孩子才5岁，正是玩玩具的时候，您可以鼓励他自制玩具，也可以适当地给他购买些玩具，并陪伴他玩耍，有的时候您还可以和孩子玩一些自己设计的亲子游戏。有些妈妈可是设计亲子游戏的高手哟，推荐您看一篇文章《7个冬天在家玩的亲子游戏》。

禹成妈妈

9月8日

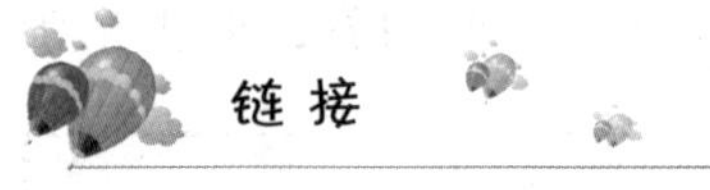

链 接

7个冬天在家玩的亲子游戏

沙沙心语

我的儿子豪豪快四岁了，我和他一同开发了许多好玩的游戏，即使在空间有限的室内，我们也可以尽情享受游戏的快乐！

手工游戏。孩子大都很喜欢手工游戏。我们可寻找简单、易操作、丰富的手工材料，以增加孩子对多样化工具的使用比例，并增加游戏的趣味性，提高孩子的参与度。豪豪3岁时，迷上了胶带、剪刀，迷上了“搞破坏”和修理。针对他感兴趣的东西，我在家和豪豪独处时，陪他做手工是一个必不可少的功课。

跳舞游戏。孩子喜欢音乐，喜欢跳舞，也喜欢随着音乐搞怪。豪豪从一岁开始，就很喜欢跳街舞，喜欢在地上打转转。我不认为孩

子只能听儿童音乐，有些摇滚乐曲偶尔听听也不错。最近他爱上骑马舞，每天在家都会学着骑马的样子左扭屁股、右扭腰。我和豪豪爸爸还得跟在他后面，接受他的指点，跟着他的口令一起扭，然后转身、踢脚。

保龄球游戏。积木和球是家庭中常见的游戏材料，找6个圆柱形或者长柱形的积木按保龄球的排列方法竖立在地上，让孩子用球去打。考虑到安全因素，家里最好用塑料球。孩子大一点时，可以用乒乓球或网球。

追气球比赛。气球本身相对安全，又较容易想到一些好玩的小游戏。豪豪的房间暂时没有什么家具，经常会被改造成我们家的游戏基地。我用绳子确定起跑线和终点，和豪豪一起玩运送气球的游戏。豪豪经常不照章出牌，输赢在我们之间也从来没有成立过，但是豪豪古灵精怪的捣蛋方式让我们快乐无比。

迷宫挑战游戏。用胶布或者易擦洗的粉笔，在家中适合玩闹的地方，做一个迷宫。家长可以根据家中现有的可利用的物品，设计出不同难度。从直线开始带着孩子走弯路，等孩子熟悉一点后，可以增加难度，多画一些弯道或者假出口，也可以把间隔画大一点，让孩子除了走，还可以跳着完成迷宫游戏。我经常设计曲折的迷宫图，连接几个不同的房间，还会在走廊多画几个死口。豪豪喜欢挑战有难度的游戏，迷宫走了一次又一次。

服装设计师游戏。孩子对穿着有自己独特的品味，千万不要怕孩子把衣服弄乱了，整理衣服能花多少时间呢？给孩子几套衣服，让他自己搭配颜色，也可以给他几套大人的衣服，混在他的衣服里，看看孩子是怎么搭配的。多给一些皮带、领带、围巾、丝巾、腰带等软的饰物，让孩子多一点思考的空间，还可以学习颜色和形状。邻居家的艾丽比豪豪大一个月，很喜欢这个游戏。有一次艾丽带来了一个大熊娃娃，我正好奇她要干什么，她便已经和豪豪给大熊打扮了起来。

捉迷藏游戏。小孩子玩捉迷藏游戏，不用特别复杂，只需要几个毯子就可以了。这个游戏是我们家周末早晚必玩的游戏，工具就是家中的毯子和被子。豪豪特别喜欢在洗澡后，穿着短裤躲进被子里。豪豪爸爸会假装问我：“你看到豪豪了吗？”豪豪在被子里偷偷地发笑，被子一抖一抖的。豪豪爸爸会突然走过去，一把掀开被子：“找到你了！”豪豪大叫一声，赶紧钻进我的被子，还特别神秘地吩咐我：“嘘！”就这样反反复复，每次都会闹上一个多小时，直到我们都精疲力尽，才肯作罢。

第27封信
发现孩子的天赋

徐老师：

女儿雅文刚读小学，我最近一直在想要不要送她去上特长班，因为周围很多家长都这样，但我又怕她累着。请问孩子上特长班有必要吗？如果有，我又该如何为她选择合适的班呢？

雅文妈妈：

您好！

送孩子上特长班，目的在于培养孩子的兴趣爱好，丰富他们的课余生活，初衷是不错的。但现实生活中，许多孩子的父母不顾孩子对所学内容是否有兴趣，盲目跟风，送孩子学画画、学语言表演、学跆拳道、学乐器、学舞蹈、学声乐等。更有甚者，占用孩子的休息日，为孩子安排了各种特长班学习，令孩子疲于应对。

我认为，带孩子上他比较感兴趣的特长班是有必要的，但需要注意以下几点：

1. 孩子天赋好，家长可以重点培养。

有的孩子在四五岁就显现出在某些方面特殊的禀赋，比如在舞蹈方面有些天赋的话，他们会特别喜欢跳舞，跟着音乐跳，自己边唱边跳，对着镜子手舞足蹈，这样的孩子可以送去学习舞蹈；有的孩子口齿伶俐，喜欢讲故事，看过电影的台词能成段成段地模仿，这样的孩子可以送去参加语言表演的学习；还有的孩子出生在音乐世家或体育世家，在音乐或体育方面有天然的兴趣与天分，孩子去上音乐或体育特长班也就顺理成章了。

2. 充分征求孩子的意见，根据他们的意见选择兴趣班。

有的家长为孩子选择某种兴趣班，并不是因为孩子原本在这方面有良好的素质，而是期望通过兴趣班的学习，培养孩子这方面的素质。这种想法也没有问题，只是需要在学习前充分征求他们的意见。若孩子抵触心理很强烈，家长就不需要坚持。早些年，我在少年宫教过幼儿语言表演班，一个班30个左右的孩子，是大班额教学。每个孩子我都同样对待，对他们都特别亲切、和气，像大姐姐似的陪他们玩。班上语言天分比较好的孩子顶多也就六七个，他们是孩子们学习的榜样，每次学了新故事、新儿歌，我会让他们先上台表演，对他们的要求自然高一些，除了表演时要吐字清楚、动作恰当，还提出要有大方的台风，会正确展现体态、表情。有20个左右的是一般天分的孩子，他们跟着我学习故事内容、学习基本动作、学习上台表演。他们的学习目标是能流利地讲故事，在别的孩子面前多一份自信，在吐字清晰、发音正确、科学用嗓方面接受教育。有三四个孩子是语言方面有些障碍或特别害羞的，他们是我的宝贝疙瘩，我在课堂上对他们的关注比前两类孩子都多。家长把他们送来只是补缺，不会指望他们参加故事比赛或上台表演节目。可是，我也量体裁衣，为他们制定学习目标，比如每次他们也要上台表演故事或儿歌，有时候独立表演有困难，我就带着他们一起做。渐渐地，特别害羞的孩子在这里交到了更多的朋友，敢于在大庭广众下进行语言表演；语言方面有障碍的孩子，从说不清话到基本能让别人听清楚他说的内容，从说话结巴到红着脸能流利地说上一段。所以说，孩子参加兴趣班，家长应选择适合

自己孩子的老师。像这种靠兴趣班补缺的孩子，需要得到老师更多的呵护。

3. 学习兴趣班，不要给孩子过重压力，也不能一味让孩子显摆。

学习兴趣班的目的是培养孩子广泛的兴趣、提高他们的综合素养，因此家长需要克服急功近利的心理。有些家长不顾孩子的实际情况，为孩子选择他们并不感兴趣的“兴趣班”学习，学习过程中还一味给孩子提要求、压担子，和学得好的孩子比较，结果让孩子越学越怕，这是不对的。再者，孩子上了某个兴趣班，家长让他们在家人或朋友面前表演表演，是有助于提高孩子的学习兴趣和自信心的，但做过分了就适得其反。有的孩子学了弹钢琴，有的孩子学了珠脑心算，有的孩子学了儿童画，家里每每有客人来访，家长也不征求孩子的意见，就要求孩子“来一个”“再来一个”。孩子像卖艺的小猴儿，被家长支使得很不舒服，慢慢就会对兴趣班产生厌倦。

4. 上兴趣班，不宜同时安排过多，评价以鼓励为主。

一般说来，孩子长到四五岁时，家长就开始为他们报兴趣班学习了。根据孩子的实际情况，家长不宜给他们选择过多的兴趣班，刚开始时只选择一个即可。慢慢地，随着孩子年龄的增长、兴趣爱好的增多，兴趣班也可以适当增加，但不应给孩子过重的压力。

孩子在学习过程中，家长应给予充分的鼓励与支持。这是孩子最初接触的学习，不可让他们学而生畏。孩子如果学得很痛苦，家长应立即停止，不可责怪孩子。

每个孩子都有自己特别的本领与天赋。作为妈妈，我们不要着急，应用多元智能的观点来分析自己的孩子，以发现自己孩子先天的禀赋。

多元智能理论是由美国哈佛大学教育研究院的心理发展学家霍华德·加德纳在1983年提出的。加德纳在研究脑部受创伤的病人时发觉到他们在学习能力上的差异，从而提出这个理论。传统上，学校一直只强调学生在数学和语文（主要是读和写）两方面的发展。但这并不是人类智能的全部。我们每个人都拥有八种主要智能：语言智能、逻辑—数理智能、空间智能、运动智能、音乐智能、人际交往智能、内省智能、自然观察智能。不同的人会有不同的智能组合。妈妈们可以通过下面的介绍，分析下自己的孩子哪几方面的智能有优势。

语言智能：这种智能主要是指有效地运用口头语言及文字的能力，即指听说读写能力，表现为个人能够顺利而高效地利用语言描述事件、表达思想并与人交流。这种智能在作家、演说家、记者、编辑、节目主持人、播音员、律师等职业上有突出的表现。

逻辑—数理智能：从事与数字有关工作的人特别需要这种有效运用数字和推理的智能。他们学习时靠推理来进行思考，喜欢提出问题并通过实验寻求答案，寻找事物的规律及逻辑顺序，对科学的新发展有兴趣。即使他人的言谈及行为也成了他们寻找逻辑缺陷的好地方，对可被测量、归类、分析的事物比较容易接受。

空间智能：空间智能高的人对色彩、线条、形状、形式、空间及它们之间关系的敏感性很高，感受、辨别、记忆、改变物体的空间关系并借此表达思想和情感的能力比较强，能准确地感觉视觉空间，并把所知觉到的表现出来。这类人在学习时是用意象及图像来思考的。空间智能可以划分为形象空间智能和抽象空间智能。形象空间智能为画家的特长；抽象空间智能为几何学家的特长。建筑学家的形象和抽象空间智能则都比较高。

运动智能：善于运用整个身体来表达想法和感觉，以及运用双手灵巧地生产或改造事物的能力。运动智能高的人很难长时间坐着不动，喜欢动手建造东西，喜欢户外活动，与人谈话时常用手势或其它肢体语言。他们学习时是透过身体感觉来思考的，能够较好地控制自己的身体，对事件能够做出恰当的身体反应，善于利用身体语言来表达自己的思想。运动员、舞蹈家、外科医生、手艺人都有这种智能优势。

音乐智能：这种智能主要是指人对音乐节奏、音调、音色和旋律的敏感以及通过作曲、演奏和歌唱等表达音乐的能力。作曲家、指挥家、歌唱家、乐师、乐器制作者、音乐评论家等在这方面有较高优势。

人际交往智能：是指能够有效地理解别人及与人交往的能力，包括四大要素：①组织能力，即群体动员与协调能力；②协商能力，即仲裁与排解纷争能力；③分析能力，指敏锐察知他人的情感动向与想法，易与他人建立密切关系的能力；④人际联系能力，指对他人表现出关心、善解人意、善于团体合作的能力。

内省智能：这种智能主要是指正确把握自己的长处和短处，掌控自己的情绪、意向、动机、欲望，对自己的生活有规划，能自尊、自律，会吸收他人的长处，会从各种反馈渠道中了解自己的优劣，常静思以规划自己的人生目标，爱独处，以深入自我的方式来思考，喜欢独立工作，有自我选择的空间。政治家、哲学家、心理学家、教师等在这方面都有出色的表现。

自然观察智能：即认识植物、动物和其它自然环境（如云和石头）的能力。自然观察智能强的人，在打猎、耕作、生物科学研究上的表现较为突出。自然观察智能应当进一步归结为探索智能，包括对社会的探索和对自然的探索两个方面。

人的智能还可以从其它角度进行分类：

·记忆力：对于事物的记忆力，包括短期和长期的记忆力、形象和抽象的记忆力等。

·形象力：在记忆的基础上形成形象的能力，也可以说是感性认识能力。

·抽象力：在形象的基础上形成抽象概念的能力，也可以说是理性认识能力。

·信仰力：在形象和抽象思维的基础上形成对人生和世界总的观

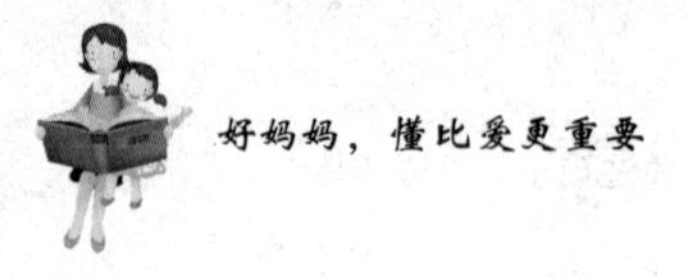

念的能力。

·创造力：形成新的形象、理论、信仰的能力。

雅文妈妈，对照以上的智能体现，您一定发现自己的孩子有不少天赋吧。的确，孩子是上苍赐予我们人类的礼物，他们如一朵朵待放的花骨朵，每朵花都有不同的花期，家长如辛勤的养花人，切不可着急啊！了解自己孩子的禀赋，尽可能地培养他，让其自然发展，不要急于求成，做拔苗助长的傻事。请相信，花儿总会在该开放的时候开放的。

禹成妈妈

9月15日

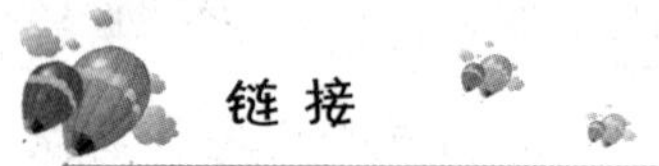
链接

朱德庸画漫画

台湾漫画家朱德庸，凭借《双响炮》《涩女郎》等作品红遍了亚洲。但在他上学的十多年里，他不断地转学、插班、被留校察看，甚至连实习班都惨遭劝退。朱德庸的父母为他伤透了脑筋。有段时间，朱德庸认为自己非常笨，后来才懂得，那不是笨，而是学习障碍。人的学习能力是分多种类型的，他天生就对图形敏感，而对数字迟钝。朱德庸开始观察生活和各种各样的人，并试着将不同人物的脸谱画下来。一次偶然的机会，他的漫画公开发表了，这更鼓舞了他。当《双响炮》红遍台湾时，朱德庸已名声斐然。朱德庸说："我相信，我和动物是一样的。每个人都有自己的天赋，比如老虎有锋利的牙齿，兔子有高超的奔跑、弹跳能力，所以它们能在大自然中生存下来。人们都希望成为老虎，但其中很多人的智能是兔子。我们为什么放着很优秀的兔子不当，而一定要当很烂的老虎呢？"

第28封信 拜孩子为师

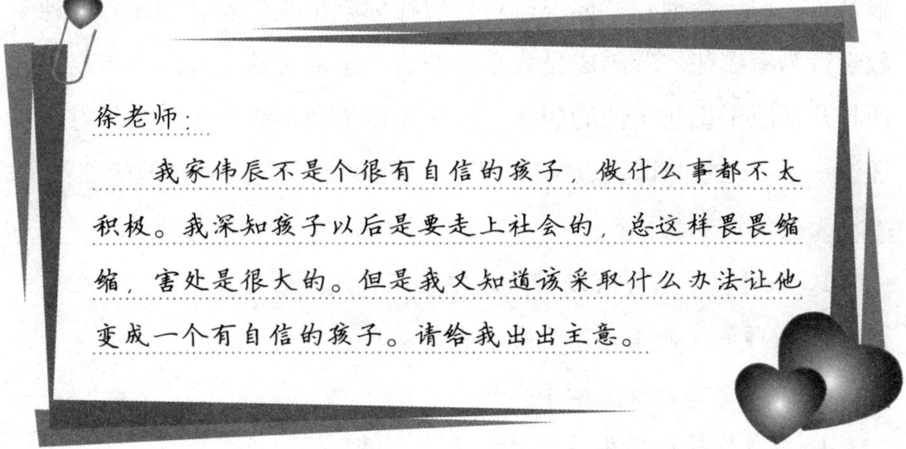

徐老师：

我家伟辰不是个很有自信的孩子，做什么事都不太积极。我深知孩子以后是要走上社会的，总这样畏畏缩缩，害处是很大的。但是我又知道该采取什么办法让他变成一个有自信的孩子。请给我出出主意。

伟辰妈妈：

您好！

自信心是孩子成才与成功的前提条件。一个缺乏自信的孩子，即使脑子很聪明，反应很灵敏，在学习中稍遇困难和挫折时也会退却。自信心可使孩子不怕困难，积极尝试，奋力进取，取得更多的知识和经验，争取更好的成绩。

幼儿和儿童阶段是培养孩子自信心的重要时期。鼓励、赞扬对增强孩子的自信心是很有益的。因此，我认为，家长善于向孩子学习，拜孩子为师，适时地鼓励与赞扬孩子，是培养孩子自信心的良方，还能加深亲子关系呢！

我现在从事的是小学语文教学研究工作，经常需要对小学语文教师进行讲座培训。写讲座稿自然是日常工作中的一项重点内容。禹成读小学三年级以后，我写讲座稿时常请他出出点子或帮助修改，目的在于培养孩子的自信心。他也十分乐意当我的小老师。一次，我在做《建设小学语文高效课堂》的讲座PPT稿，禹成又跑过来帮我了。他听了我对高效课堂的解说后，提醒我："妈妈，我认为你先要让听课的老师明白无效的课堂教学是怎么样的，要追求高效必须远离无效。"嘿，经过长期培训，小子的主意还挺受用的。我在他脸蛋上狠狠亲了一口，夸他："你说得对，现在你就帮我想想教师无效的课堂教学行为有哪些。"禹成见我立马在讲稿里加了这个页面，很高兴，便打开话匣子说起了他的想法。我认为作为四年级学生的他是有资格评说一下"无效的课堂教学行为"的，下面这个页面就是他的杰作：

无效的课堂教学行为：

1. 教师似乎讲得有滋有味，学生却在底下窃窃私语。

2. 教师题海战术，学生垂头丧气。

3. 教师拖堂，学生心不在焉。

4. 教师安排的学生活动时间充分，但目标却不清楚。

我边做边自叹这个方法不错，不但培养了儿子的自信心和思考力，还提升了讲稿的真实性。接着，我又增加了一个页面，继续向禹成请教："小罗老师，你再跟我说说你眼中的有效课堂是什么样的。妈妈是从教育理论层面来分析的，如果添上你这个教学对象的意见，对教师也许有启发呢。"在禹成的帮助下，我又完成了下面这个页面的制作：

学生眼中的有效课堂

关键词：

互动机会多，学生发言交流，师生共同讨论

教师语言幽默、生动、文明

班级授课纪律好

教师讲课内容简洁、完整

课上完成适当作业

后来我用这个讲稿给几千名小学语文教师讲课，发现每次讲到这个环节的时候，老师们都很感兴趣，因为尊重学生的感受也是教师有效教学的重要考量，况且孩子的感受是真实、具体的，值得借鉴。

还有一次，我在做一个题为《新教师，你准备好了吗？》的讲座稿，因为需要去给新入职的小学语文教师做培训。就读小学六年级的禹成照例帮我审读讲稿，他的一个建议得到了我的采纳，他说："刚当老师的人就像我们刚上小学一年级的小朋友一样，对你说的这些教育理论没有太多感性的认识，我想你应该在讲课中直接告诉他们哪些行为可以做、哪些行为不可以做，这样能避免他们犯不该犯的错误，而且也很实用。"给我改了三四年讲稿的禹成虽然不懂教育理论，但他对教育的自信以及那点小悟性已经让他真的可以做我的老师了。我欣然接受了他的建议，和他一起制作了这个页面的内容：

可为：培养良好的学习习惯，坚持三个维度的教学目标，培养学生的语文素养，注重学习实践，加强评价方法的多样性，激发每个学生的学习热情，正确把握语文学科的特点等。

不可为：责备、埋怨、谩骂学生，反复、罗嗦、炒现饭，告诉式教学，随意教学，题海战术等。

拜孩子为师，让孩子为家长做一些力所能及的事情，然后给他们一些有针对性的肯定与鼓励，对提升孩子的自信心，培养健康、快乐、乐于助人的心态很有帮助。

禹成从小就是个绝对的超级车迷，他不仅了解各种名车的车型，研究车的构造，还清楚地知晓各种车的性能、特点。从幼儿阶段看车标唤出各种车的名字，到儿童阶段看汽车杂志了解汽车知识，直至小学高年级已经能做个"车博士"，为亲朋好友购车做高参了。论开车，他是我名副其实的"小师傅"。虽然他没有去过驾校学习，但因为车感特好，让初开车上路的我不得不依赖他指导。每当我进窄小车位停车时，他坐在车上便能自如地指挥我操纵方向盘，几下就搞定，经常让指挥停车的师傅也赞不绝口。因为他有这特长，我也就顺势鼓励“小师傅”的士气，培养他那男子汉的气度。“妈妈是需要你保护的噢！”我常告诉他。因此，下雪天帮我排除行车障碍的人是他，有重物要搬时帮我搬运行李的人是他，我出差回来去车站接我的人是他，生病了帮我倒水递药的人也是他。孩子要长大，是需要大人依赖的，我们不能因为疼爱他们或不相信他们的能力，而放弃培养他们、锻炼他们的机会。

拜孩子做老师，不吃亏！

禹成妈妈

9月28日

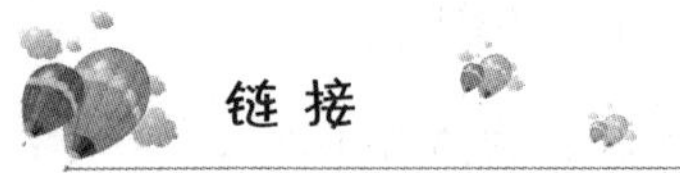

圣公项橐的传说

项橐小时候，是春秋时期鲁国的一位神童，虽然只有七岁，孔夫子依然把他当作老师一般请教，被后世尊为圣公。

项橐自小就喜欢观察事物，遇事好砸破砂锅问到底，聪明过人。

俗话说：“话没腿走千里。”一个七岁小孩聪明伶俐的事也传到了正在周游列国的孔老夫子耳朵里。孔子想借东游看海来会会这位神童。一天中午饭后，父亲去锄地，项橐跟着玩儿，在地头的路上用小石头围了个圈，里面用薄板石盖了间小屋。正玩得高兴时，忽然从西南驿道上来了辆马车，上面坐着位长者，宽袖长袍。后面跟着一些弟子。驾车的便是子路。他头戴盔，身披甲，手执长鞭，嘴里不断地喊：“驾，驾！”猛然看见一个小孩蹲在路中间玩，就大声吆喝：“闪开！闪开！”项橐若无其事，照样玩他的。子路满脸怒气，伸手

要揍项橐，被孔子制止。孔子下车问："你这小孩子怎么不让路？"项橐说："城躲马？还是马躲城？"孔子一时语塞，弟子们也哑口无言，只好绕"城"而过。

第二天一早，孔子便遣弟子去找项橐交谈。去的人回来告诉孔子，项橐和几个小伙伴们到东边看日出去了。孔子便亲自到村东去找，不一会儿就发现了项橐和另一个小孩儿正在池塘边争执着什么。于是孔子凑了过去。那个小孩儿指着太阳说："你看！你看！早晨它像车轮子，中午就像个盘盂，这不是早晨离我们近，中午离我们远吗？"项橐说："离我们近必定晒人厉害，可为何早晨虽大，反而苍苍凉凉，但到了中午却像火盆烤人、开水烫人呢？"二人相持不下时，见孔子来到，便请教孔子。孔子哼哼啊啊也没说出个所以然。这时，有群鹅在池塘里哇哇叫着戏水。项橐就问孔子："鹅的叫声为什么这样大？"孔子说："因为它的脖子长。"项橐说："蛤蟆脖子很短，叫声也不小。"孔子又支支吾吾了。项橐诚恳地说："人们都说你上知天文，下知地理，中知人伦纲常，是无所不知无所不晓的圣人，怎么这些事不给俺讲清楚呢？"孔子长叹一声，俯下身子对项橐和蔼地说："后生可畏，我当拜你为师。"然后回头对弟子们讲："三人行必有我师矣。要不耻下问。"经孔子这一褒奖，项橐便名扬九州，震动朝野了。据《史记》记载，甘罗十二岁拜丞相时，还拿项橐作比喻，说服文信侯吕不韦让自己出使赵国。南宋大儒王应麟编写的《三字经》劝诸后生说："昔仲尼，师项橐，古圣贤，尚勤学。"盖出于此。

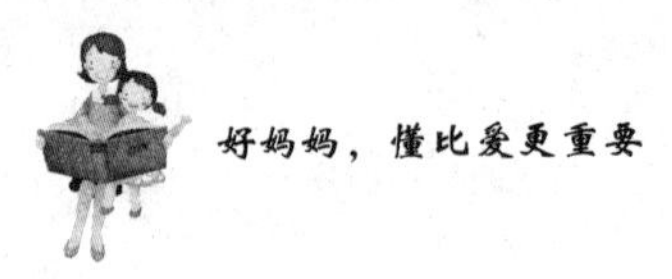

第29封信
培养有思考力的孩子

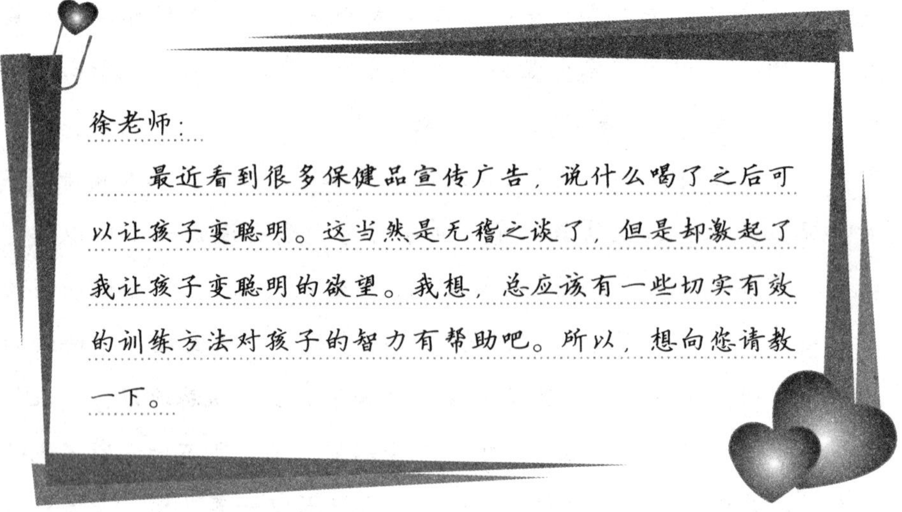

徐老师：

最近看到很多保健品宣传广告，说什么喝了之后可以让孩子变聪明。这当然是无稽之谈了，但是却激起了我让孩子变聪明的欲望。我想，总应该有一些切实有效的训练方法对孩子的智力有帮助吧。所以，想向您请教一下。

彬彬妈妈：

您好！

我想，聪明的孩子许多能力都很重要，但最重要的应该是思考力。

思考，是人类智慧的源泉，也是人类进步的依托。孔子说：“学而不思则罔，思而不学则殆。”这句话阐述了“思”与“学”的关系，意思是说：光学习却不思考是枉然的，学习不会有成效；只思考而不学习也是不行的，那样就会思维枯竭。著名作家巴尔扎克说：“一个能思考的人，才真正是一个力量无边的人。”由此可见，思考的重要性是不言而喻的。凡是发明、创造，变革、鼎新，无不闪耀着思考的灵光。一个从小有思考力的孩子，有着勤于思考的习惯，有着

深入思考的能力，有着判断是非的品质，自然是聪明的了。

培养孩子的思考力要从孩子很小的时候开始。我们看下面这个场景，两位妈妈不同的做法体现了不同的教育理念。宝宝2岁的时候已能灵活地走动，而且很爱玩电动玩具汽车。一天，宝宝玩电动玩具汽车时，突然汽车停下来了，宝宝着急地说："妈妈，汽车不动了。"妈妈甲说："宝宝不用着急，汽车不动是因为没有电池了，妈妈把新电池装进去，汽车马上就会动了。"妈妈乙却说："汽车怎么不动了呢？宝宝自己想想是什么原因呀。"在这个事例中，宝宝能自己操作玩具，预示着宝宝的认知发展正处于关键时期。他在玩的过程中会出现这样、那样的问题，妈妈若抓住机会引导宝宝思考，则能很好地培养小宝宝的思考能力。妈妈乙让宝宝自己想为什么汽车不动了，而不像妈妈甲那样简单地给宝宝一个结论，这就促使宝宝自己动脑筋。毋庸置疑，妈妈乙的做法更高明。

如何培养孩子的思考力呢？

1. 多问几个"为什么"

妈妈要在生活中多问孩子几个为什么，让孩子形成动脑筋的习惯。记得小禹成一岁多的时候，我带他出去玩，一路上牵着他的手，会有很多问题问他。比如，带他跨过一个坑，问他："宝宝，坑上面为什么横着摆几块木条啊？"禹成眨巴眨巴眼睛，用脚试探着木条遮拦的洞口说："怕宝宝的脚掉下去。"我马上表扬他真会动脑筋。平日里，有许多问题我都请他动脑想一想，为了增加趣味性，我还会让他模仿动画片中的小一休，"咯嘀咯嘀，咚"。只要他睁开了眼睛，我便抱住他询问答案，他也总会很自豪地把他的想法告诉我。无论他说得对不对，我都会表扬他想得好。宝宝从小便从妈妈的鼓励中读懂了爱动脑筋的孩子是最棒的孩子。久而久之，孩子也会给妈妈发问，我每次也是认真思考、认真回答。孩子长大一些了，有五六岁了，妈妈可以不限于仅仅问一些小问题，还可以加深问题的难度，比如：你

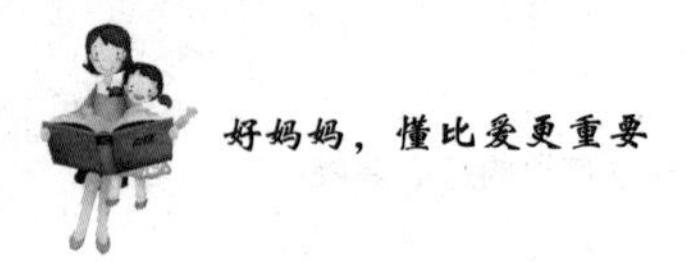

是用什么方法来解决的？还有别的方法吗？这几种方法，哪一种方法更好一些呢？父母经常给孩子创造一个思考的情境，孩子也就能慢慢学会思考了。

2. 引导孩子多观察

苏霍姆林斯基在《给儿子的信》中写到："在祖国各地，无论是热闹非凡的城市街头还是水肥土美的田野，无论是南方的葡萄园还是遥远的冻土带，到处可以发现大自然的杰作。要思考，思考，再思考！精神上的营养越丰富，你们的争辩就会越激烈，你们对生活经验的认识也将越深刻。如果你们能去思考尚未被认识的事物，你们将成为真正聪明的人。"

思考与观察是一对亲兄弟。引导孩子多观察，是培养思考力的重要途径。做生活的有心人，就需要善于观察。妈妈可以利用带孩子出门的机会，与孩子多对话，引导孩子观察路牌、观察建筑物、观察四季的变化。各种景象映入孩子眼帘，给孩子的头脑以刺激，孩子的小问号也就一个一个冒出来了。

3. 和孩子商量事情

有思考力的人一般都有主见，家长可以通过培养孩子的主见来培养他们的思考力。从禹成能与我进行语言交流的时候开始，我常常和他商量各种事情，比如关于他玩耍的事情、关于给外婆送生日礼物的事情、关于我的糟糕心情如何调整的问题。我似乎不把他当小孩子，许多为难的事情都与他商量。他也像我的军师一样，帮我出主意。孩子的主意有时很简单、很有趣。一次，我与一个朋友有了不愉快，心情很不好，因为一直以来我对那位朋友很好，她却在背地里害了我。我不想和她撕破脸皮闹意见，心里又很不平衡。禹成见我不高兴，询问原因，我便告诉了他，并和他商量怎么才能让自己高兴起来。四岁的禹成一晃小脑瓜，说："你不理睬她就是了，以后也不要对她好，她就知道你不跟她交朋友了。不要自己生气，我们玩。"嘿，一句话

点醒我，是啊，既然曾经是朋友，不想翻脸，不理会这事就行了，不搭理她既表达了自己不高兴的态度，也没有与她翻脸，不是很简单的选择吗？因此，以后我有些事情很纠结时，便会聆听一下诚挚的童言稚语，既解决了问题，也培养了孩子勤于思考的习惯。

4. 进行实践活动

培养孩子勤于思考的习惯和善于思考的能力，有时需要一些活动做支撑。我经常为孩子设计一些这样的小活动。禹成8岁的时候，特别喜欢吃蛋糕和面包，每周我都会带他去家附近的几家面点店买食物。一次，我给他布置了一个任务：给他一周的时间，想办法了解一下这附近的几家面点店哪家的蛋糕最好，奖品是五十元蛋糕券。没有给他什么建议，只是给他留有时间。我想看看小家伙有什么办法解决这个问题。那几天，听他姑姑说，他每天放学回家就出门了，说是搞市场调查。一周以后，禹成交给我一张粉红色卡纸，上面画了一张表：

肉松蛋糕调查表

店名	味道（五星为最高分）	价格	面积	购物环境	实惠	不实惠
雪贝尔	★★★	每个3.5元	中等	好		√
好利来	★★★★★	每个3元	小	好	√	
新金冠	★★★★	每个2.5元	大	一般	√	
希阁尔	★★★	每个2.5元	中等	一般		√
金冠	★★★★	每个3元	小	一般		√

我惊喜地发现禹成已经是个会思考的孩子了，他做调查的方式让我为他骄傲。首先，他有调查研究的意识，走遍五个蛋糕店做调查，制成表格反映情况，不盲目作出判断，用事实说话；其次，他的调查内容丰富、思路清晰，按“味道”“价格”“面积”“购物环境”等指标得出综合结论，可谓有理有据；最后，也是最重要的一点，他竟然懂得选择“肉松蛋糕”做样品，而没有眉毛胡子一把抓，通过同种

产品诸多内容的比对，得出结论，更科学、更简单有效。为了表扬他的智慧，我奖给他翻倍的蛋糕券，告诉他以后做事情都要像这件事一样，做得漂亮。

另外，我们旅游前还让他上网查找资料，做足出游前的功课，了解当地的天气状况、特产、景点特色等，这样我们出游时，他就成了我们的活电脑，有问题随时询问，他的旅游也就有了更深远的意义。

5. 让孩子敢于质疑

孩子在小时候容易有从众心理，喜欢跟着别人的样子做。为了培养禹成独立思维的能力，我告诉他，每个人的大脑都是独一无二的，每个人都可以有属于自己的独立思维，凡事不要跟风、不要盲从，哪怕是老师和妈妈说的话，你也应该自己想一想对不对。在这样的教育指导下，孩子往往会迸发出更多的“为什么”，会有更多不安分的想法，虽然给家长增加了一些小麻烦，但其实是为孩子的思想松了绑。

禹成妈妈

10月1日

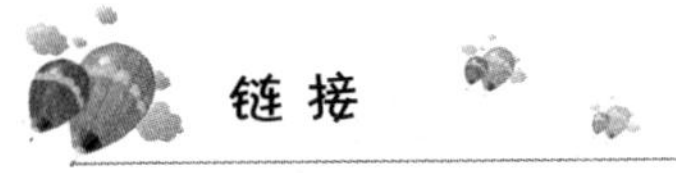
链接

学会思考

一位行为学专家说：“思考能够拯救一个人的命运。”事实正是如此，有思考力的人才会有创造力，才会掌握自己的命运。

不少孩子的思维方式、思考能力，在他们很小的时候就表现出了优势。

有一个淘气的小男孩，他的父亲为了让他保持安静，就想出了一个办法。

父亲把他叫过来，拿出100元钱，对他说：“只要你能猜中我心

里在想什么，我就把这100元给你。”“真的吗，爸爸？”小男孩高兴地问。

“当然是真的，只要你能猜中。”父亲得意地说。

父亲心想，这下孩子可以安静一段时间了。果然，接下来的几天里，小男孩安静地想着这个问题。

第三天，小男孩认真地对父亲说：“爸爸，我猜到你心里在想什么了！”

父亲有点惊讶地问：“我在想什么呀？”

男孩说：“你不想把这100元钱给我。”

他的推理是正确的，父亲只好把100元给了男孩。

多聪明的小男孩呀，他正是用了分析、判断、推理的思维方式赢得了爸爸的100元钱。

有一句话是这样讲的：“教育就是叫人去思维。”其实，我们教育孩子的目的有两个：一是掌握知识，二是发展思维技能。大多数父母往往只注意前者而忽略了后者，因此出现了许多学习成绩较好但思维能力较差的“高分低能”的孩子。可见，培养孩子广阔、灵活、敏捷的思维能力，对开拓孩子的智慧极为重要。

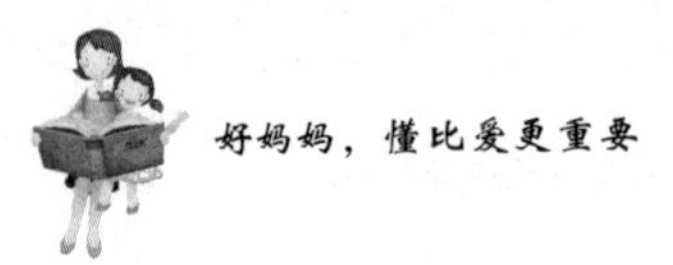

第30封信 孩子不爱吃蔬菜需要想办法

徐老师：

我家女儿晓晓特别挑食，不吃蔬菜。把蔬菜夹进碗里，她就皱着眉头把蔬菜挑出来，扔在饭桌上，有时甚至故意把饭碗打翻在地上，以表示对强制她吃蔬菜的不满。我真是烦透了，您有什么好办法让孩子爱上吃蔬菜呢？

晓晓妈妈：

您好！

您那“烦透了”的心情我能理解，因为我们家的禹成曾经也是“肉食主义者”，不吃绿叶蔬菜，他乐意吃的蔬菜只有豆角、豌豆、四季豆、土豆、豆芽、萝卜、藕。我想尽一切办法劝他吃蔬菜的经历至今难忘！

禹成很小的时候还好。那还是毛毛头时期，我们将菜叶切得很碎，拌在粥里喂给他吃，他没有表现出特别的反感。反倒是长大些，长了满口牙齿，却不嚼菜了。通过询问专家、查找资料，我了解到孩子不爱吃蔬菜，有以下几个原因：

1. 孩子不喜欢菜的颜色

据有关专家分析，有些孩子是因为反感蔬菜的颜色而不吃蔬菜。比如他们不喜欢蔬菜的绿色，对辣椒的红色有畏惧感。

2. 孩子不喜欢菜的味道

大多蔬菜有着植物特有的味道，没有肉和鱼虾的鲜美，让一些孩子不喜欢。

3. 孩子不喜欢嚼菜的感觉

孩子年龄小，幼小无力的牙咀嚼蔬菜的感觉不怎么舒服，需要反复用力，他们嫌麻烦。

4. 曾经留下不好的记忆

有些孩子初食蔬菜时就遇到过麻烦事，所以印象不好。比如菜没嚼烂咽下时被卡过；菜茎太粗，孩子咬不碎；菜有怪味，孩子吃时因为反感而呕吐过；或者烫着了、咸着了……

5. 家长的不良影响

家里所选蔬菜品种有限，父母本身不爱吃蔬菜，也是孩子不吃蔬菜的原因。有的父母还可能在席间无意中对某些蔬菜发表了不恰当的意见，影响了孩子的喜好。

孩子不吃蔬菜怎么办呢？有些家长说再怎么也得强制吃，我觉得在哄孩子吃蔬菜这个问题上用过于偏激的办法是不妥当的。试想，父母抡着大棒逼孩子吃蔬菜，孩子泪水涟涟地咽蔬菜，别说享受美食的心情荡然无存，有时还会适得其反，给孩子带来一些负面的影响。

我想咱们可以尝试这么几种办法，我也用过几招，呵呵，有些效果了。

第一，耐心询问孩子不吃蔬菜的原因。了解了原因，便可以有的放矢地解决问题。

第二，将蔬菜变花样来做，改变孩子对蔬菜的感觉。比如将菜剁碎了做成肉菜丸子，将蔬菜榨成菜汁，与水果汁和在一起。

第三，用同类蔬菜替代。蔬菜品种繁多，包括：鲜豆类，如黄豆芽、绿豆芽、豇豆、扁豆、毛豆、豌豆等；根茎类，如土豆、胡萝卜、白萝卜、藕、山药、芋头、笋等；茎、叶、花类，如菜心、油菜、菠菜、菜花、大白菜、小白菜、芹菜、芦笋、西洋菜、荠菜等；瓜茄类，如黄瓜、冬瓜、丝瓜、南瓜、灯笼椒、西葫芦、茄子、番茄等。如果在同一类中，孩子仅仅是不吃某几种蔬菜，可以更换为同类中的其他蔬菜，如用黄瓜、冬瓜代替丝瓜，用荠菜、菠菜代替菜心。

第四，合理烹制。合理烹调的宗旨是保持蔬菜特有的色泽明丽和鲜嫩生脆的特点，引起孩子的食欲。基本方法有：（1）汆法，将蔬菜如菜心、芹菜、藕、菠菜等洗净，放入煮开的水中煮数分钟，捞出后调成咸鲜味、糖醋味等。这种方法能保持蔬菜的嫩脆特点。另外，水汆过的青菜或荠菜还可以用作包馄饨或饺子的馅料，一般孩子都可以接受。（2）荤素合一法，有些孩子不喜欢胡萝卜的气味，可将胡萝卜与肉一起煮，不仅味道好，而且有利于胡萝卜素的吸收。此外，将水汆过的青菜与红烧肉一起煮，萝卜与羊肉一起煮，都是好吃的菜肴。

第五，带孩子去菜场购买他们喜欢吃的蔬菜。通过带孩子逛菜场，让孩子知道大家都爱吃蔬菜，蔬菜的品种多，也尊重他的选择购买蔬菜，回来后再给他们择菜的机会，提高他们对蔬菜的兴趣。

第六，父母以身作则。父母挑食偏食的习惯常常会影响到孩子，因此父母要带头吃多样化的食品，帮孩子养成良好的饮食习惯。

陪伴孩子成长是一件快乐的事情，在快乐之中当然也少不了一些烦恼。晓晓妈妈，别发愁了，我相信晓晓很快就会愿意吃些蔬菜了。有好消息我们再交流噢！

禹成妈妈
10月5日

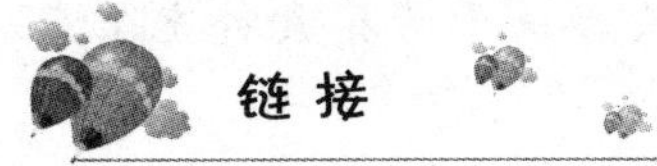

链接

孩子不爱吃蔬菜怎么办?

孩子不吃蔬菜容易缺乏维生素，但家长不要用强迫或者诱骗的方式让孩子吃蔬菜，否则只会让孩子更加反感。营养师在此给各位家长支几招：

1. 补充薯类食物。孩子不愿意吃蔬菜，非常容易缺乏维生素C。这样我们应该从薯类食物上做些补充。像土豆、地瓜，维生素C含量在蔬菜中是很高的，处在中上水平。所以不愿意吃菜的孩子要增加薯类摄入量，特别是土豆，做成土豆泥和红烧土豆，孩子都喜欢吃。

2. 加强粗粮的摄入。孩子不喜欢吃菜，膳食纤维容易缺乏，而膳食纤维不足会导致儿童肥胖、高血脂。此时可以让孩子增加粗杂粮的摄入，因为各种粗杂粮中膳食纤维含量都比较高，如玉米、燕麦、糙米等都不错。

3. 巧用烹饪方法。

（1）对待不愿意吃菜但喜欢吃带馅食物的孩子，我们可以做些饺子、包子等，但要多放几种蔬菜，像大头菜、白菜、韭菜、香菇、胡萝卜、洋葱等，都可以包到这些带馅儿食物中。最好是现吃现包，免得蔬菜营养素流失过多，营养价值下降。

（2）可以给孩子打各种蔬菜汁，用这些蔬菜汁和面，变成彩色面，然后用这种菜汁面包饺子、做面条都可以。

（3）可以经常给一些吃菜少的孩子做些热汤面，在面条里加些蔬菜，这样蔬菜的营养素会溶在汤里。虽然这种方式补充维生素比较有限，但营养多一点是一点吧。

4. 注意补充维生素。其实，很多孩子的偏食厌食是由营养素缺乏

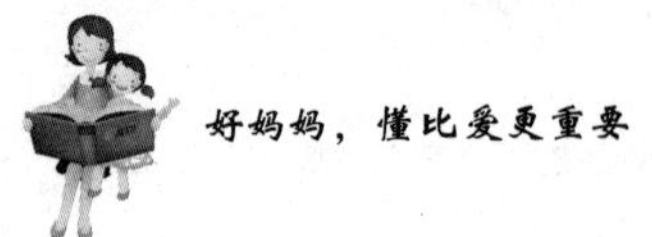

导致的，比如缺锌、缺铁、缺B族维生素。经常吃各种粗粮，可以补充B族维生素；经常吃点虾仁，可以补锌、铁。孩子营养素补充上来了，食欲自然会增加。

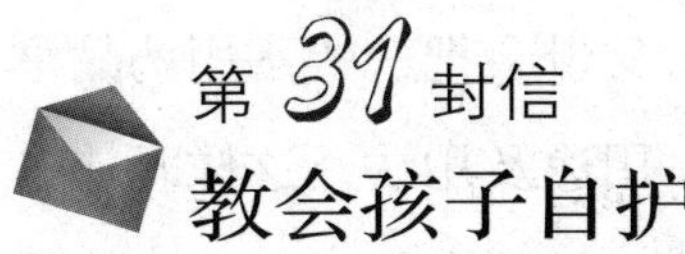

第31封信 教会孩子自护

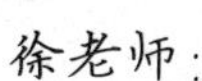

徐老师：

最近看到很多关于拐卖、诱骗小孩子的新闻，我这做妈妈的自然更加担心儿子小瑞的安全问题。想着给他讲讲这些新闻吧，却担心伤害到他的童心；但若是不让他了解这些社会阴暗面，又怕他哪天也上当。您觉得我应该怎么做才对？

小瑞妈妈：

您好！

我的选择是不一定要把社会的阴暗面一一给孩子列举，但需要适时给孩子讲一些自护知识。

美国父母不溺爱儿女，从小就注重培养他们独立生存的能力，他们认为孩子越能独立处理问题就越安全。我读过报上的一篇文章《美国父母如何教孩子认识社会》，给我很多启发，有些做法供您参考。

1. 认识社会，包括知道家庭住址及父母的姓名、单位

父母在孩子开始懂事时就有意识地教他们识别自己家周围的环境，以及记住父母的姓名和单位等；通过这样的日常培养，孩子走失找不到家的可能性就小多了，并且增加了孩子应付外界环境的自信

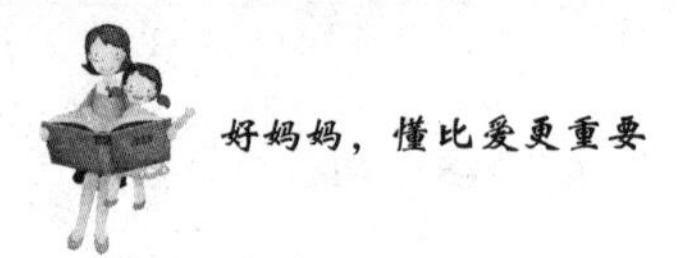

心，使其遇事不致惊慌失措。另外，家长还会教孩子一些在马路上行走的常识。

2. 认识药品及了解用药常识

家中通常都存有一定数量的药品备急，父母会把一些常用药品拿出来教孩子辨认，使其逐渐了解药品名称、用途及用法，这样既让孩子增长了知识，又降低了发生危险的可能性。另外在带孩子去医院看病的时候，还顺便教孩子认识医院，以便解除孩子对医生的恐惧感，让孩子学会配合治病或在发生意外时能自己到医院求助。

3. 认识常用小工具及安全使用方法

父母不会因为怕危险就不让孩子接触工具，他们的做法是帮助孩子了解如何安全地使用工具。在使用这些工具时，父母会顺便告诉孩子这些工具的名称及安全使用的方法。还会给孩子提供一些比较安全的小工具，诸如餐刀、不带尖的剪刀、小型的锤子钳子等。让孩子边玩边学，既熟悉了各种工具的种类和功能，又在使用的过程中发展了孩子的动作技巧。

4. 避免被坏人伤害

父母教孩子避免被坏人伤害的主要方式是告诉他们一定不要接受陌生人的礼物，不要到陌生人家中去，也不请陌生人到自己家里来。女孩则不要让父母以外的人抚摸自己的身体，碰到存心不良的人纠缠时，要赶快跑到人多的地方或去告诉警察，还可大声呼救或跑到附近居民家。

美国人一般很重视孩子的自护教育，而中国家长很多却没有这个意识，往往是出了麻烦才后悔莫及。

随着我国独生子女的增加，孩子成了家庭中人人关注的中心。家长无微不至地关心、包办，使孩子成了温室里的花朵，往往缺乏自我保护、生存自救能力。为了保证孩子的身体健康和生命安全，使孩子顺利成长，我们应该重视从小加强孩子的安全教育，增强孩子的安全

意识，提高孩子保护自己的能力。

我对禹成的自护教育主要分为几个阶段：

1. 幼儿时期

（1）告诉孩子什么东西不能放进嘴巴里，以防误食弹珠、药品、橡皮头、小玩具等。

（2）告诉孩子安全用电，不能用湿手接触家用电器，不能在高压线或变电器旁玩耍，别玩弄电源插座，发现电线断落时不可走近或拾起，及时告诉大人。

（3）出外与父母走散的话，不要到处乱跑，更不能跟着陌生人走。一定要站在原处等父母来找，或让身边的保安或好心人打电话给父母。

2. 儿童时期

（1）要求孩子不玩火，没有家长监护的情况下不玩烟花爆竹，玩烟花爆竹时要格外注意安全，不可将眼睛凑近火源。

（2）吃水果之前要浸泡，吃东西前要洗手。

（3）不躺着吃食物，不将豆类、花生等食物上抛后张嘴接着吃，吃食物时不讲话、不嬉笑、不跑跳。

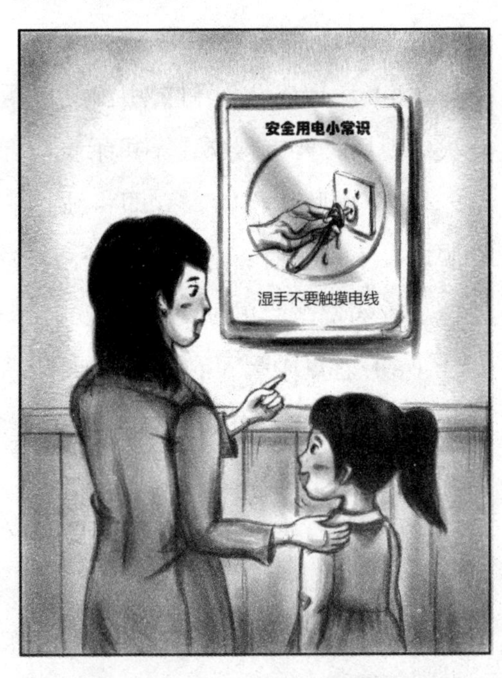

（4）手工劳动或游戏中使用刀、针、铅笔等物要当心，防止戳伤自己或他人的眼睛。

（5）不用木棍、铁棍等与人打闹、逗乐；弹弓或玩具手枪不能对着人玩。

（6）没有家长陪同时，

不去游泳。

（7）认识交通信号灯，养成过马路走人行道的习惯。

（8）不跟陌生人走，不吃陌生人给的食物。一个人在家的时候，不给陌生人开门。

（9）不独自去偏僻的地方，上下学与同学结伴同行，碰上坏人大声呼救。

3. 少年时期

（1）打扫卫生时应注意安全。不站在窗户外面擦窗玻璃，擦灯前要关闭电源。

（2）上下楼梯靠右行，人多时不拥挤，不滑楼梯扶手。

（3）不模仿电影、电视中的惊险动作，不玩危险性游戏，不去工地、铁道、街道上游戏，不攀爬农业机械。

（4）运动时注意自身防护，防止受伤，不要在运动中和运动后大量饮水。

（5）记住求救电话：火警119，遇坏人110，有人突发重病120，发生交通事故122。

（6）房屋失火时，要用湿毛巾捂住口鼻，选择逃离的路线；离开火灾现场时要走楼梯，不可乘坐电梯。

（7）皮肤烫伤时，立即将被热液浸透的衣裤、鞋袜脱去，若已经脱皮，不可强脱，应将烫伤处浸在冷水中或用冷水冲洗，之后在伤处抹上烫药膏，严重时要去医院。

（8）盛夏中暑了，要迅速离开高温环境，到阴凉通风处休息，并用冷水浸湿的毛巾敷头部或身体，多喝清凉饮料，口服解暑药。严重者，用冰块降温，并送医院治疗。

（9）没有把握的情况下不要见义勇为，需要首先保护好自己，可以选择呼唤附近的大人相救。

（10）遇到坏人不可硬拼，需要智取，以保护好自己的身体为第

一要务。

有了这些防护知识，他从小就比较懂事，知道怎么保护自己。他十一岁那年，我们一家去西安游玩。在游秦兵马俑博物馆时，去那里游玩过几次的大人实在耐不住酷热，在门口等孩子，让他和表弟自己进去观看。他们在里面游玩好出来后，他告诉我，遇到一个骗子，但由于他的机智，骗子没有得逞。他说，他和表弟正在人流中走，一位三十岁左右的男子（他没有称呼其为“叔叔”，看来确定是坏人）叫住他表弟，请他表弟为他照相，说着就把相机递过来。禹成警觉地走上前，拉着表弟走开了。我问他：“你怎么知道他是坏人呢？”他得意地分析：“妈妈，你看，在那里人来人往，有许多大人走过，他一个成人，不可能没有脑子，不去寻求会照相的大人的帮助，却选择我们两个手上没有相机的小孩，这不是有诈吗？我上次在电视里看过碰瓷的事，他这伎俩就和那差不多，如果我们帮他照相，他要么故意把相机丢地上，赖我们摔坏了他的相机，要么递给我们的就是个烂相机。到时候我们好心办坏事，被他冤枉弄坏了他的东西，还是要赔钱。”孩子说得很有道理，我也没有责怪他没有帮助别人，因为正如他所说，那位成人的做法是让人费解，在社会复杂的现实下，孩子多长个心眼，懂得保护自己还是很重要的。

小瑞妈妈，孩子的成长牵动着家长的心。教会孩子自护，防患于未然还是有必要的。有些电视节目也会进行一些这方面常识的普及。另外，和孩子一起看一看法制节目，对提高孩子警惕、帮助孩子了解社会是有帮助的。

禹成妈妈

10月11日

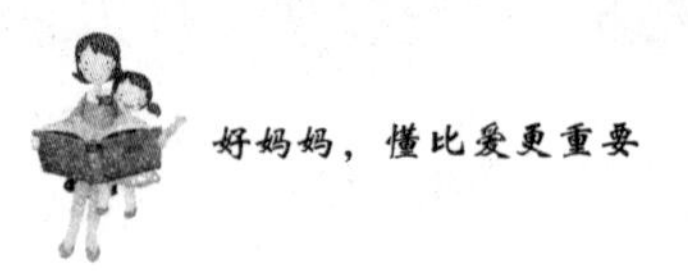

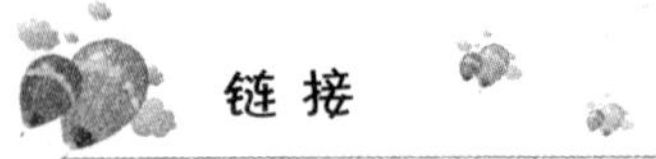

链 接

菩提树

刘 墉

我家巷口的路边种了一棵菩提树，这是在纽约少见的一种树，大概也正因此，树旁特别支撑了木架，使它能不怕强风，长得郁郁葱葱。

今年夏天，正该是菩提树最繁茂的季节，不知怎地，那树却突然枯死了，似乎每个路过的人，都为它的凋零投以惋惜的目光。

这一棵从小就被特别照顾，向来因为木架支撑而未曾倾倒过的树，为什么长了十多年，几乎要成为一棵大树时，却一下子死去了呢？

有一天我特别走近它，抚摸着它那依然细腻光滑的树皮，做深深的悼念，突然发现树皮上竟被人割了一小圈裂口。“是谁杀了菩提树？”我沿着刀痕转到树的另一侧，发现居然是一根绑在支架上的铁丝，想必是当菩提树幼小时，为了保护它而拴上的，岂料随着树的生长，人们竟忘了那一圈铁丝已经不再适用，渐渐铁丝陷入树皮，大家更难以觉察，直到此刻我发现，却已经迟了。

许多对孩子的呵护，或当孩子幼小时，为了保护他们，所灌输的片面观念和加诸的束缚，如果不能在他成长中逐渐给予解释，常会对孩子造成终身的伤害。对树、对人，道理都是一样的。

第五章
学习本是一件美好的事儿

基本上每个孩子都具备强烈的求知欲，所以学习原本是一件自然而然的事情，但是大人们不正确的引导却将它丑化成了凶神恶煞。让孩子从小爱上学习，其实一点都不难。

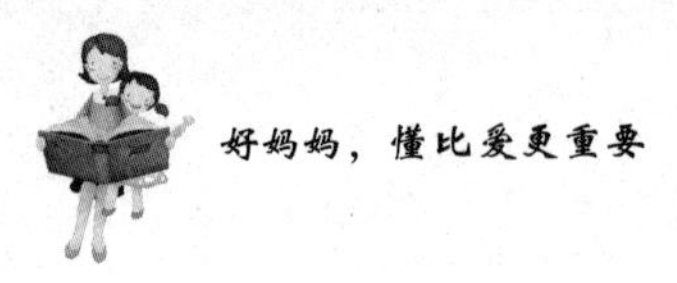

第32封信

孩子上小学，我们要准备什么

徐老师：

我家孩子星星马上要读小学一年级了，当妈妈的兴奋之余，又不禁多了份担心，担心孩子一时适应不了学校生活，担心孩子在外面受欺负……我究竟该做些什么准备，让孩子迈好第一步呢？

星星妈妈：

您好！

妈妈的心总是牵挂孩子的。我从事教育工作22年了，儿子也读中学了。我对孩子的教育最真切的体会是珍惜自己的角色，善待孩子，让在我们身边生活、学习的孩子成为世界上最幸福的孩子，愿他（她）的小学生活成为他（她）一生中最美好的记忆。

送孩子上小学，我们要准备什么呢？我想对一年级新生的妈妈说“十要”“十不要”：

“十要”

1. 上学前，要告诉孩子学校是学习、玩耍、培养他成为一个好孩子的地方，告诉他即将就读学校的名字、班主任老师姓什么、学校是多么美丽。有条件的话，入学之前带他（她）去校园内走一走。

2. 上学前，要让孩子了解学校生活和幼儿园生活有什么不同。

3. 上学前，要找来几首关于上学的儿歌，带孩子读一读，或者给孩子讲一讲自己小时候读书的有趣故事，消除孩子对上学的畏惧感、紧张感。

4. 上学前，要告诉孩子怎样做到有礼貌，见到老师要问好，与同学相处要谦让。

5. 上学前，要告诉孩子怎么听讲。老师在对同学们说话时不能插嘴，不能下座位，不能在底下与同学嘀咕，要认真听老师说话，要记住老师交代的任务，并且认真执行。

6. 上学前，要告诉孩子课间记得上厕所，课间不奔跑，上下楼梯靠右走，在过道拐弯处和上下楼梯时要慢行，不推他人，不随便蹲下，以免发生危险。

7. 上学时，牵着孩子的手去学校，要告诉孩子他（她）有多么可爱、有许多的优点，告诉他（她）老师和同学将会喜欢他（她）。

8. 上学途中，要提醒孩子上课回答问题应声音响亮，把话说完整，上课要遵守纪律。

9. 把孩子送到学校门口时，要与孩子说再见，告诉他（她）你多么喜欢他，让他记住要在固定的地方等妈妈接他（她）回家，不要跟陌生人走。

10. 孩子放学回家后，要热情地询问孩子在学校的感受，分享孩子的快乐，了解孩子遇到的问题，并积极帮助解决。

“十不要”

1. 不要用反面事例给孩子讲道理，以免让孩子对上学产生畏惧感。

2. 不要威胁孩子，对孩子说“如果你到学校不好好学习，我就不喜欢你”之类的话。

3. 不要在孩子面前说学校、老师的坏话。

4. 不要教孩子“人家欺负你，你就别客气，出了问题爸妈赔钱，只要别吃亏就好”。

5. 不要反复唠叨“上课要听话，不准开小差”等话。

6. 不要送孩子进教室，更不要在门口迟迟不离开。

7. 不要刚开学就为孩子购买其他的教辅作业，以免增加孩子的学业负担。

8. 不要随便承诺学习表现好时的奖励和学习表现不好时的惩罚，不要让孩子感到是为了你而读书。

9. 不要随便就定义孩子“不会读书”“不懂事”“不听话”。

10. 不要以为送进了校门后教育孩子就是老师的事情，家长要积极与老师配合。

孩子进入小学，意味着他求学生涯的开始。俗话说“万事开头难”，作为家长不能小看这件事，需要根据孩子的自身情况，尽力帮助孩子尽快适应学校生活。

禹成妈妈

10月18日

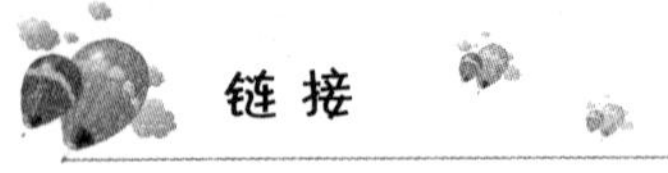

我们能拥有孩子多少年？

3岁，他去上幼儿园了，看着他小小的坚强的背影，心中又喜悦又有点小小的心酸。离别了一整天，孩子看到你，高兴地奔跑过来，扑在你的怀里，跟你说：妈妈，我想你了。那一刻，抱着孩子就像抱着了整个世界。

6岁，他上小学了，终于走进校门，这是多么值得纪念的事情，孩子的人生从此翻开了新的篇章。却没想到，这也是孩子离开我们的

第一步。他已经对与你分开一天习以为常了，而且他喜欢每天去学校，这是他更喜欢的生活。甚至，他有时还会说：妈妈，在家好无聊，没有小朋友和我玩。

12岁，他上初中了，甚至有的开始上寄宿学校，一个月或者几个月回一次家，见上一次面。他们开始不再依赖你，甚至，他们喜欢和你对着干。你想帮他们做点事情，他们说：妈妈，我自己来吧。这句话让我们觉得好失落，孩子是不是不再需要我们了？

18岁，他离开你去上大学，一年回来两次。回来的好几天前，家里的冰箱就装不下了，为他准备了各种各样他喜欢吃的东西。可是一回来打个照面，他就忙着和同学朋友聚会去了。从此，你最怕听到的一句话是：妈妈，我不回家吃饭了，你们自己吃吧。

大学毕业后，孩子留在了远方工作，一年也难得回来一次了。好不容易回来一趟，几天就走了。你最盼望的就是孩子的电话，希望孩子对你说一声：妈妈，我很好，你保重身体。这样就足够了。

孩子结婚了，回家的时间有一半匀给了你的亲家，孩子回来的更少了。你已经习惯就老两口在家了，但是，你最希望听到孩子对你说：妈妈，今年过年我回家过啊！

当孩子又有了他们自己的孩子，你已经不再是他们的家庭成员了，他们的一家三口（或一家N口）里，已经不包括你们了。而我们也慢慢习惯了这样的日子。只是习惯在闲来无事的时候，经常翻翻相册，看看我们自己的一家三口，无论孩子身在何方，他都永远是我们家庭中无可取代的一员。

是啊，其实当孩子在身边的日子，我们是多么幸福。可是有时我们却还会抱怨：抱怨因为他，你做了太多的牺牲；抱怨他晚上老醒来，让你睡不好；抱怨他无理取闹，爱撒娇，长不大；抱怨他生病，让你操碎了心；抱怨为了培养他，花费了太多的精力与金钱……可是，如果你想想，十多年后，就算你想要，也没有机会了。孩子会不断地长大，过了这个时期他就再没有这个时期的习性。你是不是常常在他断奶后怀念喂他吃奶的日子？可是那时你却觉得好累、好辛苦、好厌倦。是不是常常看他以前吃手的照片觉得好可爱？可是你曾经却因要不停的给他洗手而烦恼透了。是不是在他褪去童声后，特别想念他曾经奶声奶气的声音？可是他以前撒娇的时候你却很不受用。是不是当孩子去上学后你特别怀念他黏在你身边的日子？可是以前你却总在想他要什么时候才能去上学啊……

时间无法倒流，过去了就只能永远过去了。孩子能待在身边的日子是多么难得与宝贵。因为这一点，我更加珍惜与孩子相处的每一刻，而且无论遇到什么，都心存感恩。谢谢上天给我这么一个孩子，让我分享与见证他成长的每一刻。无论他带给我多少困难、烦恼、甚至挫败，无论他让我失去多少睡眠、时间、金钱、精力，我仍然豁达，因为这都是上天的恩赐。

他在身边的每一天，我都会让他觉得幸福，也是为了让我们都有一个美好的回忆。我不会给他太多压力和束缚，更不会给他牵绊和阻扰，但是我会适时管教，也会做量力而行的投资，因为我有责任与义务教会他生活的本领，好让他来日自由快乐地飞翔。同时，我也会告诉他，就算所有的路都行不通时，还有一条路你可以畅行，那就是回家的路……

第33封信

告诉孩子学习也是快乐的

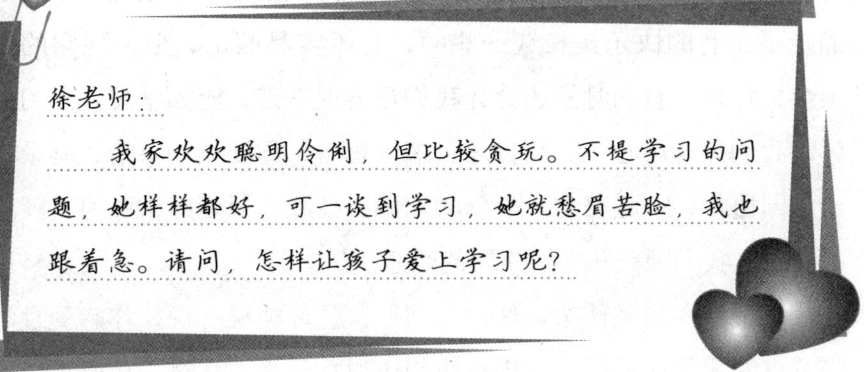

徐老师：

我家欢欢聪明伶俐，但比较贪玩。不提学习的问题，她样样都好，可一谈到学习，她就愁眉苦脸，我也跟着急。请问，怎样让孩子爱上学习呢？

欢欢妈妈：

您好！

有的孩子没有主动学习的习惯，我想主要原因是他们还没有从内心产生“我要学习，我爱学习”的驱动力。这也就是我们家长经常说过的“你自己不努力，我哪怕是钻进你的肚子里也没用”。

如何让孩子发自内心愿意学习，甚至喜欢学习呢？我认为，很重要的一点是告诉孩子，学习也是快乐的！

自古以来，我们崇尚的是“头悬梁，锥刺骨”的“苦学”文化。有不少家长为了告诫孩子要认真读书，总是跟孩子唠叨：“学习要吃苦；吃不得苦，读不好书。”一些孩子尚未明确学习的目标与内容，就被“苦学”学说吓坏了，因“怕”而生出许多厌烦，就谈不上主动学习了。

告诉孩子学习是快乐的，很重要！

一次，我问禹成："哪些事情，你觉得做着很快乐？""看电影，打枪战，看电视……还有……"他边想边说。我接着问："学习呢？"他似乎是勉强地说："是，学习也快乐。"

我把他拉近些，握着他的小手，告诉他："快乐有很多种。有的快乐是短暂的，比如看电影、看电视、玩游戏，做这些事情当然是很快乐的，因为你喜欢，并且在这个过程中你轻松、愉快，但可惜的是，当电影播放完了、电视机关上了、游戏结束了，这些快乐也很快溜走了。有的快乐是长久一些的，它不容易溜走，但得到它的过程不会太轻松，有的时候还会让我们觉得很辛苦，比如学习。学习的时候，我们需要用心读、认真写、深入思考，需要调动眼睛、耳朵、脑子共同协作，一起努力。学到的知识、技能，只要经常温习，就不容易遗忘，我们因此获得了学习的快乐。"

我看他在想着什么，便接着问他："你能说一说，你感受过学习带给你的哪些快乐吗？"禹成边想边说："学习认真，作业写得好，我很快乐；上课发言我受到了老师表扬，我很快乐；我不会做的题目，反复想，想了很久，想出来了，我很快乐；我读到了有趣的书，我很快乐……"

我看他领悟了不少，趁热打铁地说："所以说嘛，学习总体说来，快乐多于辛苦。只有你去用心做了，就能感受到无穷的快乐。而且这种快乐能伴随你的一生。哪怕好多年好多年过去了，你仍然能享受学习给你带来的快乐。"

让孩子有了"学习能带来长久的快乐"的思想后，我还教给他应对学习中困难的办法。因为，若想得到这长久的快乐，是要付出辛劳的。

1. 当学习有些累的时候，可以用更换学习内容的方法来调剂。

孩子做数学题做累了，可以取本语文练习做一做。孩子背英语单词背倦了，可以找本课外书读一读。变换学习内容，特别是文、理学科交替着学，可以解决学习内容单一、感觉乏味的问题。

2. 掌握基本的学习方法和学习步骤。

我们需要告诉孩子，学习要讲究方法，不能一味埋头苦干。每个孩子都有适合于自己的学习方法，但万变不离其宗，重要的是提前预习、认真听讲、高质量完成作业、课外学习积累。

提前预习：预习的目的在于了解学习内容，培养自学能力。在预习时，需要勾画出不懂的内容，以备上课时着重听。

认真听讲：上课是学习的重要途径。我们应要求孩子认真听老师讲课，深入思考老师提出的问题，积极发言，表达自己的观点。中学生还要学习做听课笔记，将老师的教学重难点记录下来。

高质量完成作业：做作业是检查课堂学习的环节。因此，孩子在做作业之前需要复习课堂学习的内容，回顾、思考后再完成作业，而不能敷衍了事。

课外学习积累：课外阅读是加强学生综合素养、拓展学生视野的途径。我们应着力培养学生的课外阅读习惯，鼓励他们在课外学习过程中提高学习能力，形成学习策略。

3. 不懂就问，懂得探究钻研是学习的优秀品质。

学习的人比比皆是，但懂得学习、会学习的人却并不多。告诉孩子，不懂就问，深入探究不明白的问题，是一种优秀的学习品质。

欢欢妈妈，希望您的孩子能逐渐掌握正确的学习方法，爱上学习！

禹成妈妈

10月25日

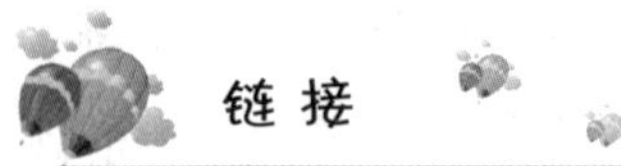

链 接

走遍天下书为侣

（英国）尤安·艾肯

如果你独自驾舟环绕世界旅行时只能带一样东西供自己娱乐，你会选择哪一样？一幅美丽的图画，一本有趣的书，一盒扑克牌，一个百音盒，还是一只口琴？

似乎很难作出选择。

如果你问我，我会毫不犹豫地回答："一本书。"

一本书？我听到有人感叹了，如果你坐船周游世界，这一趟下来，你可以把它读上一百遍，最终你能背诵下来。

对此，我的回答是：是的，我愿意读上一百遍，我愿意读到背诵的程度。这有什么关系呢？你不会因为以前见过你的朋友就不愿再见到他们了吧？你不会因为熟悉家中的一切就弃家而去吧？你喜爱的书就像一个朋友，就像你的家。你已经见过朋友一百次了，可第一百零一次再见面时，你还会说："真想不到你懂这个！"你每天都回家，可不管过了多少年，你还会说："我怎么没注意过，灯光照着那个角落，光线那么美！"

你总能从一本书中发现新东西，不管你看过多少遍。

所以，我愿意坐

在自己的船里，一遍又一遍地读那本书。首先我会思考，故事中的人为什么这样做、作家为什么要写这个故事。然后，我会在脑子里继续把这个故事编下去，回过头来品味我最欣赏的一些片断，并问问自己为什么喜欢它们。我还会再读其他部分，并从中找到我以前忽略的东西。做完这些，我会把从书中学到的东西列个单子。最后，我会想象作者是什么样的、他会有怎样的生活经历……这真像与另一个人同船而行。

一本你喜爱的书就是一位朋友，也是一处你随时想去就去的故地。从某种意义上说，它是你自己的东西，因为世上没有两个人会用同一种方式读同一本书。

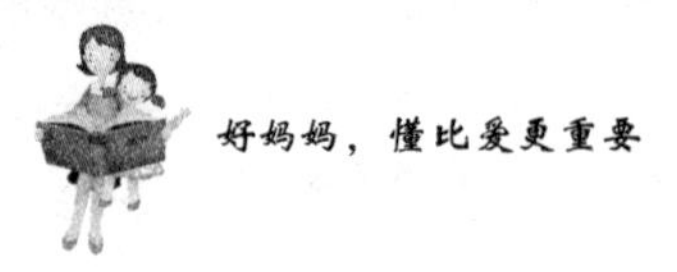

第34封信
指导孩子把字写好

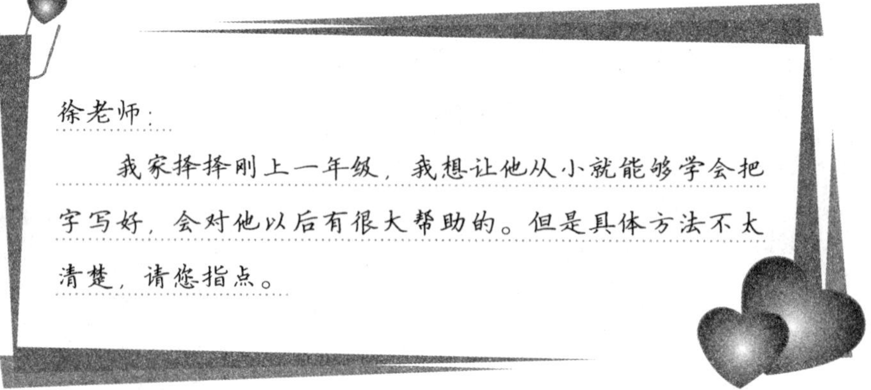
徐老师：

我家择择刚上一年级，我想让他从小就能够学会把字写好，会对他以后有很大帮助的。但是具体方法不太清楚，请您指点。

择择妈妈：

您好！

郭沫若先生曾经说过：“培养中小学生写好字，不一定要人人成为书法家，总要把字写得合乎规格，比较端正、干净、容易认。这样对养成习惯有好处，能使人细心，容易集中意志，善于体贴人。草草了事，粗枝大叶，独断专横，是容易误事的。练习写字，可以逐渐免除这些毛病。”可见，重视孩子的写字教育，不但能使他们增强汉字书写能力，提高审美情趣，热爱祖国文字，还能教会他们怎样做人，从而继承和弘扬中华民族的优秀文化。那么，如何指导孩子把字写好呢？

1. 写字要求要明确

一般来说，小学一、二年级以铅笔书写训练为主，中高段以硬笔书写训练和毛笔书写训练为主。无论是低段还是中高段，写字都要求规范、端正、整洁。写字教育，低段是基础，应从笔画、偏旁、笔顺、间架结构等方面加以规范，重视养成正确的写字姿势和良好的写字习惯。小学三、四年级是巩固阶段，要求熟练书写。小学五、六年级是提高阶段，要求行款整齐，有一定的书写速度。毛笔书写则从中段的临摹开始，到高段的独立书写，并在书写中提高对汉字的审美情趣。

2. 写字姿势很重要

不正确的写字姿势会影响着孩子的视力。在生活中，我们特别要纠正孩子常见的“身不正、本放歪”的现象。

端正的写字姿势：头正、肩平、臂开、足平；纸离眼睛是一尺，身离桌子是一拳，手离笔尖是一寸。

正确的执笔方法：大拇指与食指在前面捏住笔杆，中指在后抵住笔杆，无名指和小指一齐弯曲并拢，小指贴在纸面起支撑作用；手指离笔尖一寸远，笔尖与纸约成50度角；执笔要“指实掌虚”，使笔灵活，便于运用。

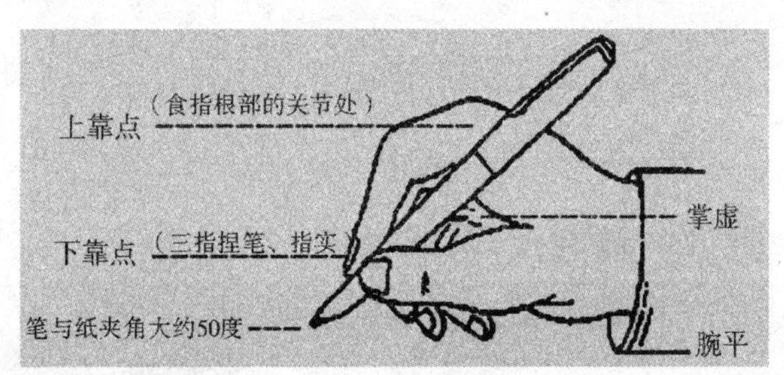

3. 写字方法要指导

家长可以适当教给孩子一些写字方法：

（1）写字前要读帖

小学语文课本上每个要求写的字都在田字格里。孩子学写字前，应仔细观察这个字在田字格里的位置，观察每个笔画如何写，想想这个字什么地方不好写，要特别注意。看清楚后，在脑中回忆一下，再写在本子上。切忌边写边看书上的字。

（2）写错了不要描笔画

有些孩子落笔后发现字的笔画写得不好看，便习惯性地用笔去

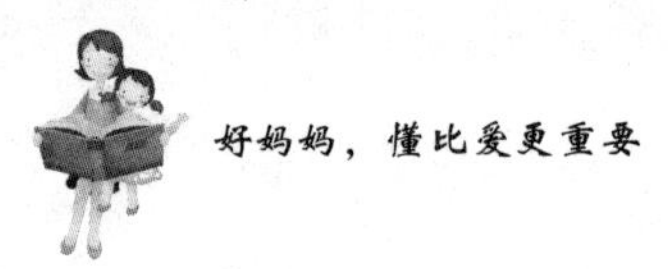

描，导致字越描越难看。教会孩子用橡皮擦，左手按住本子，右手用擦子的一角对准错处轻轻擦拭，擦好后不要用手去抹，更不能用力吹去擦渍，应该轻轻吹或拂去橡皮屑。

（3）写的时候提醒自己写字的基本规律

指导孩子把字写在格子中间，每个字要站稳，横平竖直。告诉孩子书写要美观，要注意整体美，每个字大小要差不多，字与字之间有一定空隙，不可粘着，也不可分得太开。

妈妈指导孩子写字时，要对孩子提出“提笔就是练字时”的要求，帮孩子养成认认真真、专心致志、持之以恒的写字习惯等。孩子经过一段时间的训练，养成了良好的书写习惯，就不用家长太操心了。

禹成妈妈

10月30日

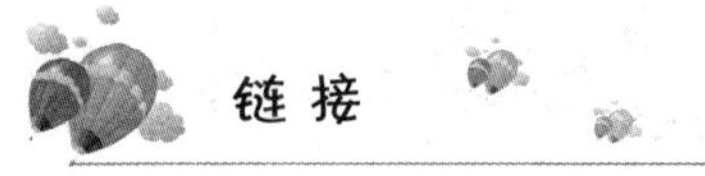

链接

写字歌

写字姿势很重要，头正身直要坐好。
两臂桌面左右开，小腿垂直脚平摆。
眼睛离纸一尺远，胸距桌边远一拳。
手离笔尖约一寸，不松不紧掌空心。
良好习惯要养成，小朋友们要记牢。

第 35 封信

指导孩子课外搜集资料

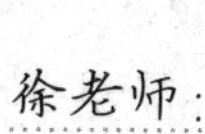

徐老师：

孩子之栋近来经常上网，说是老师让上网搜集学习资料的。我有些不理解，小学生学习，上网搜集资料有必要吗？

之栋妈妈：

您好！

由我国教育部制定的《义务教育语文课程标准（2011年版）》中“课程目标与内容”明确指出义务教育阶段学生的学习目标之一是：“学会使用常用的语文工具书，初步具备搜集和处理信息的能力，积极尝试运用新技术和多种媒体学习语文。”可见，学习搜集信息、处理信息是学生学习语文必备的能力之一。

未来的文盲不是不识字的人，而是不会学习的人。因此，指导小学生课外搜集资料，从小养成其良好习惯，十分重要。

任何一种习惯并非一朝一夕就能养成，因此要把对勤于课外搜集资料这一习惯的训练，贯穿于语文学习的各个阶段之中，不仅要教给孩子搜集资料的方法，更要有计划、有目的地组织他们搜集资料。

作为家长，如何培养孩子搜集信息资料的能力呢？

1. 鼓励孩子到图书馆、书店去“采蜜”

带孩子走进图书馆或书店，指导他们查阅资料，利用目录来寻找自己所需的内容，用略读的方法阅读自己所需的资料，从而进行搜集。

2. 引导孩子上网，到网络世界中搜寻

图书再多，也有不够用的时候。如今电脑已走进千家万户，上网可以让我们看到更多的东西，甚至是足不出户就可遨游大千世界。家长可指导孩子结合学习内容搜集所需资料，大致步骤如下：

首先，大范围搜寻。如果找的东西范围比较大，需要一大批同类网站供您参考与比较，那么您可以先去专门收集网址的网站。如“5566. org”就能将比较出色的网站分门别类，让您一目了然。为了稳定使用，可以安装一个有相同功效的软件在您的硬盘里随时调用，如“仙剑书签”。

然后，找准专业搜索站点。比如：找文字或图片可以去“google”或“baidu”；下载音乐可以去“sogua”；“天网搜索”是一个“FTP”共享搜索引擎，通过它可以到开放的FTP服务器中下载大型软件和电影。

最后，选择合适的资源下载。发现好的文章资料和音乐等，可以用硬盘或优盘储存。文字资料可以选择粘贴至电子文档中进行删改，直接存入电脑，或整理打印。

3. 带孩子亲临实地，在生活中猎取资源

“纸上得来终觉浅，绝知此事要躬行”，大诗人陆游的这句教子名言至今仍然适用。课外书和电脑网络固然可以给孩子提供大量信息，但是对一些人物的内心体验或一些民俗风情，最好亲临实地，在生活中获取信息。禹成读四年级的时候，学过一篇主题为“桥”的课文，老师要求家长带领孩子做个实践活动：观察家乡的一座桥，写一份调查报告。我带孩子走遍城市，选择了他比较感兴趣的一座桥——

新建的英雄大桥，让孩子拍下照片，指导他上网搜索英雄大桥桥名的来历、建造的时间、桥的建筑特色等文字资料。孩子和我一起商议好调查报告的内容分类，再逐一选择文字或图片资料进行制作。一天时间内，孩子得到了综合学习的机会，提高了学习的实效。

当然，我们在指导孩子搜集资料时，也要提醒他们：第一，查到的资料要多读几遍，在理解的基础上用自己的语言讲述一遍；第二，在课堂交流资料时，不要照本宣读，要转换成自己的语言讲述；第四，课堂交流时，要认真倾听别人的发言，尽量不重复别人已介绍的内容。

搜集资料的活动，只要我们指导得当，就能发挥其重要的作用；若不加指导，便会走向形式主义，不但无助于学生学习能力的提高，还会成为一种痛苦的负担。在西方，很小的孩子已经学会各种搜集资料的方法了。您看完下面矿矿的故事也许会有更多的启发吧。

禹成妈妈

11月2日

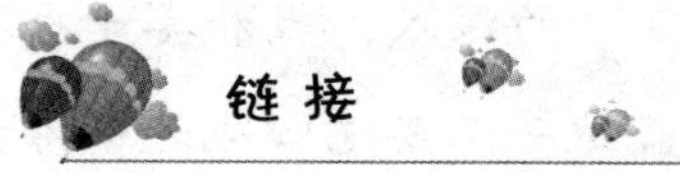

链接

一篇最让我感兴趣的论文

——选自黄全愈《素质教育在美国》

在中国，一般的认识是：研究是属于高级科研人员的事；研究能力也非人人有之；独立研究，应待有丰厚的基础知识以后，并在研究能力逐渐完善后，才能进行。

而在美国，我们发现一个颇有启发的现象，即相信孩子具有同成人一样的独立研究的能力。因此，美国教育的另一个特点就是，为孩子独立研究、独立动手能力的发展提供所需的时间和空间。

矿矿在上小学二年级时，就开始搞“研究”了。第一次从矿矿嘴里听到“研究”一词时，着实让我乐了一阵。那时矿矿才8岁，刚开始能读些稍厚点的书，写些由几个长句子拼凑成的所谓“文章”。一天，他从学校回来，一进门就缠着妻子带他去图书馆。说是他正在作一个关于蓝鲸的研究，要去图书馆找参考资料。

“老师说了，研究论文至少要有三个问题，要写满两页纸。”

“才二年级，你懂什么研究？”看着儿子那一本正经的样子，溜到嘴边的话打住了，赶紧让妻子开车带着儿子上图书馆去。

他们临走之前，我对妻子开玩笑地交待说：“如果市里的公共图书馆找不到好的参考资料，你们可以到迈阿密大学图书馆去看看。”

两个多小时后，母子两人抱着十几本书回来了。一进门，妻子就抱怨：“都怪你提什么到迈阿密大学图书馆。矿矿非让我带他跑了两个图书馆，还说老师说过参考资料要来自不同的地方。”

我翻了翻矿矿借回的“参考资料”，十几本都是儿童图画书。有的文字说明部分多些，有的少些，全部是关于蓝鲸和鲸鱼的知识性书籍。

随着儿子对那十几本书的阅读及“研究”的深入，我和妻子也不断地从矿矿那儿获得有关蓝鲸的知识：蓝鲸一天要吃四吨虾；寿命是90到100年；心脏像一辆汽车那么大；舌头上可以同时站50到60人……

说实在的，我以前只知道蓝鲸很大，其他就不知道了。这回矿矿告诉了我不少我第一次听到的东西。

这样，矿矿终于完成了他有生以来的第一份研究报告：《蓝鲸》。

论文是由3张活页纸订成的。第一张是封面，上面画着一条张牙摆尾的蓝鲸。蓝鲸的前面还用笔细细地画了一群慌慌张张逃生的小虾。在封面的左下方，工工整整地写着By Kuangyan Huang（作者：

黄矿岩）。论文含4个小题目：1. 介绍；2. 蓝鲸吃什么；3. 蓝鲸怎么吃；4. 蓝鲸的非凡之处。

我不知道矿矿是怎样决定这些小标题的，也不知道他为什么对蓝鲸的饮食问题这么感兴趣。总之，老师要求至少写3个题目，矿矿完成了4个。好歹也算超额完成任务了。小标题下的正文不过一两句话，既没有开篇段，也没有结论段，读起来倒也开门见山。

3月11日《羊城晚报》就《素质教育在美国》引发的“中美教育观的一次大讨论”进行了专题报道。有一位很反感“外国的月亮比中国的圆”的读者，给报纸去信，不屑地表示：“美国8岁的小学生们就能写‘论文’，你能想象出这会是怎样的‘论文’？”

那么，这是一篇怎样的“论文”呢？

这是我一生中所看到的最简短的论文。当然这也是一篇最让我感兴趣的论文。问题不是儿子在此次研究中学到了什么有关蓝鲸的知识，我更感兴趣的是从这次研究的经历中，孩子获得了什么、学到了什么。

孩子从一开始就摆开了一副正经八百作课题研究的架式。收集资料，阅读，找观点，组织文章……一步不差，一丝不苟。从决定题目，到从那十几本书中发现对自己研究有用的资料，到着手写文章，孩子始终处在一个独立工作的状态下。他必须用自己的脑子去思考，去筛选材料，去决定“研究”方向……这个收获要比知道蓝鲸有多重、多长更具价值。

我手上还留有矿矿在五年级上天赋教育班时写的一篇研究卡通画和漫画的文章。这是一份独立自学的研究报告。所谓独立自学，是指自选课题、利用自学课及课外时间进行的研究和学习。在研究结束之前，老师不对选题及研究过程发表任何意见，只是在学生提出要求时，为学生在收集资料方面提供参考意见。

与矿矿上二年级时写的论文相比，这篇研究论文可以称得上非常专业化了。论文是在电脑上打的，用我的激光打印机印制而成，就像是任何一篇正规论文一样，以非常工整的双排间距洋洋洒洒地写满了4张纸。文章的后部，还附上了参考资料的来源出处。

老师要求研究的参考资料至少应来自三个不同之处。这回矿矿明白了所谓不同的出处并不是指来自三个不同的图书馆。他除了去图书馆找参考书外，还在互联网上找了不少材料，借看了录像带，最后采访了迈阿密大学美术系的一位教授。充实的资料使得他的研究报告具备了游刃有余的发挥余地。

在美国做研究报告（不管是大学的还是小学的），主要由三个基本要素组成：收集材料，研究前人对这一问题的看法；发现新的问题，提出新的研究课题；确定研究方法，实施研究计划。

每次回国，看到国内孩子们那强制不住的哈欠，硬撑到半夜12点，我心里沉甸甸的不是滋味……

第36封信
帮助经常不完成作业的孩子

徐老师：

我家儿子威威刚读小学三年级，每天放学后花在书桌前的时间是不少，可是磨蹭到很晚还是完不成手上的作业。我应该怎么帮助他呢？

威威妈妈：

您好！

孩子不完成家庭作业，原因大体有以下几类：

1. 沉不下心。做作业时常左顾右盼，三心二意，不知不觉就养成了“磨蹭”的毛病，作业一多就完成不了。

2. 畏难情绪。由于基础差或是上课不专心，没有能力完成部分作业，甚至因为题目难度过大而干脆放弃思考。

3. 惰性作祟。有些孩子天性爱玩，又管不住自己，不能做到做好作业再玩。对于需要花时间精力的作业就是不完成，这是“明知故犯”型。

4. 缺乏监督。不少孩子在家中是“小皇帝”，家里的长辈呵护有加，疏于管教，或父母的教育方法不科学、不合理，使得孩子在家学习不够自觉主动。

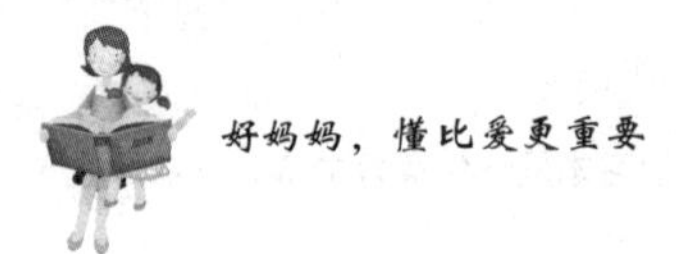

基于以上原因，我想家长可以采取以下措施帮助孩子养成良好的作业习惯：

1. 及时进行教育，树立正确作业观。

当孩子出现不能完成作业的现象时，一定要采取果断措施，及时铲除孩子不做作业的苗头，千万不能让其成为习惯。应让孩子意识到“学习是自己的事”，别人代替不了自己学习，要逐步学会自己管住自己。当然，对于作业马虎潦草或不及时完成的孩子，家长不能以多遍抄写作业压孩子、罚孩子，以免孩子产生更大的抵触情绪。

2. 减少家里另外布置的作业，优化作业设计。

有些家长在家里还给孩子布置了不少额外的作业，孩子因为厌倦，没有了完成作业的兴致。家长要适当减少家里布置的作业，对于孩子应完成的作业进行指导帮助，并在孩子完成后及时表扬。

3. 保证安静的学习环境和必要的学习条件。

有的家长经常带朋友回家玩牌、唱歌，孩子没有一个安静的学习环境，自然容易懈怠。建议家长给孩子营造一个安静舒适的学习环境，安排一张书桌、一盏台灯、一个书柜等硬环境给孩子。如果家长

能在孩子写作业的时候，自己也看看书报，营造一种浓郁的家庭学习氛围，将十分有利于孩子良好学习习惯的养成。

4. 与老师联系，构建家校联络网。

家长需要经常与老师取得联系。双方对孩子的学习情况皆能了如指掌，互相配合，可以及时扼制不做作业的现象，不留坏习惯滋生的时间和空间。还可请老师帮助，通过网络、短信或“家校联络本”等家校沟通平台了解孩子每天的作业，加强监督，对照检查。

威威妈妈，您可以分析下孩子不做作业的原因，有的放矢，解决问题。家长对经常不完成作业的孩子决不能放弃，要积极采取多种措施应对。“精诚所至，金石为开”，只要我们不急躁，想办法，一定能帮助孩子改掉这个坏习惯。

禹成妈妈

11月10日

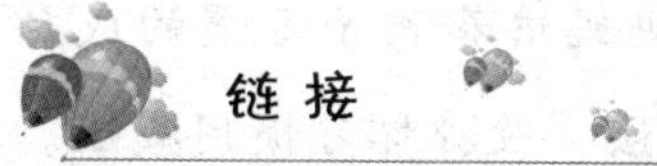

链接

培养孩子的学习习惯

孙云晓

北京有个妈妈，她上五年级的儿子学习很不专心，写一个小时的作业要站起来七回，一会儿打开冰箱吃点东西，一会儿打开电视看动画片开始了没有，一会儿站到窗前看风景，不到十分钟就要动一会儿。这位妈妈看在眼里，急在心里，但她很擅长教育孩子，就对孩子说：“孩子，你是很聪明的，你如果努力，学习肯定会很好。但是我刚给你看了一下，你学习一个小时就停下七回做别的事，是不是有点多啊？”这小孩马上有点不好意思：让妈妈看见了，而且自己都没意识到站起来了七回，是过分了。而这位妈妈最有水平的话还在后面：“孩子啊，我看你写一个小时的作业站起来三回就差不多了吧？”儿子想：妈妈挺宽容的，还让站三回呢，就说三回就三回。妈妈说：“军中无戏言。你要是能做到写一小时的作业站起来的次数不超过三回，那当天晚上六点的动画片，你可以随便看。”儿子一听特别高兴：以前看动画片的时候总是不踏实，就怕妈妈随时会来阻拦，现在可以随便看，当然不错。他妈妈又说：“先别着急，有奖励就有惩罚。如果你超过了三次，当天晚上的电视包括动画片就都不能看了，行不行？”孩子总是过高地估计自己，于是就一口答应了下来。一个星期下来，儿子有三天做到了，当天晚上就大摇大摆地坐下来看电视，很是自豪，但是有两天没做到，那两天到了六点钟，心里就痒痒的，想看动画片。妈妈就说：“男子汉，说话算数，说什么都不能看。”这一对比感受，孩子以后在写作业的时候就非常注意了，知道站起来只能有三次，得省着点用，一个多月后，这孩子写作业的时候基本上就不站起来了。

这个故事很耐人寻味，我总结了这位妈妈培养孩子习惯的成功之道，叫“加减法”，即：培养好习惯用加法，改掉坏习惯用减法。你希望孩子有什么好习惯，你就鼓励他、指导他，让他好的行为不断出现，出现的次数越多，好习惯越牢固。美国有位教育学家说：培养好习惯就像缠缆绳，只要你每天缠上一道，用不了多久，好习惯就会变得牢不可破。改掉坏习惯也是，只有在极少数情况下才会一次改掉，更多的情况下需要一个过程。我在阿姆斯特丹看见还有店里卖毒品的，就很奇怪国家怎么能允许出卖毒品。人家告诉我那是卖给正在戒毒的人的，一下戒不掉，凭着戒毒证来买，越买越少，这就是递减法。有的父母不明白这个道理，常常是要求过严，一棒子打死，不留余地，碰到上面的情况就会要求孩子一次都不能站起来。其实，你越不让他站起来，他就越想站起来，就算你站在孩子旁边监视着，孩子不动了，但他也难以安心写作业，所以效果很不好。允许他站三次，

留有余地，做好了就奖，没做到就罚，这是孩子最喜欢的方式。所以说真正的教育是自我教育，真正的控制是自我控制，最好的培养孩子的方式是让孩子自己知道这是他最需要的习惯方式、他愿意养成的习惯。

第37封信
孩子迷恋电脑游戏怎么办

徐老师：

我家启凡最近迷恋上了电脑游戏，一回家就躲在电脑房里，作业也不做，吃饭时也胡乱塞几口，然后又扑到电脑前。我担心这样不但耽误他学习，更影响他的健康，但又觉得采用强制手段不行，请问该怎样让孩子自然而然地摆脱电脑游戏的诱惑呢？

启凡妈妈：

您好！

对您所说的情况，我也深有体会，因为过去我教过的学生中也有这种情况。

网络是一把双刃剑，既能丰富生活，也能让人眼花缭乱。如果不能正确地运用网络，就会坠入网络陷阱，不能自拔，甚至酿成悲剧。

当孩子迷恋网络时，千万不可一味指责，那样做只会适得其反，加重孩子的叛逆心理。首先，家长应和他们平等交流，让孩子说说网络带给他们哪些快乐，可能是网上游戏过关带来的成就感，可能是网上聊天带来的轻松感，也可能是网上生活带来的新奇感……这样一来，我们就可以有针对性地进行指导。其次，让孩子根据自己的经历

思考："网络有陷阱吗？我有没有克制住自己的欲望？我有没有因此影响学习和睡眠？"让孩子明白：游戏只是放松自己和开发智力的工具，不要让它成为你的主宰；无论在网上多么快乐，还要在现实生活中寻找你自己，在现实生活中感受和创造快乐；网上的朋友也许给你的是假象，虚拟的友谊不能取代现实生活中的真实情感。

当然这样做仅仅是晓之以情，动之以理，还要辅之以行，持之以恒。帮助孩子摆脱网瘾，我们可以从以下几方面努力：

首先，我们和孩子一起制定上网计划。要求孩子先高效完成学习任务，再上网，如果做得好可适当增加上网时间，反之则要减少上网时间。可以安装相应的电脑监管、过滤软件，监控孩子的上网情况。

其次，我们可以协同老师利用网络与孩子沟通情感。老师与家长可以和孩子通过网上聊天进行师生互动、亲子互动，让孩子在他可接受的交流方式中得到家长、老师的帮助。

最后，家长应多抽时间陪伴孩子，并鼓励孩子和同学一起玩耍。许多喜欢上网的孩子是因为现实生活中比较孤独，他们上网是为了填补空虚、排遣寂寞。所以，作为家长，我们应多陪孩子。

只要持之以恒，相信启凡一定会从网络的陷阱中走出来！

禹成妈妈

11月15日

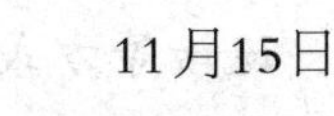

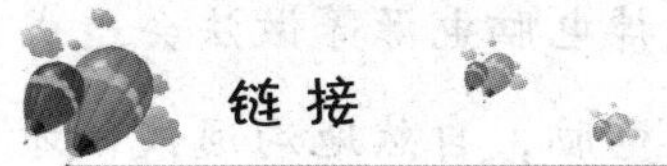

链接

避免孩子游戏成瘾的5种方法

网络游戏市场规模位居世界第一的韩国，同时也是游戏成瘾率最高的国家。从韩国学界来看，10名初中生中就有1.5名患上游戏瘾。

青江文化产业大学电脑游戏学的吴贤朱教授提出一套引导玩游戏

的学生戒瘾的方法。吴教授表示：“让孩子年纪小时就尽量大范围地接触多种娱乐文化，引导孩子不只是热衷于电脑游戏。”

他提出避免孩子游戏成瘾的5种方法：

1. 告诉孩子电脑是一个大型的共同生活空间

不要将电脑放在孩子的房间里，最好是放在能与家人一起使用的屋子里。向孩子灌输电脑不是私人物品，而是所有家人使用的共有物的认识，能自然而然地减少孩子的电脑使用时间，防止过多的游戏时间。

2. 限制孩子使用电脑的时间

不是单纯的强制或命令，而是通过相互间的沟通和协商，为孩子确定玩电脑游戏的时间及日程。如果有同龄兄妹，确定各自的使用时间，相互约束，这样更好。可以安装相关软件或定闹钟来限制电脑的使用。

3. 加强学习的自信感

游戏沉迷性和学习功效感有着很深的关联性，即学习自信感的不足会让孩子投入到游戏中去。相比强迫沉迷于游戏的孩子不玩游戏，首先提升学习的自信感，给予孩子学习上的具体帮助，更为必要。另外，缓解学习压力要考虑孩子的兴趣，不是通过游戏，而是以读书、运动、谈话等方式来帮助孩子释放压力。

4. 通过谈话说明限制电脑游戏的理由

孩子玩一整天游戏，对其大声责骂或关掉电脑电源等做法会造成与孩子间的隔阂。相比强制性地让孩子脱离电脑，自然地沟通谈话才是可取的。

5. 接触电脑游戏外的多种娱乐文化

孩子很多时间都呆在室内，自然会沉迷于电脑游戏。家长应带孩子多参与其他娱乐活动，以转移孩子的兴趣点。

第38封信
孩子为什么每逢大考就砸

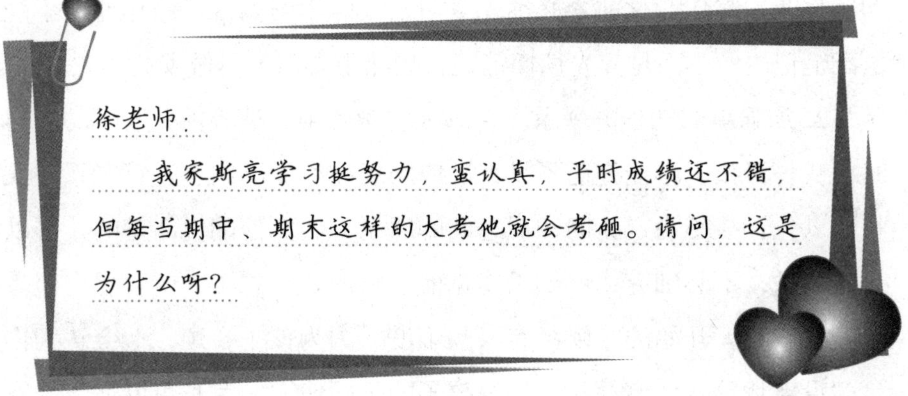

徐老师：

我家斯亮学习挺努力，蛮认真，平时成绩还不错，但每当期中、期末这样的大考他就会考砸。请问，这是为什么呀？

斯亮妈妈：

您好！

我想，每逢大考就砸的缘故，除孩子紧张这一因素以外，大抵是因为孩子不懂得如何复习。平日里学习的内容是一小块一小块的，孩子学习起来相对简单很多，而考试的内容是综合的，有些内容还会互相穿插。由于孩子忽视了每日的复习、每周的复习和每月的复习，考试前复习就胡子眉毛一把抓，考试时知识掌握不扎实，哪怕是平日里懂得的知识也容易产生间歇性遗忘，考试不就砸了吗？

越到高年级，复习的作用就显得越重要。家长可以帮助孩子掌握有效复习的好方法，从而提高他们的考试成绩。

复习，不是简单的机械重复，而是一个阶段性的巩固验收和进一步系统提高的过程，能反映一个孩子自学能力、自理能力和自控能力的强弱。复习的步骤一般分为：明确复习的主要任务、细化复习目

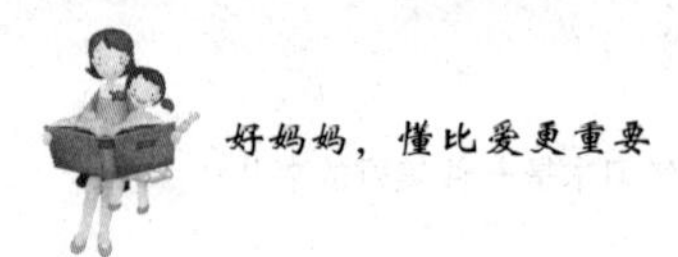

标、梳理重点内容、做一定数量的练习等环节。为提高学习的效率，在复习内容的安排上可以注意文理交替，这样学习就能减免枯燥。

孩子就读小学高年级，若还没有掌握正确的复习方法，会很辛苦的。这时候，家长可以适当适时地帮助他。建议妈妈们做到以下几点：

1. 告诉孩子先复习后写作业。家长应要求孩子每天放学后不要立即写作业，写作业之前，必须先复习当天的学习内容。做作业时不能边翻笔记边做，而是应先读懂笔记，烂熟于心后，再做家庭作业。

2. 加强新旧知识的联系。在每天的学习中，遇到前面所学的内容时，我告诉孩子不能视而不见，而应与现在所学的内容进行联系。家长可以先让孩子说说新旧知识之间的联系，感觉他能说清楚的，可以一带而过，不必细究；但如果感觉他已将旧知识忘了，就要提示他重新记忆理解。开始的时候会有一些难度，因为孩子会烦，他会认为你是“没事找事找他麻烦”。根据孩子的不同情况，家长可以适当地有选择地进行。比如：开始的时候，可以选择和当前课程关联度较高的知识让他复习，其他的先放放，以后遇到合适的机会，再提醒他；如果孩子没有忘记以前的知识，要给予一定的精神鼓励，提高他复习的积极性。在学习的过程中，慢慢向他渗透一种思想：平时在听老师讲课时，就要有意识地回忆这些旧的内容。

3. 以周为单位，进行复习小结。家长应告诉孩子不是只有在考试前才进行复习，而是每天要小复习、每周要大复习。我的经验是指导孩子对每一门课程内容进行梳理。梳理的方法很多，可以让孩子用语言梳理，比如让孩子讲每一课的重点内容，或者让孩子合上书本回忆这一周都学了哪几课、主要内容是什么、有哪些需要注意的地方、自己曾经在哪些方面出过差错等等。这种方法效果比较好，孩子能依靠自己的记忆将知识系统地串在一起，知识对他来说不再是一个一个孤立的点，而是前后有联系的一个整体，这样就不容易忘记了。在学习

上，这应该是非常重要的技能。当然，如果孩子梳理知识有困难，家长可以提醒章节目录，甚至引导孩子回忆、思考，家长示范做复习笔记，再让孩子对照笔记的脉络回忆、梳理。

4. 月复习、期中复习和期末复习可以用图表复习法。有了以上的基础和铺垫，以月为单位进行复习也就顺理成章了。等孩子学完半本书乃至一本书后，如果他能从前到后地把基本内容连续讲出来，也就做到了理解并融会贯通，学习成绩也会稳定提高。而最宝贵的是孩子掌握了一项学习的技能，这将让他受用终生。如果家长没有时间在一旁监督，还可以建议孩子用图表复习法。图表复习法，即将学习的重点内容列成表格，一目了然，方便记忆。可以让孩子按课做表格，也可以按章节、单元做表格。表格的内容要相对简洁，孩子在梳理过程中务必要深入理解学习内容，把握精髓。孩子若能将学习的重点内容列出表格，也就自然而熟练地掌握了学习内容。

复习，是承上启下的过程，古语讲“温故而知新”，就是指通过复习对原知识能有更准确的掌握，还可以为新知识的学习和理解做更好的准备。

复习是自主的学习行为，孩子进行有步骤的复习可以通过教师或家长指导。比如作业通常是由老师做出要求和安排，目的和内容比较明确。而复习的工作需要自己来设计、安排，不需要对老师有什么交代，所以孩子的思想上容易麻痹和忽视。那么在开始不熟练的时候，家长应该适时地对孩子给予必要的提醒和安排。对于养成良好的复习习惯和方法，这种指导和帮助是非常必要的。

斯亮妈妈，您可以试一试帮助孩子形成良好的复习习惯，相信孩子那恼人的考试综合症一定能痊愈。

禹成妈妈

11月18日

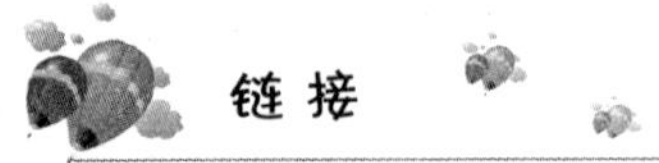

链接

有效的复习方法

通过课堂上的几十分钟，孩子们认识和了解了一些新的知识。但如果想要真正地掌握这些知识，就还需要通过课下的复习来消化和吸收。既然复习对于学习如此重要，那么有什么有效的复习方法可以加深孩子对知识的理解呢？

1.课后复习法：所谓课后复习法就是刚听完老师的讲课之后，利用下课的10分钟来消化和吸收刚刚讲过的知识，因为老师刚讲完，所以对知识的理解和记忆都达到了巅峰状态，此时孩子只要稍加复习巩固，就能牢牢记住所学知识。

2.睡前记忆法：心理学家研究表明，人在一天中，早晨醒来和晚上临睡前记东西的效果最好。早晨孩子们急着上学，可能没有时间，但是晚上一定有。既然错过了早晨，当然不能错过晚上，在临睡觉前可以让孩子把当天所学的所有知识系统地过滤一遍。虽然是一天的知识，但是也花费不了很多时间，而且记忆的效果很好。

3.章节复习法：不管是哪门学科，都分为大的章节和小的课时，一般当老师讲完一个章节的所有课时，就会把整个章节串起来再系统地讲一遍。既然是一个章节的知识，所有的课时之间一定有联系，因此可以找出它们的共同之处，采用联系记忆法把这些零碎的知识串起来，更方便记忆。

4.轮番复习法：虽然学习的科目不止一项，但是有些孩子就喜欢单一的复习，例如语文不好，就一直在复习语文上下功夫，其他科目一概不问，其实这是个不好的习惯。当人在长时间重复做某一件事的时候，难免会出现倦怠，达不到预期的效果，因此复习的时候不要单

一复习某一门科目，应该使它们轮番上阵，看语文看烦了，就换换数学，再烦了就换换英语，这样可以把单调的复习变为一件有趣的事情，从而提高复习效果。

5.间隔记忆法：有些孩子喜欢把所有的知识拿到一起来复习，其实这是一种很不好的复习方法。这是因为集中复习内容过多，容易引起大脑皮层细胞的疲倦，从而降低记忆效果。因此可以让孩子采用间隔记忆法，每隔一段时间对知识进行一次系统的复习。当然，间隔时间不能过长，毕竟人的记忆力有限，时间过长，难免有遗忘。

6.纠错整理法：考试的过程中难免会做错题目，不管是粗心还是根本就不会，都要习惯性地把这些错题收集起来，每个科目都建立一个独立的错题集。当孩子进行考前复习的时候，以前做错的题是重点复习对象，因为既然错过一次，保不准会错第二次。只有这样孩子才不会在同样的问题上再次失分。

相信很多复习方法大家都知道，但就是没有付诸行动，这即是我们常说的理论一大套、行动不对号。任何行之有效的方法若不付诸行动，是永远见不到成效的。

第39封信 让孩子插上想象的翅膀

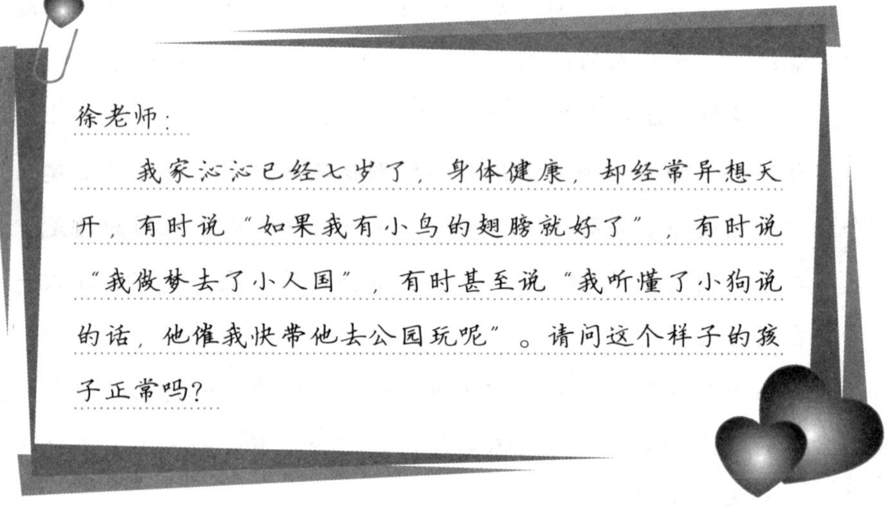

徐老师：

我家沁沁已经七岁了，身体健康，却经常异想天开，有时说“如果我有小鸟的翅膀就好了”，有时说“我做梦去了小人国”，有时甚至说“我听懂了小狗说的话，他催我快带他去公园玩呢”。请问这个样子的孩子正常吗？

沁沁妈妈：

您好！

呵呵，您不用担心，沁沁这样属于正常状态，和爱迪生小时候孵鸡蛋一样，不仅不能说这不正常，还说明她有着丰富的想象力。

儿童的想象力尽管呈现出广而不深、情节简单且不稳定、形象生动却夸张性大、容易混淆与现实的界限等特点，但是与儿童的智力发育有着密切关系。爱因斯坦说：“想象力比知识更重要，因为知识是有限的，而想象力概括着世界上的一切，推动着进步，并是知识进化的源泉。严格地说，想象力是科学研究中的实在因素。”儿童的想象力是智力的重要成分，聪明的孩子具有丰富的想象力。儿童如果缺乏想象力，就不能很好地掌握知识，也缺乏创造力。因此，我们要包容

孩子的“异想天开”，注重对儿童想象力的保护和提高，从而把孩子培养成为富有创造力的人。

下面就介绍几种培养孩子想象力的方法：

1. 给孩子充分的自由

孩子只有获得了足够的自由，休息和娱乐的时间不被挤占，才能有空间和时间展开丰富的想象。家长应鼓励孩子充分地自我表现，不要给孩子过多的羁绊，及时抓住孩子的闪光点加以肯定，保护孩子的好奇心，让他们的好奇心能转化成求知欲，再发展成学习兴趣。

2. 观察大自然

儿童丰富的想象来自大自然，大自然充满勃勃生机的动物、植物，无一不给孩子带来憧憬与幻想。父母应经常带孩子贴近大自然、感受大自然，引导他们对大自然的奇特景象产生兴趣，激发他们的想象力。比如带孩子观察蚂蚁怎么屯粮、树叶怎么飘落、雨点怎么落入水中、母鸡怎么孵蛋等，让孩子细心观察，之后引导孩子想象看不到的景致。

3. 家长和孩子一起玩表演游戏

游戏是孩子想象的王国，在游戏中孩子可以凭借想象扮演各种角色，表现各种生活情景。家长可以陪伴孩子一起游戏。禹成3岁时，我经常和他一起编故事表演，有老鼠开会、不回家的老虎、狡猾鳄鱼和聪明的猴子等。我随机改变故事情节，孩子也随机表演。孩子在表演游戏中锻炼了思维，培养了想象力，也发展了语言能力。

4. 鼓励孩子画画

画画能发展孩子的想象力。画画的方式很多，可以让孩子模仿现实画，也可以鼓励孩子进行幻想画。孩子小些的时候，除了自己画画以外，还可以让他补画，例如，画的主题是“春天”，原先的画面上仅有一些大树，那么让孩子发挥自己的想象力，再添画一些表现春天的事物。有时孩子拿着一张不知是狗还是猫的动物画请你鉴赏时，你切不能打击孩子的积极性。他说画的是兔子，你得大加赞赏他。此时他的画不是兔子的素描画，而是孩子想象中兔子的样子，不论与你印象中的兔子样貌差距多远，你都要鼓励他。

5. 培养孩子独立思考的能力

培养孩子丰富的想象力，应培养他们好问的习惯。首先，应尊重他们的提问，对孩子的提问持认真倾听、回答的态度，不糊弄、不嘲笑、不指责；其次，鼓励孩子自己去寻找问题的答案，别用父母的思考代替孩子的思考，更不应该把自己的答案强加给他们。要求孩子独立思考，并非父母甩手不管，而是花时间和精力，用可行的办法引导他们自己找到答案，既促进亲子交流，又让孩子学会思考。

6. 鼓励孩子参与实践

让孩子独立思考的同时，更要为他们提供亲力亲为的机会，让他们勤看、勤听、勤动手、勤动脚。孩子因为参与实践，想象力与实践力共同发展，相辅相成。比如鼓励他们看课外书，接触大自然，拆装一些物品，做些小实验，等等。

孩子具有丰富的想象力，能对所有事物充满期待与憧憬，提高学习能力。就拿孩子阅读图画书来说，图画故事书的阅读过程就是一个与图画故事书沟通、对话、交流的过程，是孩子充分利用自己的想象力学习的过程。通过想象，孩子可以把书中的画在心里转化成为生动的故事。丰富的想象力不仅可以帮助孩子生动地再现故事场景，体验故事中人物的心理，还丰富了孩子的审美体验。可以说，想象力是孩子灵感的源泉，呵护孩子的想象力是每个父母的责任。

沁沁妈妈，让我们放飞孩子想象的翅膀吧！

禹成妈妈

11月24日

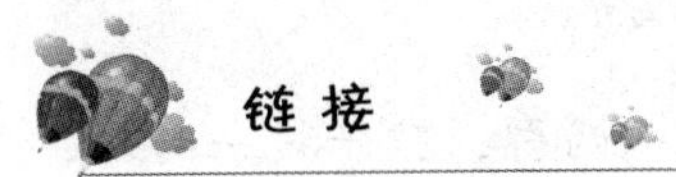

链接

开启孩子想象大门的六把钥匙

1. 列举法。不仅要求孩子列举出物品的用途和功能，还要引导他列举出和物品原有属性无关的其他用途和功能。

示例：用毛巾给孩子洗脸时，妈妈问："毛巾可以用来洗脸，还可以用来做什么？"孩子答："用来洗澡，擦脚丫。""还有呢？""当抹布擦桌子，当围巾围脖子，当枕巾睡觉，当绳子拉，当玩具扔，当棉被给布娃娃盖……"孩子的生活经验越丰富，他的想象范围就越广阔，越能体现思维的新颖和灵活性。

2. 违反常规法。妈妈反其道而行之，提出反常规的问题让孩子回答，让他张开想象的翅膀、开动思考的机器。

示例：妈妈说："如果天空下的不是雪，而是白糖，会怎么样？"孩子肯定会说："太好了，多美的事啊……"妈妈又说："如果这个世界没有白天只有黑夜（或没有黑夜只有白天）会怎么样？如果汽车像鸟儿在天上飞会怎么样？如果车轮子是方的会怎么样？……""如果"后面怎么样，就交给孩子的想象力去回答吧！

3. 故意为难法。妈妈提出一个假设问题，要孩子想办法。等他想出来后，妈妈继续顺着这个答案提下一个"怎么办"，故意为难孩子，直到提不出问题为止。

示例：妈妈："如果你回家时，爸爸妈妈都不在，家里没人，你进不了门，你会有什么办法？"孩子答："打电话给爸爸妈妈，叫你们回来开门。""万一我们回不来呢？""我到邻居阿姨家等你们回来。""邻居家也锁门了呢？""我在外面继续玩。""你要是不想玩呢？""我就在门口等。""你等得很烦呢？""我就坐在门口睡着了！”不知不觉中，把孩子引入思考的境地，挖掘想象的潜能，养成爱思考、善于解决问题的好习惯。

4. 故事接龙法。和孩子编故事。妈妈说一两句，孩子接一两句，妈妈再接下去，如此循环。不管故事编得如何、编到哪儿，都不重要，重要的是能接上，逻辑上说得过去就行。孩子接得越快，说明思维越敏捷。

示例：妈妈说：“有只小鸡出去玩，遇到一只小狗。”孩子接：“小狗嘴里叼着骨头。”妈妈接：“小鸡很想吃骨头，眼巴巴地望着小狗。”孩子接：“小狗想分骨头给小鸡吃。”妈妈接：“可是，小狗想起妈妈的话，骨头要给生病的狗爸爸吃。”开始的时候，接一句就行，不要太长。太长了，孩子把握不住故事情节，反而增加了续接的难度，因为孩子本身要把精力放在续接下一个情节上。

5. 形象比喻法。通过观察某种事物，联想到类似这种事物形态的另一种事物。妈妈可以根据事物的多个角度来引导孩子去比喻和联想。

示例：妈妈把书立起来：“书的样子像什么？”孩子答：“像扇门，像窗子。”妈妈把书放平问：“现在又像什么？”孩子答：“像豆腐，像大积木，像一栋楼，一块平地。”妈妈把书打开竖放再问，孩子答：“像扇子，像商场的旋转门。”妈妈把书摊开平放，孩子答：“像张开的两片叶子。”从不同视角来比喻有一定的难度，如果孩子一时答不上，可以不断鼓励和启发他，甚至报出你想象出来的东西：“你再看看，是不是像……”

6. 积累法。要孩子扩大语言文字的积累。想象以形象为主，但离不开语言材料，特别是需要用口头语言或书面语言将想象的内容表述出来时，语言材料起着重要作用。因此，要让孩子扩大语言文字的积累。

第六章
让孩子成为语文小达人

所有学科中，语文是最基础的一门。它影响着孩子的理解能力、表达能力、思想感情，是打开孩子心灵大门的一把金钥匙。而学习语文，绝不能局限于语文课本、语文考试题，而应贯穿于日常生活当中。

第40封信
培养孩子做个“小书虫”

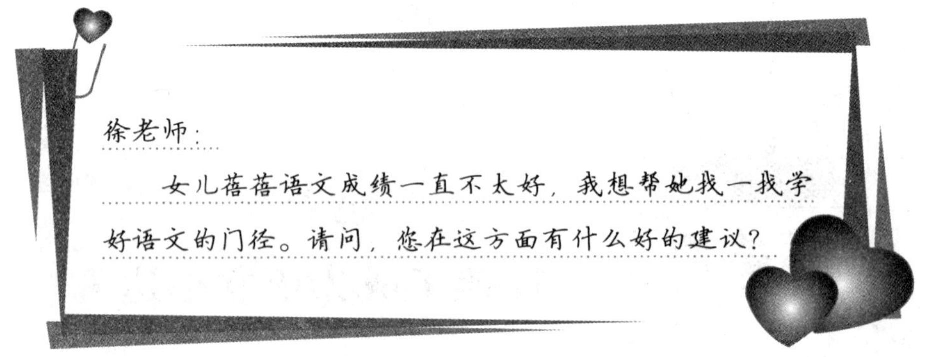

徐老师：

女儿蓓蓓语文成绩一直不太好，我想帮她找一找学好语文的门径。请问，您在这方面有什么好的建议？

蓓蓓妈妈：

您好！

怎样帮孩子学好语文？我想，就培养孩子做个“小书虫”吧。让孩子从小养成爱读书的习惯，是帮助孩子学好语文的重要途径。

在世界众多民族中，犹太民族可谓是个酷爱读书、非常重视教育的民族。在古代，不少犹太人的墓园里常常摆放着各种书籍，因为犹太人相信，在夜深人静时，死去的人们会出来读书。为了培养孩子读书的习惯，在每一个犹太家庭中，当小孩稍微懂事时，母亲就会翻开《圣经》，滴一点蜂蜜在上面，然后让小孩去吻《圣经》上的蜂蜜。这仪式的用意不言而喻——让孩子从小就知道书本是甜的，读书会对人生大有裨益。犹太人总是不厌其烦地向孩子灌输这样的道理：生命有结束的时刻，读书求知却永无止境。犹太人还有传统，那就是书橱一定要放在床头；要是放在床尾，会被认为是对书的不敬，会遭到人们的鄙视。犹太人爱书，从不焚书，即便是一本攻击犹太人的书，也

不会遭到被焚毁的厄运。

书籍是人类进步的阶梯，应该成为陪伴一个人一生最忠实的朋友。让孩子从小喜欢读书，养成良好的读书习惯，将会使孩子终生受益。那如何培养孩子好读书的习惯呢？可以从以下几个方面着手：

1. 自己先做读书人。

“亲近母语”倡导者、儿童阅读推广人徐冬梅曾说：“如果有人问我，让孩子爱上阅读最重要的因素是什么，我一定会不假思索地回答：一个热爱阅读的家庭，一位热爱阅读的老师。阅读指导最有效的办法就是用热情点燃热情。”看来，要引导孩子畅游书海，我们做妈妈的首先要喜欢阅读。很难想象，一个不爱读书的母亲如何培养爱读书的孩子。

2. 营造良好的读书氛围。

孩子的精神发育在很大程度上受到他们生活环境的影响，环境本身就是一种文化。因此，要让孩子爱上阅读，就得让家庭散发出浓浓的书香味，营造出一个读书的“场”。作为孩子天然的教育启蒙者与阅读引领者，妈妈该如何做呢？我们可以给孩子准备一个小书架，用来专门摆放属于孩子的书籍；定期带孩子去书店看书，定量给孩子购书（不盲目买很多书，书应该一本一本买，买太多积压在那儿，孩子不会读的）；让孩子在固定的时间阅读，可以是每晚一小时，也可以在周末再安排半天时间。孩子小的时候，妈妈可以读书给孩子听；孩子四五岁后，妈妈可以陪孩子一起读书；孩子认识一些字后，妈妈可以鼓励孩子独立阅读，不认识的字可以采用猜读、问妈妈、查字典等方法。家长可以经常邀请和孩子同龄的邻居孩子、同事孩子一起来家里读书，召集家庭读书会，让孩子们一起谈谈读书的体会，增强孩子读书的乐趣；还可以建议孩子之间互换书读，有时“书非借不能读也”，这样可以促使他们比较快地读完一本书，而不是读读停停。

3. 使用科学的指导方法。

针对孩子的阅读兴趣，家长可以帮助孩子先选择一些他比较感兴趣的书报，等孩子形成了阅读习惯后再拓展到其他领域的书籍。比如，小禹成喜欢汽车、动物，他四五岁时，我为他买了不少关于汽车的杂志、书籍，他经常拉着我为他读杂志上的关于汽车的介绍；六岁他读一年级时，我为他订阅了《动物大世界》报纸，推荐他读小说《列那狐的故事》，并规定他每晚只读一章，不能多读，为的是勾起他的阅读欲望，果然，常常是我要帮他熄灯了，他还央求我让他多读一章节故事。

为了让孩子保持恒久的阅读兴趣和阅读热情，还必须指导孩子掌握一些常用的阅读方法。例如：精读、略读、跳读、朗读、默读。经典的读物适合精读、悟读；故事类读物可略读；优美的诗歌和散文适用朗读；较为深奥且逻辑性较强的文章适宜默读。当然让孩子只是喜

欢读书远远不够，还应该让他们学会积累、应用。同时教孩子学会圈点标记重要的词语、抄写精彩句段以及画出疑问之处等。家长可以帮助孩子制作读书卡、采蜜本，分门别类地做好读书笔记，这样才能够形成“读书带动积累，积累带动读书”的良性循环。

家庭是孩子读书的一个重要场所。一个爱读书的家长，一定会培养出一个爱读书的孩子，这是一种潜移默化的影响。我们可以把家布置成书屋，在孩子能走到的每个地方都放上几本适合他们读的书籍。书，随手可得，“小书虫”就能培养好了。

禹成妈妈

11月30日

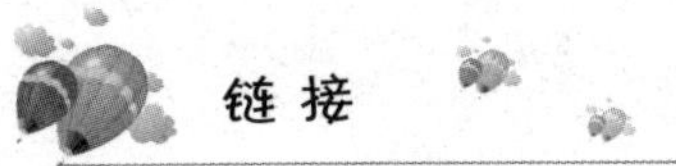

链接

一辈子的书

梅子涵

亲近文学

一个希望优秀的人，是应该亲近文学的。亲近文学的方式当然就是阅读。阅读那些经典和杰作，在故事和语言间得到和世俗不一样的气息，优雅的心情和感觉同时也就滋生出来了；还有很多的智慧和见解，是你在受教育的课堂上和别的书里难以如此生动和有趣地看见的。慢慢地，慢慢地，这阅读就使你有了格调、有了不平庸的眼睛。其实谁不知道？十有八九你是不可能成为一个文学家的，而是当了电脑工程师、建筑设计师……可是亲近文学怎么就是为了要成为文学家、成为一个写小说的人呢？文学是抚摸所有人的灵魂的，如果真有一种叫作“灵魂”的东西的话。文学是这样的一盏灯，只要你亲近过它，那么不管你是在怎样的境遇里，每天从事怎样的职业和怎样地操持，是设计房子还是打制家具，它都会无声无息地照亮你，使你可能为一个城市、一个家庭的房间又添置了经典，添置了可以供世代的人去欣赏和享受的美，而不是才过了几年，人们已经在说：哎哟，好难看哟！

谁会不想要这样的一盏灯呢？

阅读优秀

文学是很丰富的，各种各样。但是它又的确分成优秀和平庸。我们哪怕可以活上三百岁，有很充裕的时间，还是有理由只阅读优秀的，而拒绝平庸的。所以一代一代年长的人总是劝说年轻的人：“阅读经典！”

这是他们的前人告诉他们的，他们也有了深切的体会，所以再来告诉他们的后代。

这是人类的生命关怀。

美国诗人惠特曼有一首诗：《有一个孩子向前走去》。

诗里说：有一个孩子每天向前走去，他看见最初的东西，他就变成那东西，那东西就变成了他的一部分……

如果是早开的紫丁香，那么它会变成这个孩子的一部分；如果是杂乱的野草，那么它也会变成这个孩子的一部分。

我们都想看见一个孩子一步步地走进经典里去、走进优秀。

优秀和经典的书，不是只有那些很久年代以前的才是，不是只有安徒生、只有托尔斯泰、只有鲁迅，当代也有不少。

只不过是我们不知道，所以没有告诉你；你的父母不知道，所以没有告诉你；你的老师可能也不知道，所以没有告诉你。

我们都已经看见了这种“不知道”所造成的阅读的稀少了。我们很焦急，所以我们总是非常热心地对你们说，它们在哪里、是什么书名、在哪儿可以买到。我就好想为你们开一张大书单，可以供你们去寻找、得到。

像英国作家斯蒂文生写的那个李利一样，每天快要天黑的时候，他就拿着提灯和梯子走过来，在每一家的门口，把街灯点亮。我们也想当一个点灯的人，让你们在光亮中可以看见，看见那一本本被奇特地写出来的书，夜晚梦见里面的故事，白天的时候也必然想起和流连。一个孩子一天天地向前走去，长大了，很有知识，很有技能，还善良和有诗意，语言斯文……

同样是长大，那会多么不一样！

自己的书

优秀的文学书，也有不同。有很多是写给成年人的，也有专门写给孩子和青少年的。专门为孩子和青少年写文学书，不是从古就有的，历史不长，可是已经写出来的足以称得上琳琅和灿烂了。它可以算作是这二三百年来我们的文学里最值得炫耀的事情之一，几乎任何一本统计世纪文学成就的大书里都不会忘记写上这一笔，而且写上一个个具体的灿烂书名。

它们是我们自己的书。合乎年纪，合乎趣味，快活地笑或是严肃地思考，都是立在敬重我们生命的角度，不假冒天真，也不故意深刻。

它们是长大的人一生忘记不了的书。长大以后，他们才知道，原来这样的书，这些书里的故事和美妙，在长大之后读的文学书里再难遇见，可是因为他们读过了，所以没有遗憾。

他们会这样劝说："读一读吧，要不，会遗憾的。"

我们不要像安徒生写的那棵小枞树，老急着长大，老以为自己已经长大，不理睬照射它的那么温暖的太阳光和充分的新鲜空气，连飞翔过去的小鸟和早晨与晚间飘过去的红云也一点儿都不感兴趣，老想着我长大了、我长大了。

"请你跟我们一道享受你的生活吧！"太阳光说。

"请你在自由中享受你新鲜的青春吧！"空气说。

“请你尽情地阅读属于你的年龄的文学书吧！”梅子涵说。

现在的这些“国际大奖小说”就是这样的书。它们真是非常好，读完了，放进你自己的书架，你永远也不会抽离的。

很多年后，你当父亲、母亲了，你会对儿子、女儿说：“读一读它们，我的孩子！”

你还会当爷爷、奶奶、外公和外婆，你会对孙辈们说：“读一读它们吧，我都珍藏了一辈子了！”

一辈子的书。

第41封信
让孩子从小不怕习作

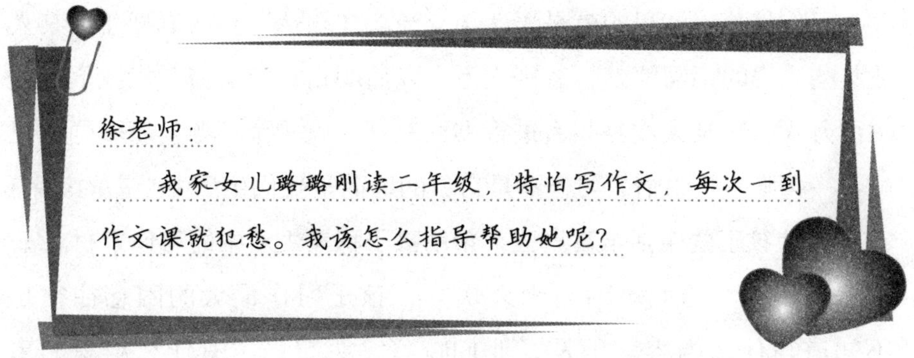

徐老师：

我家女儿璐璐刚读二年级，特怕写作文，每次一到作文课就犯愁。我该怎么指导帮助她呢？

璐璐妈妈：

您好！

其实，写作文没有传说中的那么可怕，只要指导得当，每个孩子都会写作文，也会慢慢喜欢写。

有不少家长刚把孩子送进小学一年级，便将大本小本的作文选买回家给孩子看；有不少家长看见孩子习作时咬笔头，就断定这孩子“不会写作文”，然后大呼小叫地批评孩子不听讲；还有的家长从三年级甚至更低年级开始，周末就送孩子上小课学写作文。说实话，这些做法我都不赞同。

要让孩子学会习作、轻松习作，降低孩子对习作的畏惧感是很重要的。孩子首先要不怕习作，才能带着轻松的状态学习习作。怎样让孩子不怕习作呢？我有以下几点建议：

1. 告诉孩子，习作和说话差不多。

禹成最初接触习作的时候，也有些畏难情绪。我便告诉他，习作就跟说话差不多，会说话的人就会习作，习作并不难，把你想说的意思说明白就可以了，只不过说话是用嘴巴，而习作是用手。

2. 让孩子知道，习作的目的是交流与表达。

不少孩子写了很多年作文，也不知道习作是为了什么，也许他们就是为了完成老师或家长布置的作业。可以想象，被动地做某件事，孩子的主动性就不能得到充分发挥。我告诉禹成，习作是自己的需要，习作最简单的目的就是表达与交流。“表达”指我们把想和某人或某些人说的话写清楚，让别人看了以后明白；“交流”指我们通过书面方式，与某人或某些人进行书面对话，就一个话题发表不同意见或者一起聊一些事情。习作不是盲目的，而是我们生活中必需的。

3. 让孩子的生活丰富一些，帮助孩子积累生活中的习作素材。

俗话说“巧妇难为无米之炊”，孩子习作最大的困惑往往是不知道写什么内容。于是，他们咬着笔头想：“有什么难忘的事呢？”“喜欢什么小动物啊？”作为家长，要尽量抽出时间陪伴孩子，陪他们去大自然观察植物、动物、小溪、山峰、初阳、夜月，陪他们去亲历一些有意思的事情——春天爬山，夏天游泳，秋天放风筝，冬天打雪仗……有空安排他们和同龄的孩子一起开读书会，玩各种游戏，还可以定期带他们去看电影、参观展览馆等等。这样，孩子的生活丰富了，习作的素材就不会缺乏，他们在习作时也不用胡编一些事例了。

4. 教给孩子一些基本的习作方法。

“万丈高楼平地起”，孩子要想顺利写好一篇文章，首先要能写好一句话、整段话。家长在指导孩子写句子、写段落、写文章时可以教给孩子一些基本方法。

（1）写句子

一个句子，应该有头有尾，不能缺胳膊少腿。

写话练习基本句式1：谁→干什么

句头要写出是谁或什么；句尾要写出干什么或怎么样。如“青青在教室里画画”这个句子，写的是谁？是青青。“青青”是句子的头。青青干什么？在教室里画画。“在教室里画画”是句子的尾巴。

写话练习基本句式2：什么→是什么样

一句话要表达一个完整的意思，要写出什么是什么样的。比如“太阳红彤彤的”这句话，“太阳”就是句子的头。太阳是什么样的？是红彤彤的。“红彤彤的”就是句子的尾巴。

写话练习基本句式3：谁→什么时间→在什么地方→做什么

这种句子表达很完整。句子中的几个要素都很清楚，如人物、时间、地点、做了什么事情。句子的头是人物，句子的尾巴是什么时间、在哪里、干什么。

练习写句子还可以练习运用关联词造句，如用“一边……一边……”“不仅……还……”“虽然……但是……”“无论……都……”等。

家长还可以让孩子练习写带有各种标点符号的句子，低年级要学习正确使用逗号、句号、问号、感叹号。

（2）写段落

一段话是由几个句子组成的，句与句之间是有一些关系的。要写好一段话，必须先想清楚这段话中的每句话之间是什么关系。

A. 几个并列的句子组成片段

例：小河边的杨树丛换上了一身黄灿灿的衣裳，而枫树林则一片火红。这时候那四季常青的柏树显得更加苍翠，引人注目。颜色各异的树叶一片片飘落下来，好像一只只美丽的蝴蝶翩翩起舞。树叶、花瓣落到水面上，把银白色的河装饰成了彩色的河。

读了上面这段话，我们可以知道这段话是写秋天景色的。第1句写杨树黄了，枫叶红了；第2句写柏树更加苍翠；第3句写落叶；第4句写河水。这段话围绕一个中心——秋天到了来写，几个句子从不同

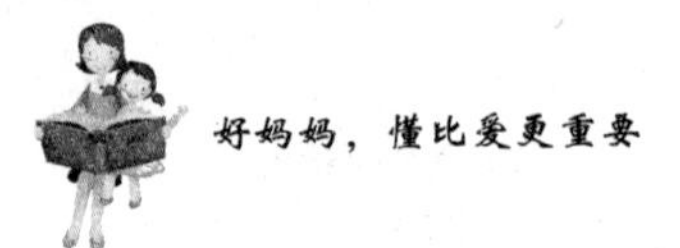

方面进行叙述，每个句子之间是并列的关系。

B. 按照一定的顺序连成片段

例：老象跑在前头，最先来到了河边。它伸长了鼻子去吸河水。可是水位很低，它够不着，只好又往前走一步。它想，要是跨进水里，美美地饱喝一顿，再洗个澡，那才凉爽呢！老象的右脚正好踩在一块椭圆形的石头上，石头往下一陷，它抬起的左脚来不及往回收，一下子就踏进河里，踩在河底的淤泥里，深深地陷了进去。又烂又软的淤泥怎么承受得住这样重的老象呢？不一会儿，老象身子一侧，栽进河里，它使劲挣扎，但是越挣扎身子越往下陷。它抬起头呼救，但是水立刻向它的嘴里猛灌进去。

这段话按照老象“喝水—踏进河里—陷进淤泥—栽进河里—使劲挣扎”的顺序组成，这个顺序叫做事情的发展顺序。我们也可以按照时间顺序写，比如写日出；按照空间顺序写，比如写一棵大树或一座房子。只有按照一定的顺序写，文章才能更有条理。

C. 总述和分述组成片断

例：松鼠是一种美丽的小动物。它玲珑的面孔上，嵌着一对闪闪发光的眼睛。一身灰褐色的毛，光滑得像擦过油。一条毛绒绒的大尾巴总是向上翘着，显得格外漂亮。

这段话运用了先总述后分述的方法组成段落。第1句总写松鼠是一种美丽的小动物，第2、3、4句分别描述松鼠的眼睛、毛和尾巴，从三个方面具体说明松鼠很美丽。

例：她像一支蜡烛，点燃自己，照亮别人；她像一块铺路石，把自己的身躯奉献给行者；她像一位园丁，用辛勤的汗水浇灌着祖国的花朵。她就是我们最可敬的老师。

这段话运用了先分述后总述的方法组成段落。第1、2、3句分别叙述老师所做的奉献，第4句则是总述。

D. 概括描写与具体描写组成片段

例：我发现爷爷老了。原来爷爷的眼神很好，可是现在不戴老花镜就不能读书看报。他的背渐渐弯了，力气也没有以前那么大了。最明显的是爷爷的头发，由从前的花白变成了全白。

第1句概括叙述“爷爷老了”，第2、3、4句具体描写“爷爷老了”的特点。这是先概括描写再具体描写的写法。

（3）写一篇文章

一篇文章如一棵大树，最重要的便是枝干。孩子刚开始练习写一篇文章时，家长可以帮助孩子整理一下思路，也就是帮助孩子理好提纲，这样孩子面对习作时就不会茫然了。

禹成写的第一篇习作是二年级下学期春游后老师布置他们写的《今天，我去春游了》。我记得孩子坐在书桌前有些慌乱。我拉着他的手坐到一边，鼓励他：“没事，很简单的，妈妈给你每个自然段的段意，你按自然段写下来便可以了。”

禹成不皱眉头了。我边启发他边说：“第一段，写今天你跟哪些人、坐什么交通工具、去干什么了，最好能写上几句你乘车的心情或你在车上看到的景物；第二段，写你进入游乐场看到的景象，先写景物，如大树、湖水，再写在里面活动的人。”“游乐场里有打太极拳的爷爷、跳舞的奶奶，还有很多和我们差不多大的孩子们奔跑着，玩各种项目。”禹成轻松地插着话。我接着说：“第三段，写你在游乐场玩得怎么样。”“我玩得很开心啊！”“你玩了哪几个项目呢？先列举几个，简单写，再重点写你玩得最开心的一个项目，要写你怎么玩的，感觉怎么样？”禹成眨巴着眼睛，说：“我最喜欢玩‘双人飞天’的项目。我们两个人一组坐在小飞机上，机器启动后，飞机越飞越高，开始我有些害怕，后来就不害怕了，我们边坐边叫喊着，开心极了。”我看他说得津津有味，提醒他：“你飞那么高，看见了远处的同学么？有什么特别的动作么？”“噢，我还摘到了一片高处的树叶呢。”“对，把这个动作写进去，作文就有意思了。”

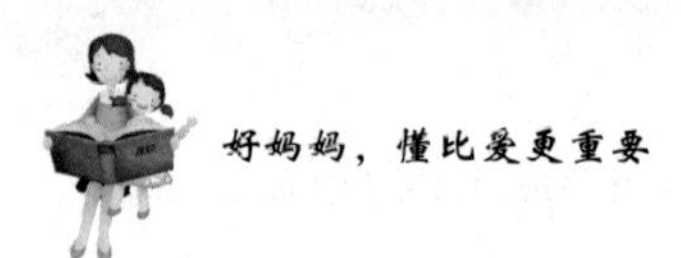

“最后一段，写春游结束后你的心情。”我说到这里，禹成已经完全放松了，他开心地说：“我走出游乐场的时候，想回来告诉你，这个周末我还想去玩。”我把他抱起来，亲了亲，说：“是啊，这个结尾就不错，你虽然没有写你玩得多么开心，但想让妈妈带你再来玩这个想法就表达了你的心情呢！巧妙！”他被我夸得跃跃欲试，马上坐下写起来。

那篇作文他仅仅花了四十分钟，却写了三百多字。我将他的作文大声朗读出来，请他和他爸一起欣赏，我们对他的处女作大加赞赏。从此以后，他就认为自己是个很会写作文的孩子，越来越喜欢写了。

5. 鼓励、表扬是让孩子开心习作最重要的法宝

孩子刚开始习作是有些诚惶诚恐的，因为总担心达不到父母和老师的要求。因此，将要求降低，让每个孩子能够乐于动笔，自然是鼓励孩子习作最重要的一招。我教一年级学生语文的时候，曾经有过成功的经验。首先，我在家长会上说出自己的工作设想，请家长配合。家长需要做的有两件事：一、带孩子去买一个漂亮的笔记本，作为周记本，二、凡是看到孩子写的周记，只管表扬不能批评，把教导他们写作的任务交给老师。接着，我鼓励班上每个孩子坚持每周写两篇日记，每篇日记一句话到四句话不等，超过四句话的得特别奖（另奖三颗红星）。为了降低孩子的畏惧感，我没有要求所有孩子同时起步，而是按组别，每天交一组同学的周记本批改，允许写得多的学生个别找老师批改，也允许暂时不愿意写的学生不写。开初，我每次改孩子的周记，只管往本子上画红星和100分；有的孩子写得好，我就给200分。孩子习作的劲头越来越大，有些孩子发展到一周给我改两回。

鼓励、表扬的办法很多，除了在本子上给高分，我还想了不少其他办法，比如让孩子抄写优秀习作贴在班级墙报里，抽上课“零布头”时间让孩子读优秀习作，给家长发表扬信表扬他们写周记的成绩。慢慢地，班上交周记本的孩子占了大多数，个别学困生我找来谈

话，我不批评他们，只是帮助他们找解决的办法，比如允许他们抄几句话，教他们写一写喜欢吃什么、玩什么，家里有什么玩具，等等。

经过一年半的时间，效果显著，我那个班的孩子升三年级时，好学生的习作可以和五年级学生的习作媲美，中等学生的习作可以达到同年级其他班优等生的水平，哪怕是学习成绩刚刚合格的几个落后的学生，习作也不差。因此，实践告诉我，给孩子充分的鼓励是帮助孩子克服“作文难”的重要方法。

璐璐妈妈，您也试试吧！

禹成妈妈

12月1日

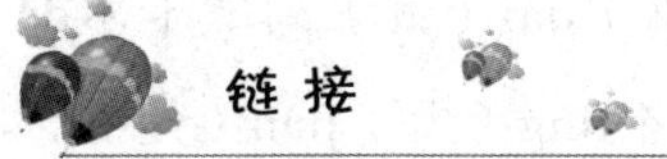
链接

禹成一年级的小日记

12月23日　星期六　天气：qíng（晴）

午shuì（睡）后，我和弟弟去qí（骑）自xíng（行）车，qí（骑）得很快乐！弟弟qí（骑）在后面，我qí（骑）在前面。阿pó（婆）带我和弟弟去买bīng（冰）táng（糖）hú（葫）lu（芦）。

评语：你的日记写得真好！句子通顺。

评分：95分＋10分（拼音全对）

12月24日　星期天　天气：qíng（晴）

今天，我和弟弟玩dàn zhū jǐng chá（弹珠警察）的游戏，玩得很开心。我的dàn zhū jǐng chá（弹珠警察）是黄sè（色）的，弟弟的dàn zhū jǐng chá（弹珠警察）是白sè（色）的。

评语：能写清楚弹珠的颜色，很好！

评分：96分＋20分（拼音全对，书写端正）

12月26日　星期二　天气：qíng（晴）

今天wǎn（晚）上，妈妈让我juān（捐）一本我自己不怎么ài（爱）看的书gěi（给）红lǐng（领）jīn（巾）yuè（阅）lǎn（览）shì（室），我shuō（说）不行，我要把我自己zuì（最）ài（爱）的书juān（捐）给学校。

评语：你真是个爱学校的好孩子！选的事情有意义！

评分：98分＋30分（拼音全对，爱学校）

1月2日　星期二　天气：小雨

今天，小丽阿yí（姨）gěi（给）我买了"卡不dá（达）"。我gǎn（感）到很开心。我的"卡不dá（达）"有三种头kuī（盔），可不知什么yuán（原）因，头kuī（盔）很nán（难）dài（戴）到"卡不dá（达）"的头上。后来，我diào（掉）了一个líng（零）jiàn（件），xìng（幸）好一会儿又找到了。

评语：表达清楚，内容也还具体。

评分：95分＋10分（拼音全对）

1月16日　星期二　天气：阵雨

今天中午午饭后，我想到大cāo（操）场去玩。可是刘老师说不能去大cāo（操）场。因为要kǎo（考）shì（试）了。我gǎn（感）到心里很难过。好在我考了100分，所以心情又好起来。

评语：心情变化写得好！

评分：95分＋10分（有真实感受）

第42封信 习作从仿写、续写做起

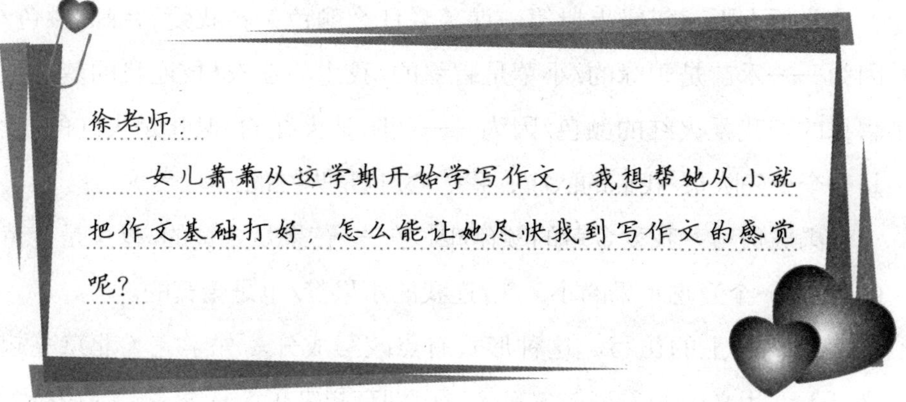
徐老师：

女儿萧萧从这学期开始学写作文，我想帮她从小就把作文基础打好，怎么能让她尽快找到写作文的感觉呢？

萧萧妈妈：

您好！

我想家长可以让孩子从仿写、续写开始，因为这样由浅入深，他们的学习会更轻松。

仿写，是指模仿所学的语文课文或课外读物中的句、段，写几句话或一段话。我认为指导孩子仿写要注意以下几点。一是角度要小，篇幅不宜过长。课文中的一段两段都可以仿写，主题相对集中一点，这样可减少孩子仿写的难度。二是内容要贴近孩子生活，仿起来言之有物。三是给仿写插上想象的翅膀。“仿”不是依葫芦画瓢，那样会阻碍孩子的思维，最好在一个大致的框架里让孩子多一点自己发挥的余地。

1. 结构上的仿写。如人教版小学语文一年级下册课文《荷叶圆圆》：荷叶圆圆的，绿绿的。小水珠说：“荷叶是我的摇篮。”小水

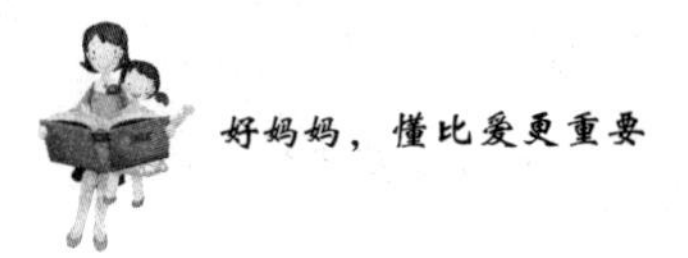

珠躺在荷叶上，眨着亮晶晶的眼睛。小蜻蜓说：“荷叶是我的停机坪。”小蜻蜓立在荷叶上，展开透明的翅膀。

孩子仿写道：荷叶圆圆的，绿绿的。小蝌蚪说：“荷叶是我的游乐场。”小蝌蚪游到荷叶下，快乐地和小伙伴捉迷藏。小螃蟹说：“荷叶是我的小伞。”小螃蟹躲在荷叶下，快活地爬来爬去。小蝴蝶说：“荷叶是我的舞台。”小蝴蝶飞到荷叶上，跳起美丽的舞蹈。

北师大版三年级上册第一课《爱什么颜色》：我爱碧绿的颜色/因为——禾苗是碧绿的/小草是碧绿的/我生活在农村/连我的梦也是碧绿的。我爱火红的颜色/因为——朝阳是火红的/枫叶是火红的/我是一个少先队员/我们的队旗，我的心/也是火红的。

禹成仿写：我爱金黄的颜色/因为——芒果是金黄的/香蕉是金黄的/我是一个爱吃水果的小毛头/连我的水果梦/也是金黄的。

2. 内容上的仿写。这种形式有点改写成分。如学完《北京亮起来了》，用文中的美词佳句写《青山湖亮起来了》；学古诗《山行》《宿新市徐公店》后，将诗改编成故事；学完《夏夜多美》，按内容改编成诗歌“假山上月亮照，萤火虫跳舞蹈，草坪上青蛙叫，夏夜景色多美妙”。内容差不多，再适当加上了自己的想象，就显得很有新意，大部分孩子最喜欢这种形式的仿写了。如三年级的禹成学习了课本上的文章《我希望我的房间是……》，他模仿文章的结构，展开丰富的想象，写出了他的幻想。

续写，也是学生练习习作初期可以经常采用的方式。续写是在原来故事的基础上继续编写故事。孩子练习续写一般不会无话可写。家长可以引导他沿着文章原本的思路往下想，想想后来又发生了什么，比如《狐狸骗到乌鸦的肉以后》；也可以鼓励孩子想象与原故事大相径庭的结局，比如《第二次龟兔赛跑》。

我相信，经常指导孩子进行仿写、续写，能较好地培养孩子的语感和习作兴趣。还有一个建议，孩子的仿写、续写写好后，您可以读

原文，而让孩子读一读他的作品，然后给予孩子表扬与鼓励。好作文是读出来的，会写作文的孩子是夸出来的。呵呵，经验之谈哦。

禹成妈妈

12月5日

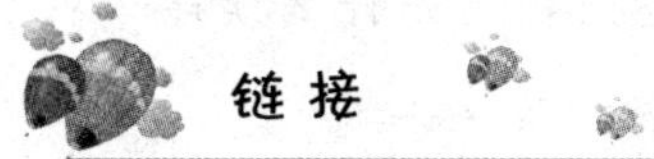

链 接

我　想

我想把手儿
接在桃树枝上。
带着一串花苞，
随着风儿悠荡，
悠啊，悠——
悠出布谷鸟的声声歌唱。

我想把脚丫
连在柳树根上。
伸进湿软的土地，
汲取甜美的营养，
长啊，长——
长成一座绿色的篷帐。

我想把眼睛
装在风筝上。
看白云多柔软，
瞧太阳多明亮，
望啊，望——
蓝天是我的课堂。

我想把我自己
种在春天的土地上。
变小草，绿得生辉，
变小花，开得漂亮。
成为柳絮和蒲公英，
更是我最大的愿望。
我会飞啊，飞——
飞到遥远的地方。

不过，飞向遥远的地方
要和爸爸妈妈商量商量……

仿写诗歌《我想》

禹成（8岁）

我想把鼻子和眼睛
连在荷花的叶子上
去闻闻荷花的清香
看一看青蛙怎样跳动
闻啊，闻——
闻出荷花的清香

我想把眼睛
连在UFO的机身上
去看看水星和木星
去看看银河是什么模样
看啊，看——
看到陨石撞击的奇观

我想把鼻子
贴在菜盘上
去闻闻香喷喷的红烧肉
去闻闻酸溜溜的咸菜的味道
闻啊，闻——
闻出各种美味佳肴

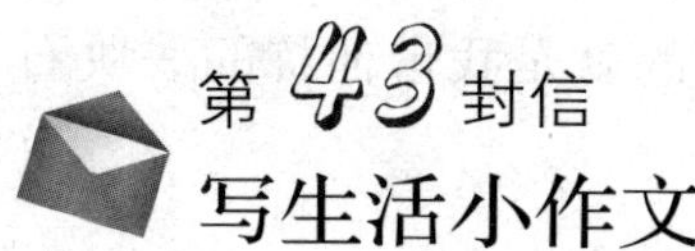

第43封信 写生活小作文

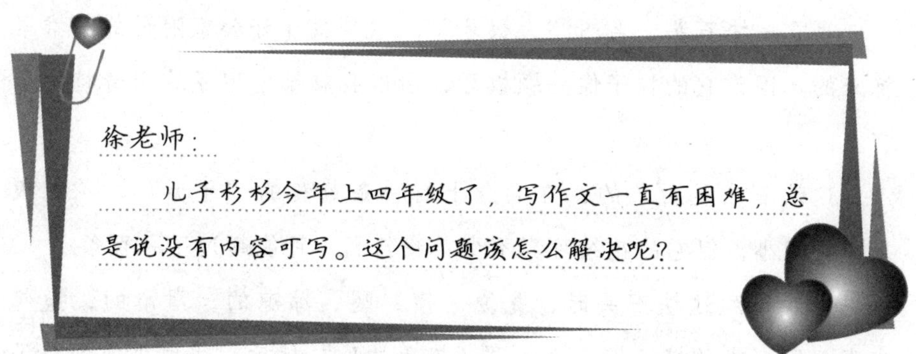

徐老师：

儿子杉杉今年上四年级了，写作文一直有困难，总是说没有内容可写。这个问题该怎么解决呢？

杉杉妈妈：

您好！

不知道写什么，是孩子们习作普遍遇到的问题。原因其实就是缺乏习作素材。而习作素材来源于生活，所以，我们要教孩子学会善于观察生活。

最新出版的《语文课程标准（2011年版）》中指出："写作教学应贴近学生实际，让学生易于动笔、乐于表达；应引导学生关注现实，热爱生活，积极向上，表达真情实感。"由此可见，我们应配合教师多多引导孩子关注生活，多多为孩子创造条件观察生活。注重观察，并经常写生活小作文，是孩子解决缺乏习作素材的好方法。

关于指导孩子写生活小作文，我有几点建议，供您参考：

1. 带孩子走进大自然

大自然的万事万物奇妙、丰富，春花、夏雨、秋叶、冬雪……最能启发孩子的想象。妈妈们应尽量利用假期和休息日带孩子走近大自

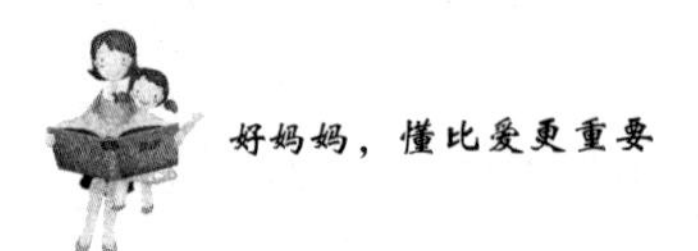

然，贴近大地的脉搏，感受天公的无穷力量。

禹成二年级开始写日记。天气好的周末，我常常带他去外面玩，比如去湖边观察柳树，去公园捡树叶，去沙堆拣石头……他刚升三年级时，老师要求他们写一个小物件，他写的就是我带他拣的一块石头。因为有真情实感，所以习作充满童趣。

我的石头——“大板牙”

我有一块石头，名叫“大板牙”，它是我在外公家附近的石堆里拣来的。因为它的样子像一颗板牙，所以我就给它取了这个奇特的名字。

这块石头是白色的，在它身上有一条黄黄的“牙垢”。“大板牙”虽然小，但它的花纹可真不少，我猜啊，可能超过了一百条。

当我得到这块石头时，先摸了摸，嗯，凉凉的，滑滑的，摸起来真舒服。我又掂了掂，说：“还挺重的！”然后，我用手使劲按了按，我的手都按痛了，可它却毫发无损。哦，笨笨的我，它可是石头啊！

我带着它回到外公家里，把它洗干净，又闻了会儿。“啊，一股鱼腥味儿！大海的味道！”我大叫了起来。

从此，它在我家沉睡着，那么安静，是不是在想念以前的玩伴？

2. 带孩子养一两种小动物或植物

小动物一直是孩子们喜爱的童年伙伴。国内外越来越多的研究表明，喂养小动物有助于提高儿童的自尊心、自信心、同情心、责任心和交际能力。因此，我建议妈妈们为孩子选择一种或几种适合孩子喂养的小动物。比如，我带三四岁的禹成去动物园玩，每次他都喜欢去喂金鱼、看乌龟。我先后也满足过他一些购买小动物的要求，帮他买过小绿龟、小金鱼、小兔子。这些小动物都是他当宝贝似的捧回家的，给小动物换水、喂食的工作也都是他独立做的。后来，这些喂养小动物的经历都成为他习作的素材。因为是他和小动物相处的真实故

事，写作时素材顺手拈来，很是简单。他还告诉我，写得很快乐，因为回忆与小动物相处的故事，仿佛就回到了幼儿时代。

可爱的小金鱼

禹成（8岁）

小金鱼是一种可爱的小动物，很讨人喜欢。

它长着一个三角形的脑袋，有一双永远不会闭上的眼睛，一张大大的嘴巴，满身披着金色的“盔甲”。我见过各种形状的小金鱼，有些是三角形的，有些是椭圆形的，还有的是线形的呢！

小金鱼喜欢在水里游来游去，十分机灵。它的胆子好像很小，只要你轻轻触动一下金鱼缸，它就会快速地离你而去，好像受了什么惊吓似的。

它的性格非常温和，各种品种的金鱼都可以一起混养。不会有大鱼追小鱼的现象，更不会有小鱼跳出水面的事儿发生。

金鱼的食性很广。我给它吃鱼食，它就吃鱼食；我给它吃面包屑，它就吃面包屑。真是个贪吃的小家伙。有一次，我放了四颗鱼食下去，准备搬个凳子坐在一旁看它怎么吃食的，没想到等我把凳子搬过来，那四颗鱼食已经不见了。我大声地告诉奶奶：“小金鱼吃东西好快啊！”小金鱼吃了就拉，如果隔上两天不给它换水，那鱼缸里的水就浑浊一片。

小金鱼生活在水里，冬天也不用穿衣服。我问妈妈，是不是要给小金鱼换上热水，别冷着它了。妈妈告诉我，小金鱼是变温动物，体温可以随着水温发生变化，不需要用热水养。我上网查了资料，了解到它们的最佳生活环境温度为22—24℃。

我很喜欢小金鱼，可是金鱼的寿命太短了。每条金鱼只能在我家活十天，有病死的，有饿死的，有撑死的，有闷死的，还有的不知道怎么死的。我真不知道是我没养好，还是来我们家的小金鱼身体都不太好。

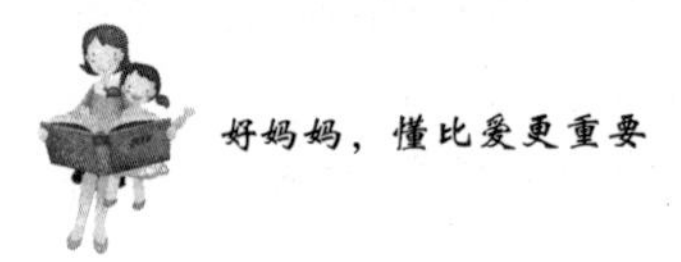

我在网上查到，小金鱼最长寿命可以活到60岁，我真希望自己能养一条60岁的小金鱼。这样，再过60年，你们能在我们家小区看见，有个老头儿经常捧着金鱼缸散步，那就是我。

3. 写自己心爱的物件

每个孩子都有自己收藏的小物件。我们那个时候喜欢收藏一些画片，一块香橡皮，或者一把自制的小木剑。现在的孩子收藏的小物件就更丰富了，也许是同学送的瓷器小猫，也许是圣诞节得到的奖品。孩子写日记苦于没有素材时，你可以告诉他，他的那些小物件就够他写半年了。告诉孩子，可以写写它的来历，再写玩它的过程，最后写写为什么喜欢它。禹成的这篇《我有一架小飞机》是他9岁过新年后写的一篇寒假作文。记录生活，使孩子不用编作文，而是说真话、实话、心里话。

我有了一架小飞机

今年过年我得的新年礼物很多，有外形美观的奥迪Q7车模，有新颖别致的“战狼号”，还有功能齐全的遥控车……我最喜欢的是小丽阿姨送的一架银灰色的直升飞机。

我们三兄弟每人一架，可神气啦！

听小丽阿姨介绍，这款飞机是新产品，材质轻巧，不怕摔。简直太棒了！记得我玩的第一架飞机就是从高空失控摔下来散架的。这架飞机竟有如此神奇的功能——防摔，多让我兴奋啊！

我们三个拿到小飞机竟连“谢谢”也来不及说，就拆开了包装盒。我是个“武器迷”，在三个人中自然最积极。我把飞机放在地上，便开始把弄遥控器。“刷……刷……刷……”飞机在原地转动起来，螺旋桨快速地画着圆圈儿，嘿，真的飞起来了。它越飞越高，越飞越高，我的心提到嗓子眼儿，两个弟弟也叫着：“教我玩儿，教我玩儿……”我格外小心地按着按钮，糟糕，不知什么原因，飞机斜着往下栽，“啪”，它像个醉汉摔到了地上。

我冲上去，心疼极了，我怕摔坏，仔细地看了看，还赶紧试了试。“刷……刷……刷……”飞机又飞起来了。“嘿！没坏！”

我的第一次试航成功，耶！

4. 丰富生活经历

现在的孩子大多都是独生子女，所以有不少家长舍不得让孩子做家务，更不放心让孩子独立出门办事。恰是因为包办代替太多，孩子的生活全部由父母掌控，他们没有机会去思考，没有空间去体验，自然生活经历相对过去的我们少了很多，作文也就没有太多素材了。我觉得，孩子的生活必须自己亲历，家长必须放开手，让孩子多做力所能及的事情。这样，他们不但有了应对困难的能力，还有了丰富的生活经历，习作素材自然没有问题。下面是7岁的禹成第一次买盐后写的作文。

第一次买东西

今天下午，家里的盐用完了。妈妈叫我去楼下的小商店买两袋盐，我一听，高兴极了，一蹦三尺高。妈妈接着说：“别太高兴了，还要提醒你两件事：第一，要小心路上的车；第二，别忘了找回四角钱。”妈妈的话音刚落，我就穿好鞋，向外面冲去。

我兴奋地向商店跑去，身边骑来一辆电动车，我想跟它比比跑步，于是，我赶快用力跑，最后，还是我赢了。

到了商店，这里的商品琳琅满目，有饼干，有薯片，有糖……我找来找去，好不容易找到了一袋白色的东东，可仔细一看，哦，是味精，后来我问：“阿姨，盐在哪儿？”阿姨和气地说：“在那边的大箱子里。”我拿好盐和阿姨找的四角钱往家里跑去。

我乐颠颠地跑到楼道口，往楼上看去，妈妈正在窗口望着我呢。她看见我了，与我招手哩。

杉杉妈妈，我国著名教育家叶圣陶先生说过：“作文这件事离不开生活，生活充实到什么程度，才会作成什么文字。必须寻到源头，才有清甘的水喝。”叶老这句话道出了作文与生活的关系，生动地说明了作文源于生活，离开了生活本真的作文犹如无源之水、无本之木，无任何情趣可言。

希望我的建议对您能有帮助。

禹成妈妈

12月11日

链接

爬窗记

禹成（10岁）

每当我看到我家窗台时，就会想起以前那件事，那件事可让我吃了不少苦头。

记得那是我八岁时，我一个人在家里。一会儿看电视，一会儿写作业。电视没有什么好看的节目，作业又是抄抄写写的，无聊极了。我在家里走来走去，像只无头苍蝇。本想下楼骑自行车，可一看，“唉，外面在下雨！”我失落地说道。

想着想着，我的目光转向窗台，忽然眼前一亮，眼珠一转，我可以像蜘蛛侠一样爬窗台啊！那一定很好玩！我是个急性子，想到了就一定去做。我先通过椅子爬上桌子，然后慢慢地靠近窗台，最后拉住窗户踏上了窗台。膨胀的欲望可以害死人，我站在窗台上还不过瘾，居然想站到空调机上。

我壮着胆儿向外踏出了第一步，接着整个人走出去了，我终于站在空调机上了。窗外风挺大的，在我的耳边“呼呼”作响，天上的小雨把我的头发全给淋湿了。到这儿了，我仍然不肯罢休，渐渐放开了拉住窗户的双手。这时，我往下一看，“啊！”吓得汗毛都站起来立

正了，心里忐忑不安，感觉自己就快掉下去了。

我赶忙抓住窗户，从窗台上往房间地板上跳，噢，安全着陆，我提着的心总算放下来了。

经过这一下折腾，我心里不再有其他念头，只想赶快上床睡一觉。

四天后的下午，我正坐在客厅的沙发上看电视，妈妈突然打开门，然后生气地走到窗台前把头探出窗户看了看，她接着去阳台上拿了把扫把，向我直奔过来。我疑惑不解：又怎么了？我没做错什么呀！妈妈怎么发这么大火？妈妈像只拦不住的老虎，要揍我屁股，不管我怎么躲避，她还是抡起扫把在我屁股上狠狠地抽了几下。可痛死我啦！后来才知道，原来是邻居看见我爬窗的那一幕，告诉了妈妈。

经过这次教训，我明白了，不能鲁莽做事，做每件事都要经过思考，不然的话，就要付出沉重的代价。

第44封信 边玩边写

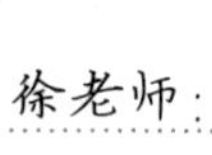

徐老师：

儿子庆庆虽然读了不少作文选，但还是不会写作文，害怕写作文。我应该怎么帮助他呢？

庆庆妈妈：

您好！

我在教学一线从事小学语文教学及教研二十余年，我的体会是好作文不是抄来的，好作文一定是发自内心有体会的。

我们都知道，玩是孩子的天性，没有什么事情比玩更轻松、更吸引孩子。我想如果我们的孩子把写作看得像玩一样有意思，那就不愁作文写不好。

我就经常陪儿子边玩边习作，孩子没有将习作当作负担，而且慢慢喜欢习作了。

苍蝇哪儿去了？

一个休息日，我在家里打扫卫生间，突然看见一只小苍蝇在马桶旁飞舞。我突发奇想，快速把马桶盖盖上，苍蝇正好被我关进马桶里。我兴奋地跑到客厅，对儿子说了这事，并问他："猜猜看，这只苍蝇在里面关半小时会怎样呢？"我俩进行了很多猜想，比如：苍蝇

可能会闷死；苍蝇可能会停在马桶盖内侧，等我们打开盖子时伺机逃跑；苍蝇还可能……我给他半小时时间写出我们的猜想，禹成乐意地答应了。半小时过去了，他的习作写了三百多字，假设了许多个可能出现的结果，留了个结尾没写。我们怀着好奇的心情轻轻掀起马桶盖，嘿，奇怪，那只苍蝇竟然无影无踪了。我们又仔细检查了一遍，发现的确没有它的踪影。我和禹成都很纳闷：怎么回事呢？禹成上网查找资料，竟然发现网上有苍蝇游泳的视频，还有不少网友文章中写道看过“苍蝇不仅会游泳还会潜水”。结果出来了，苍蝇竟然顺着下水管道潜水逃跑了。最后，禹成兴致勃勃地完成了这篇习作。

不用手也能吃到苹果

暑假的一天，我拿个苹果给儿子，说：“考考我们家的聪明蛋儿，你能不用手吃到这个苹果么？做到了再把过程写下来。”禹成将大苹果放到餐桌上，想尽各种办法固定住它。只见他一会儿用下巴，一会儿用牙齿，最后他发现用上牙固定住苹果、下牙啃苹果的办法可行，便吭哧吭哧咬起来，没吃几口就抓起餐巾纸擦快要流下来的口水，并瘫坐在地板上央求我：“妈妈，别让我这么吃苹果了，好累哦！下巴都hold不住了！我来写作文好不好？”于是，他将游戏的体验写出来，并大大地感叹：“真不知道手有这么大作用！”

我和孩子一起写作文

一天，家里炒了一盘菠菜。面对一贯不爱吃蔬菜的儿子，我想尽各种办法，让他吃下了半盘菠菜。之后，我想这是多么好的素材，于是建议儿子和自己一道以“吃菠菜”为题在半小时内各写一篇短文。禹成答应了。没想到，写完后，读一读这两篇作文，我们都笑了，孩子为我的“上当”而得意，我因为儿子真实生动的表达而高兴。这种由爸爸妈妈和孩子一起同作一篇文的方法可以有效调动孩子习作的兴趣，可以尝试一下哦！

我在生活中经常设计一些玩的场景让孩子有体验、有思考、有话可写。这样，写作文就和玩一样吸引孩子了。另外，庆庆妈妈，我不支持您买太多的作文选给孩子读，或者让孩子每写作文必借鉴作文选。因为作文选是别的孩子生活的记实或想象，孩子读作文选容易被困其中，久而久之还有可能对作文选产生依赖性。如果孩子喜欢读，可以建议他写完作文后读一读作文选中的同类作文或同题作文，抱着学习分享的心态去读，而不是一味地死记硬背。

禹成妈妈

12月18日

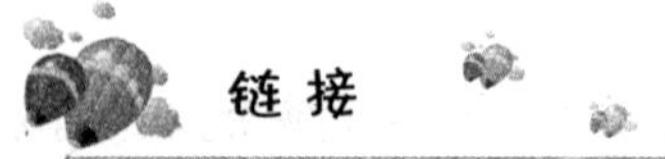
链接

吃菠菜（妈妈的作文）

“妈妈，吃鸡腿。”“妈妈，吃腐竹。”饭桌上，儿子禹成的小嘴唤个不停。

他是个懂事的孩子，有好吃的东西总不忘夹给我。

猛然间，我发现桌上还有满满一盘的菜，被儿子忽略了，哦，不，是放弃了。这是一盘绿油油的菠菜，细长的菜梗卧在油亮的汤汁里，叶子在灯光的映照下绿得可爱。还没下筷子，我都能猜想它多么爽口！可惜，禹成不爱吃蔬菜，尤其糟糕的是，他几乎不吃绿叶蔬菜。每次哄他吃下几根菜，是颇费一番功夫的。今天怎么办?

“来，好孩子，吃几根菠菜吧！”我先用上了软磨功，夹了三四根菜放进他的碗里。

“不要，不要！我已经吃过腐竹了……”禹成苦着的脸像夏天的雷雨说来就来。

我试着夹出一根，他仍不依不饶地说：“不行，不行，我不吃菠

菜！”看着他那执拗的样子，我的气不打一处来，用上了强压功。

“吃！你再不好好吃，别怪妈妈揍你！”

禹成的嘴噘了起来，一副委屈的样子。

我一狠心，想：宠他不是个办法，十岁的孩子这么挑食，怎么得了？今天一定要坚持让他吃下菠菜！

我没理会他那不愉快的态度，自己先从盘子里夹了一半菠菜，三下五除二，塞进嘴巴里。以身作则，我准备用第三招——行动感召法。唉，做妈妈真不容易啊！

我咽下嘴里的菜，将盛有半盘菠菜的盘子推到禹成面前。“吃，这些都是你的。另一半我已经吃完了。一个孩子的成长少不了绿叶蔬菜的营养，你是个懂事的好孩子，妈妈相信你一定会把这些菠菜吃下去的。”

禹成也许没料到我的态度如此坚决，在喝了几口绿豆汤后，开始吃起菠菜了。一根，两根，虽然吃得很慢，但比以前进步多了……

看着他吃净菜后留下的空盘子，我的心里一阵欣慰：教育，就这样从点滴做起。

吃菠菜（儿子的作文）

我最讨厌吃绿色菜叶了，一吃就想吐，可今天妈妈又要我吃一小碗菠菜。这对于她来说是件容易事，可对于我来说，简直就是“灾难”。

妈妈把盛有菠菜的菜盘放在我面前，我佯装轻松的样子，端起身边的绿豆汤慢慢地喝起来，想尽量逃避那菠菜。我一边喝，一边等妈妈的目光转向其他地方。

果然不出我所料，不一会儿，妈妈上卫生间去了。天赐良机，不可错过，我赶紧拽下几张面巾纸，抓起几根菠菜就往身边的垃圾桶里抛，动作迅速，我紧张得手心冒汗。我想，这样妈妈哪怕看见也只会认为我扔掉了擦嘴巴的纸。

虽然抛掉了一些，可还有一大半菠菜留在碗里。正在这时，妈妈又走了出来。我无奈，只有一点一点地吃起来。

五分钟，十分钟，十五分钟，我一根一根地慢慢嚼着……妈妈似乎等不下去了，冲到我面前，硬是拿走了我的筷子，夹起菜一大团一大团地往我嘴里塞，我吃得可难受了。

我真不想吃菠菜呀！可谁叫妈妈总是说不吃蔬菜会得这个病，那个病，怪可怕的，没办法，只好吃了。

第 45 封信
教孩子习作的诀窍

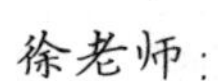

徐老师：

我一直觉得写作文对孩子的表达能力很有帮助，所以给刚读三年级的女儿菲菲每周都布置了小作文，但是我怕生硬的任务反倒让孩子心生反感。请问，有什么好的方法教孩子吗？

菲菲妈妈：

您好！

提高习作能力，除了调动孩子的习作兴趣、丰富孩子的生活经历、培养孩子的写作习惯以外，进行一些基本的训练也是有必要的。

在这里，我给您提几点建议。

1. 从写好句子开始

（1）练习用表示先后顺序的词写话

指导孩子练习用表示时间顺序的词（如："先……然后……接着……最后……"）或表示地点顺序的词（如："远处……近处……""上面……下面……"）写话，可以让孩子养成写话有顺序、有条理的习惯。

例：用"先……然后……接着……最后……"写话

值日的时间到了，我先把所有同学的凳子搬到桌子上来，然后拿起扫把，把地面上的灰尘和垃圾扫到一堆，接着把垃圾扫进簸箕里，把簸箕倒干净，最后我把教室的门和窗关上。我的值日结束了。

睡觉的时间到了，我先脱下外裤和外套，然后脱下毛衣和毛裤，接着钻进热乎乎的被窝，最后闭上眼睛睡觉了。

（2）练习写连动句

练习写连动句，有利于孩子将动作描写写得生动形象、有血有肉、有画面感。习作中出现连动句，能够给读者留下深刻印象，对刻画人物形象有帮助。

例：仔细观察三个家里人的动作，分别写一个连动句。

门铃响了，奶奶连忙站起来，走过去，伸手把门打开。

爸爸站起来，向桌子走去，拿起打火机，点燃一支烟，抽了起来，一股白烟从他鼻孔里飞出来。

妈妈穿上围裙，扎起长头发，走进厨房打开抽油烟机，支起锅子开始炒菜。

（3）练习写有修辞手法的句子

习作中若能使用适当的比喻、拟人、排比、夸张等修辞手法，能够增强作文的生动性、表现力。

比　喻

老师说："今天是张一欣同学的生日，中午大家一起分享她的生日蛋糕。"话音刚落，教室沸腾起来，大家活蹦乱跳，像一群吃了兴奋剂的弹簧。

——摘自禹成8岁习作《难忘的一件事》

拟　人

老师抱着大大的蛋糕走进了教室。那个蛋糕好像世界明星出场一般，还没等我眨下眼，蛋糕旁边便站满了同学。

——摘自禹成8岁习作《难忘的一件事》

雨，在蚂蚁的洞口唱歌：“嘀嘀嗒嗒……”

小蚂蚁一定听懂了它唱的是什么了。瞧，小蚂蚁靠在一块大床般的石块上，披上毛巾似的树叶，享受春天的沐浴。

——摘自禹成7岁习作《小蚂蚁》

夸 张

真渴啊，嗓子像在冒烟，我能喝下一条江，我能喝下一条河。

我把同学和家长的不满全都装在耳朵里，洗澡的时候，用水一冲，全都流进了下水道。

排 比

如果你是一颗星星，你就点缀一角天空；如果你是一棵大树，你就撒下一片绿荫；如果一条河流，你就养育一方土壤。

亲情是一汪泉水，滋养干涸的土地；亲情是一方土地，栽培美丽的花朵；亲情是一枝花朵，点缀缤纷的世界。

——摘自禹成12岁习作

设 问

什么是路？就是从没有路的地方踏出来的，从有荆棘的地方开辟出来的。

问君能有几多愁？恰似一江春水向东流。

反 问

这样糟糕的心情怎么能平静呢？

你难道看不出他的小肚鸡肠么？

2. 低年级孩子练习看图写话

看图写话，是指教孩子有顺序地观察图画，再根据图上具体形象的内容进行想象写话。这种训练，可以由看一幅图写一句话或一段话，到看几幅图写一段或几段通顺、完整、连贯的话。看图写话是培养孩子的观察能力、想象能力、表达能力和思维习惯的重要凭借之一。

例：一天晚上，新月斜挂，朦胧的月光透过枝叶，斑斑驳驳地洒在地上。一只刺猬出来偷枣，它可真聪明！它先缓慢地爬上树，又诡秘地爬向长了红枣的枝桠。接着，用力摇晃，枣枝哗哗作响，红枣噼里啪啦地落了一地。它再以最快的速度顺着树干滑下来。它又是用手拨，又是用脚勾，几下就把红枣拢到一堆。嘿，打个滚，红枣全都扎在背上了。月光还暗，它驮着满背的红枣，急匆匆地跑回家了。

——摘自禹成7岁习作《贪吃的小刺猬》

3. 练习写想象作文

想象作文能给孩子更为广阔的思维空间，是孩子喜欢的作文形式之一。想象作文的想象应合理、丰富。因为想象基于生活，所以应指导孩子观察生活。想象作文的题材很多，孩子也比较感兴趣，如引导孩子写自己喜欢的声音、写美好的梦境、写长大后的自己等。

我最喜欢的声音

禹成（7岁）

我们这个世界的声音是多么丰富，多么美妙！

其中，我最喜欢听我拉小提琴的声音。当我拉小提琴时，小提琴的琴声响起，有时像小溪唱歌，有时像群蜂飞舞，有时像小水滴清楚地落到池塘里。你喜欢我拉琴的声音吗?

4. 作文里多一些描写色彩的词语和叠词

描写色彩的词语丰富了，作文才能有明亮的色彩，如：橙黄的橘火红的灯笼、孔雀蓝、柠檬黄、象牙白、苹果绿……

叠词的作用在于增强语言的韵律感、节奏美。巧妙地使用叠词能够增强作文的画面感，如：天黑沉沉的，一棵棵小树被风吹得东倒西歪，轰隆隆的雷声惊起一群慌乱的小鸟，只见它们慌慌张张地飞开了。

5. 写作之前学会构思

有的孩子作文是脚踩西瓜皮滑到哪里算哪里，这样容易导致作文头重脚轻，结构不合理。妈妈们可以告诉孩子，写作文也像办事情一

样，要有步骤，要有重点。写好一篇作文，结构合理、层次清楚是基本要求。所以，孩子们写作文动笔之前应先想好作文分几段、每段写什么内容、哪段重点写、哪段简单写、扣住文题的句段在哪里，想清楚了这些内容再动笔写，文章就不会内容混乱了。

菲菲妈妈，这些方法您可以试一试，希望能帮上您。

禹成妈妈

12月25日

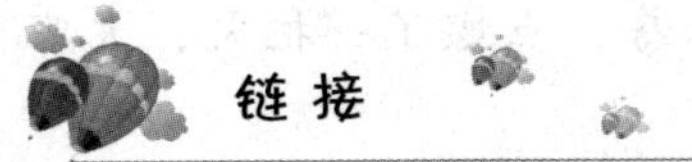

链接

禹成精彩句子选萃

1. 溪水在风的挑逗下，愤怒地向风飞的方向奔去。

2. 在一片苍茫的土地上，几点红红的星光一样的小点出现了。

3. 在经历了风吹雨打之后，心灵的破冰船突出了冰的重围。

4. 他一手捧着肚子，一手打着桌子，然后用手指着我，哈哈地叫着。

5. 落日时的天空就像一碗烩面，那蛋黄般的夕阳，一点一点被山吞噬了。

6. 我的心是一列单程列车，只往前冲，不往后退。

7. 星星累了，眨巴眨巴眼睛，要熄灭自己去睡觉，可谁知道，这让它更加地闪烁了。

8. 乌云发怒了，他用身体挡住太阳，试图挡住自己从未得到的光明，又翻了个跟头，向人们证明他的实力。

9. 在那边的乌云下面，一大片细而密的伞兵一般的雨点从乌云上跳向地面，向地面发动了一场前所未有的空袭。

10. 洪水犹如一个庞大的鬼怪，向前奔去，伸出那巨大肮脏的舌头，舔着人们的房子，用手一拍，摧毁了这座可怜的村庄。

11. 在一间酒吧里，两个公司高管坐在一起，把生活中的烦恼和问题倒在酒杯里，三下五除二地倒进肚中。

12. 快乐之神来光顾了，我立刻把心房之门打开，把他请了进来。

13. 我真想把此时附在我身上的愤怒扯开，可它却死死地粘在了我的身上，得要过很久才能离开?

14. 烦恼随着吹来的风，粘在我的脸上，怎么洗也洗不干净。

15. 我很气愤，愤怒一下子钻进我的心房，点燃了一把火，火旺盛了起来。

16. 一个很胖的女生，坐在自己的床上，凝视着前方盘子里装的减肥计划，一口吞了进去。

第46封信 让孩子有双明亮的眼睛

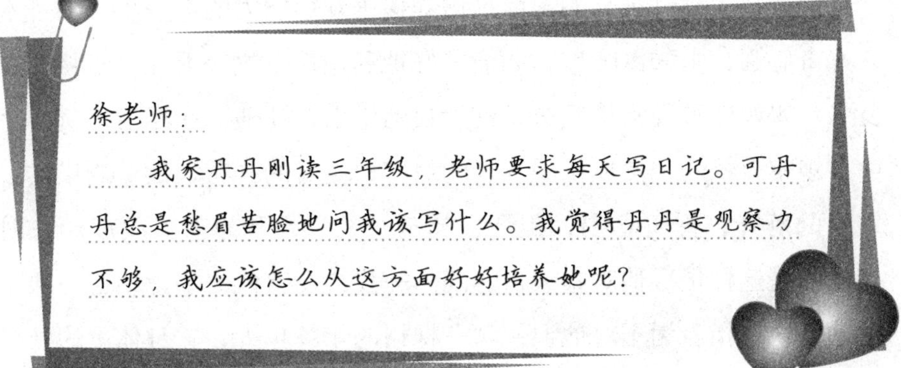

徐老师：

我家丹丹刚读三年级，老师要求每天写日记。可丹丹总是愁眉苦脸地问我该写什么。我觉得丹丹是观察力不够，我应该怎么从这方面好好培养她呢？

丹丹妈妈：

您好！

孩子往往都会遇到这样的问题，不是他们的生活不够丰富，而是他们缺少了一双明亮的善于发现的眼睛。教孩子学会观察，应该从孩子小时候开始。

首先要弄清楚一个问题：什么是观察？观察，就是用眼睛去看，远“观”近“察”，事事留心，时时注意，养成一种良好的习惯。它带有“思维的色彩”，是感知觉的最高形式，是人们认识世界的重要途径。尤其对于孩子们来说，观察是他们打开知识大门的“钥匙”，是拓展思维的触角。苏联著名教育实践家和教育理论家苏霍姆林斯基曾说：“观察对于儿童之必不可少，正如阳光、空气、水分对于植物之必不可少一样。在这里，观察是智慧的最重要的能源。”孩子具备良好的观察能力，就能获得更多的知识和经验。

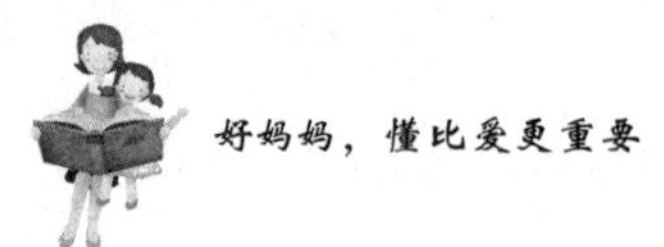

美国当代著名心理学家班杜拉认为，社会学习的效果，可以扩展到不必直接接受强化，只凭观察学习也可学习某些行为或人格品质。像这种不必亲身经历，只凭观察听见即产生学习的现象，称为替代学习（Vicarious Learning）或替代强化。他指出，个体的学习往往不是通过简单的刺激一反应而实现的，而是通过观察他人的行为及其结果，以及随后受到的强化而习得的。

培养孩子主动观察的习惯是培养孩子观察能力的第一步。孩子本来好奇心强，求知欲旺盛，如能好好地利用孩子这一天性，必将获益良多。妈妈应该经常带领孩子到大自然中去，让他们在尽情地玩耍之中，观察万物的悄然变化。春天的绿芽，夏日的鲜花，秋季的果实，寒冬的落叶，蝉鸣鸟唱，都会引起孩子的兴趣和思考。禹成幼儿时期，我是这样指导他观察大自然的——我会牵着他的手，站在一棵小树的旁边，指着树干对他说："一棵树的年龄越大，它身体上的枝桠就越多，宝宝来看，这里最老的树是哪一棵呢？"让孩子带着目标去观察树。他常常在树丛里边走边数，然后拉我去看年龄最大的树。除了有针对性地指示孩子观察之外，妈妈还可以让孩子自主地观察。孩

子都喜欢看小动物，越小他越感兴趣，妈妈可以建议他趴在地上仔细看看，地面上的草丛里有些什么不容易被注意到的东西，如草叶上的露珠、一只七星瓢虫、沾满花粉的甲虫以及蜘蛛、蚂蚁，这对于孩子来讲都是一番奇特的景象，所以他们会全神贯注地注视着这一切。有一次，我还带着禹成蹲在地上观察蚂蚁搬糖，小糖片是我们事先有意放在蚂蚁洞不远的水泥地上的，看着蚂蚁成群结队地搬运糖块，禹成可高兴了。

妈妈还可以注意在生活中利用多种活动，如外出旅游、参观、上街购物，参加聚会等，培养孩子的观察习惯，进而形成和发展孩子的观察能力。为了培养禹成的观察力，他三岁的时候，我牵他上街就指示他观察商场的广告画与前些天有什么变化，路上的行人冬天来了穿着有什么变化。孩子经常被妈妈提醒观察身边的变化，久而久之，他会主动发现身边的变化。

教孩子观察图画，一般要注意指导孩子观察的顺序。由整体到部分，再由部分到整体。由远及近，由上到下或由近及远，由下到上。如指导孩子看小猫钓鱼图，先问问孩子：这幅画画的什么内容？画上画了些什么？一步步指导孩子看：小猫、钓鱼竿、鱼桶、小河、河里的鱼和河边的花草。小猫是怎样钓鱼的？小猫带着钓鱼竿和鱼桶来到河边，将钓鱼竿放好，坐在岸上静静地等着鱼儿上钩。

孩子没有素材习作，作为家长一定不能责怪他们，我们有义务、有责任帮助他们拥有一双明亮的眼睛。孩子如果学会了观察，他的世界里就会有丰富的写作素材。有的时候，孩子选材有些茫然，我们可以指导他，写生活中发生的事情，比如你开心的事，不开心的事，还可以写与他们联系最紧密的内容，如身边的人，衣、食、住、行等，内容自然就丰富了。

禹成妈妈

12月30日

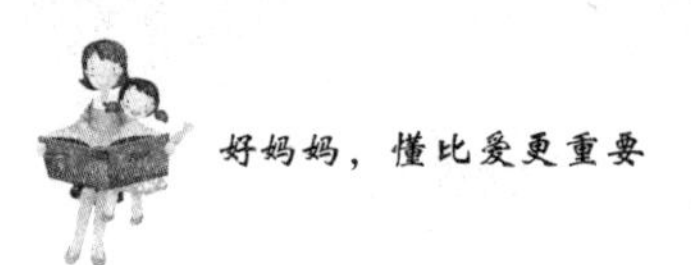

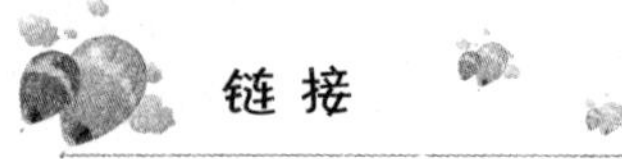

链接

爱迪生的妈妈如何教子

爱迪生（1847—1931）出生在美国北部一个叫米兰的小镇上。他一生拥有1200多项发明，是世界著名的科学家。他之所以能取得这么大的成就，从某种意义上来说，正是由于母亲的正确认识和引导。他母亲教育的最成功之处就是善于发现、挖掘和保护孩子的天赋，以及对孩子的事业充分的理解和支持。这给我们做父母的启示应该是十分深刻的。

爱迪生从小就表现出强烈的好奇心和求知欲，在一般人眼里他是怪孩子，在老师的心里他是糊涂虫，而只有母亲认识到这是孩子的天性、是最宝贵的品质，于是因势利导地开展教育。她是怎样引导的呢？针对孩子好问好思考的特点，她总是循循善诱，注意开发他的潜能。爱迪生刚7岁时，母亲发现他对自然科学很感兴趣，于是就借来一些浅显的自然类书籍供他阅读。当孩子由于爱问问题而被恩格尔老师看成怪人、糊涂虫撵出学校的时候，母亲并没有责怪他。她深知儿子的性格，儿子不是什么糊涂虫，只不过是好奇心强罢了。

于是，她决心在家独自挑起教育孩子的重担。她亲自给他讲课，给他讲历史的兴衰，让他读《鲁滨孙漂流记》《悲惨世界》等古典名著。在自然科学书籍中，介绍意大利伟大科学家伽俐略生平事迹的书深深地吸引着他，伽俐略通过实验来探求真理的科学态度使他深为钦佩。从此，“实验”一词一直没有离开过爱迪生的脑海。

母亲发现爱迪生对物理、化学特别喜爱，就专程上街买了《自然科学与实验科学入门》一书。他对实验好像开始走火入魔，随着时间的推移，他的各种实验越做越多，越做越大，费用支出也不断增长，

而家里的日子又过得非常窘迫。于是12岁的爱迪生不顾父母的劝阻，在休伦斯至底特律的火车上卖报纸和食品，每天长达14个小时。爱迪生还利用卖货的间隙在火车的实验室里做实验。一次，他做实验时不慎失火，险些酿成大祸，因此被赶下了火车，只得踏上返乡的路途。

“坏事传千里”，他在火车上闯祸的事，早已传遍了家乡，有人甚至添油加醋地说，他差点把整列火车都烧光了。只有母亲了解儿子，不相信那些流言蜚语。爱迪生在回家的路上，遭受到不少熟人的冷眼，小伙子心上像压着一块石头，抬不起头来。

当爱迪生快到家门口的时候，忽然看见母亲正在门前等着他，心中的委屈和痛苦顿时烟消云散了。他回到母亲的怀抱，浑身又有了无穷的力量。

母亲重新为爱迪生开辟了实验场所。为了防止意外，新实验室设在自家阁楼顶上，地窖里只堆放器材和杂物。这样万一再发生爆炸，最多只会把房顶炸掉，不会使住人的底楼受到影响。就这样，他们家的小阁楼成了爱迪生的实验室。爱迪生的一生几乎都是在实验中度过的。

正是在母亲的关心和支持下，爱迪生凭着对科学技术的热爱和痴迷，坚持不懈地探索和实验，一生获得1200多项专利，为人类的文明和进步做出了巨大的贡献。

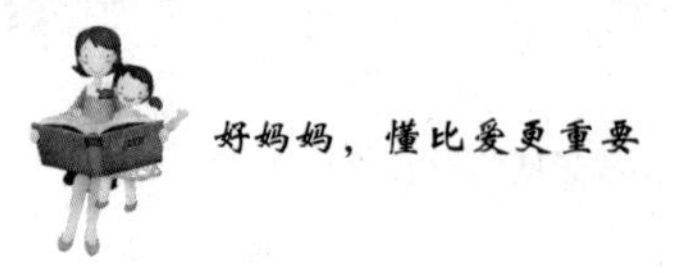

后 记

向青草更青处漫溯

——探究什么是有效的教育

“真正的教育，绝不仅仅是讲道理、传授知识，更不仅仅是开发孩子的智力，而是把自己精神的能量传递给孩子，维护孩子的心力，让他成为一个内心强大的人，一个能承担后果、应对变故、改善自身和环境的人。”我国教育专家林格为探究中国教育内涵发展与突破之路，用了十年时间进行教育新探，在踏遍了全国将近1000个县，走进1200所学校，拜访了400余位教育专家后，发出了这样的声音。

作为一名从教二十年的教育工作者，怀着对教育的使命感和敬畏心，我也赞同林格老师的观点：“教育是没有用的。”

不是漠视教育的作用，而是谨慎地掂量教育的分量，感到简单盲目的说教是没有用的，细节末梢和教育技巧上的创新已经不足以缓解目前的全民教育焦虑，真正需要创新的是教育观念。教育者，包括教师以及家长，能够掌握科学的教育方法，尽量减少干预和一厢情愿的规划，实施有效的教育，才是我们对教育最重最重的期许。

以这样一种方式与孩子家长对话，谈教育孩子的困惑，谈教育孩子的体会，分享我的思想，希望唤醒更多孩子家长对教育的深度思考，这是我写这本书的初衷。回想自己从事教学工作和教研工作的实践经历，思绪如丝如絮般纷纷扬扬。

观点一：教育不是摁着牛头吃草——妈妈应不惜一切代价保护孩子学习的主动性

涉足如今的教育现状，真有些“明知山有虎，偏向虎山行”的尴尬。家长明明知道此路有“虎”，可又找不到通幽的“山道”，只好硬着头皮往前冲。于是家长带着孩子“望虎兴叹”。“老虎”打不死，还累得自己浑身是伤。究其原因是因为家长喜欢“摁着牛头吃草”，“闭着眼睛打虎”。一厢情愿地训练“牛嘴”要张开多少度、如何吃草，岂不知“吃草”是牛的本能！正如一个人天生就具有学习的本性，人人都在不知不觉中学会了说话、学会了走路、学会了与人交流，可是面对教育，许多孩子怎么就苦不堪言呢？这就是方法问题了。一味“灌输”，把“草”往“牛嘴”里硬塞，这不是对孩子学习本能性的蔑视吗？他们被动地学习，被动地接受知识，久而久之，便逐渐失去了这种本性，丧失了原有的学习热情。

怎样把知识变成孩子内心渴望的青草，是所有妈妈期待解决的问题。我国著名特级教师贾志敏老师说：“成功的教育应该是无痕的。一旦成人摆出教育者的架势，居高临下，盛气凌人，要求孩子如此，不准孩子那般，其时，双方就处于不平等的地位。被教育者往往会产生逆反心理和抵触情绪。这样的教育，必然会以失败而告终。让孩子在宽松、愉悦、无拘无束的状态下，给他讲一则美丽的故事，剖析一个动人的事例，告知一条感人的新闻，以启迪孩子的智慧，点燃他心中的火花，激发他强烈的求知欲望，让他自己明理，往往会收到意想不到的效果。”

贾志敏老师这段话巧妙地告诫我们教育孩子“无招胜有招”的深奥哲理，值得我们好好推敲、细细琢磨。

观点二：教育不靠吹胡子瞪眼——妈妈应自觉自动地让自己的内心柔软起来

前不久刚结束的省骨干教师培训班上，我讲到教师在教学中扮演的角色时，播放了班得瑞的乐曲《童年》。当宛如天籁的乐声在会场回转时，我见到两百余名骨干教师眼睛里闪烁着孩子般的晶亮的光泽。这是一首让人很容易回想过去的曲子，我仿佛看到教师们尘封的记忆随着婉约、清幽的乐声慢慢拉开帷幕，沉浸在美好的回忆中。美丽的音乐让大家的心柔软起来。

是的，每位老师都应该是一首柔软的乐曲，每位妈妈也应该是一首柔软的乐曲。

要使孩子的心灵乐于依靠，教育者应有一个美德，那就是让自己的心变得柔软起来。因为，只有自己的内心变得柔弱了，才能缩小孩子的心灵与你的心灵之间的距离，才能把话说到孩子的心里去。曾见过，妈妈训斥犯错孩子的声色俱厉；曾见过，妈妈讥讽咬笔孩子的怒目圆睁；曾见过，妈妈厌恶调皮孩子的冰冷面孔……她们的言语、声形中流露的是霸气、煞气和怒气，哪里看得见一点柔软的影子！于是乎，孩子的创新意识、童真童趣消逝殆尽，取而代之的是怯懦、自卑与盲从。惊呼：教育的希望何在？

北京师范大学肖川博士在《教育就是服务》中指出，教师应将“教育就是服务”的观念落实到日常的课堂教学之中，尽可能地为学生的发展提供机会，让学生更多地体验到被人关注、被人爱护的温暖与幸福，更多地体验到自由探索与成功的快乐与自豪，作为家长的母亲不是更应该真诚为孩子服务吗？让我们的孩子更多地感受到人性的光明与和煦，感受到仁慈、宽容的力量。真正良好的教育一定是最具服务精神的教育。

谈到服务精神，很容易让我们想到服务行业的那些服务生，见到客人笑脸相迎，躬身问候，和风拂面，艳阳暖身。在这样柔软的服务下，哪位顾客不会“大开胃口”呢？如果孩子的“精神”是失魂落魄，是萎靡不振，是痛苦煎熬，是得过且过……那孩子还有什么“欲望”，还有什么“胃口”，还有什么追求，还有什么未来？苏霍姆林斯基在他的博士论文《全面发展人的培养问题》中有这么一段：“培养全面发展的人的技巧和艺术就在于——要善于在每一个孩子面前，

甚至是平庸的、在智力发展上有困难的学生面前，都向他打开他的精神发展的领域，使他在这个领域里达到顶点，显示自己，宣告大写的‘我’的存在，从人的自尊感的泉源中汲取力量，感到自己并不低人一等，而是一个精神丰富的人。”由此可见，柔弱甚至示弱是一种崇高的教育素养。成功的教育就是在教育者水一般高贵柔和的气息滋养中形成的，伟大的柔弱才能培养孩子不断地体验成功、不断地走向成功，使每个孩子成为相信自我、敢于挑战、爱“吃草”的小黄牛。

观点三：教育不能一把尺子定乾坤——妈妈应实施个性化教育以唤醒孩子的自觉

林格先生摘记《易经》中的“形而上者谓之道，形而下者谓之器”来说明教育之道不在“器”，而在于“道”。这里的“教育之道”指的就是如何洞察、处理人的内在自觉。孩子的自觉意识一旦产生，就将获得主动发展的永不枯竭的动力与热情。这就是个性化教育的重要所在。

我曾读过这样一个故事——“我一看你修长的小拇指就知道，将来你一定会是纽约州的州长”，一句普通的话，改变了一个学生的人生。

此话出自美国纽约大沙头诺必塔小学校长皮尔·保罗之口。调皮捣蛋的小学生罗杰·罗尔斯，出身贫苦，由于受到不良影响，经常逃学、打架、偷窃。一天，校长皮尔·保罗将从窗台上跳下的他逮个正着。出乎意料的是，校长不但没有批评他，反而诚恳地说了上面的那句话。当时的罗尔斯受宠若惊。从那天起，“纽约州州长”就像一面旗帜在他心里高高飘扬。他的衣服不再粘满泥土，语言不再肮脏难听，行动不再拖沓和漫无目的。40年如一日，终于在51岁那年，他成了纽约州的州长。

这位校长根据孩子独特的个性进行有的放矢的教育，成就了一个孩子的伟大梦想。这个具有普遍意义的故事值得我们每位妈妈好好反

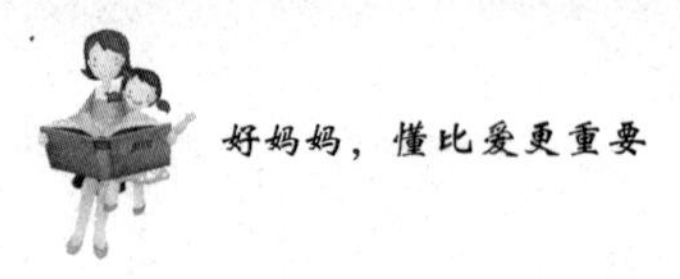

思。

“人之初，性本善”，其实孩子都是内心向善的。让每个孩子内心深处的善良本原得到弘扬，这是教育的终极目标，只要朝着这个目标前进，那么每一个孩子心中的巨人都将被唤醒。即使天赋极普通的孩子，身上也蕴藏着极大的潜力。大声告诉他们“你的大脑就像一个沉睡的巨人”，再笨的孩子也会飞扬梦的翅膀。

“或许他没有英俊的外表和娇媚的容颜，但是他自然朴实，乐观自信，不卑不亢，能够平等与所有人交往；或许他并不高大，却有人格的挺拔与伟岸，有坚定的意志、强烈的责任感和纯净正直的品格。”这就是北京师范大学肖川博士对教育的最好诠释。

教育真的没有用吗？不是。这本书字字句句都在告诉我们：说教是没有用的，智慧的妈妈应该懂得静静地等待、慢慢地渗透。教育是教育者一生的追寻。

寻梦？撑一支长篙／向青草更青处漫溯／满载一船星辉／在星辉斑斓里放歌……